VINCENT VAN GOGH

DU MEME AUTEUR

LES FÉERIES DE PARIS (*Couverture de R. Carabin*). (Ep.).
LES SOUPEUSES (*Dessins de George Bottini*). (Epuisé).
LE VRAI J.-K. HUYSMANS (*Portrait par J.-F. Raffaëlli*).
HENRI DE TOULOUSE-LAUTREC (*Avec des illustrations*). (Ep.)
LE VRAI RODIN (*Avec des illustrations*).
PARIS, VOICI PARIS! (*Couverture de Sacchetti*).
CUBISTES, FUTURISTES, PASSÉISTES (*Avec des illustrations*).
RODIN (*Grand album, avec des illustrations*). (Epuisé).
RODIN A L'HOTEL BIRON ET A MEUDON (*Avec des illustrations*). (Epuisé,.
PAUL CÉZANNE (*Avec des illustrations*).
LES INDÉPENDANTS (*Avec des illustrations*),
VAGABONDAGES (*Avec une édition de luxe*).
LAUTREC (*Avec des illustrations*).
LES PANTINS DE PARIS (*Avec des dessins de Forain*). (Ep.).
PIERRE BONNARD (*Avec des illustrations*).

THÉATRE

(Seul ou en collaboration).

M. PRIEUX EST DANS LA SALLE!
DEUX HEURES DU MATIN... QUARTIER MARBEUF (*Couverture de Géo Dupuis*).
HOTEL DE L'OUEST... CHAMBRE 22.
UNE NUIT DE GRENELLE (*Couverture de Géo Dupuis*).
SAINTE ROULETTE.

PORTRAIT DE VINCENT VAN GOGH.
(par lui-même)

GUSTAVE COQUIOT

VINCENT VAN GOGH

Avec 24 reproductions hors-texte des œuvres
de VINCENT VAN GOGH

4ᵉ édition

PARIS

Société d'Éditions Littéraires et Artistiques

LIBRAIRIE OLLENDORFF

5o, CHAUSSÉE D'ANTIN, 5o

Copyright by Librairie Ollendorff 1923

Il a été tiré à part
Soixante exemplaires sur papier de Hollande
numérotés à la presse.

(Une édition dite de luxe
sera publiée ultérieurement).

A MADAME J. VAN GOGH-BONGER

Madame,

En publiant, en 1914, à Amsterdam, les trois gros volumes des lettres du peintre Vincent Van Gogh à son frère Théo, votre mari, vous avez, de ce jour-là, mérité tous les hommages. Par un travail long et opiniâtre, vous avez réussi à classer, à ordonner cette touffue correspondance. Par un unique dévouement, par un culte voué tout entier à la mémoire des deux frères, vous avez fait connaître au monde étonné les plus admirables et les plus pathétiques accents épistolaires. Que toutes les grâces vous en soient rendues!... A présent, l'on suit pas à pas la vie douloureuse du héros le plus maudit de la peinture universelle. Personne ne l'eût pu conter d'une manière aussi complète ; personne même n'eût pu aborder au seuil d'une telle vie complexe et énigmatique! Voilà, pour jamais, Vincent Van Gogh devant nous — et s'expliquant lui-même. Quelle tâche vous avez enlevée à nos clairvoyances débiles, à nos commentaires fragiles!...

Et, depuis trente ans, Madame, votre culte à la mémoire de Vincent ne s'est pas affaibli. Traduction allemande, traduction anglaise en préparation, complètent votre premier effort. Je rougis de ne pouvoir écrire qu'un éditeur français pense à traduire les deux premiers volumes, les lettres écrites en hollandais. Mais, nous, quelques amoureux de peinture, nous avons vite élevé Vincent Van Gogh très haut dans la gloire; et beaucoup de peintres français, vous le savez, ont admiré tout de suite le peintre hollandais. Les trois volumes des lettres nous ont fait connaître ensuite l'écrivain, si originalement lyrique.

J'ai eu l'honneur, Madame, de causer souvent avec vous, dans votre appartement plein de chefs-d'œuvre : tableaux de Vincent, tableaux de Monticelli, et de Lautrec. Chaque fois, je tenais mes yeux fixés sur vos yeux si passionnément brillants, sur vos yeux tout embrasés de la flamme du souvenir; et, tandis que vous me parliez toujours de Vincent et de Théo, je me demandais comment j'allais monter, moi, vers des paroles si généreuses et si nobles. Bien des sottises, sans doute, bien des banalités, certainement, ont été alors dites par moi; je vous en demande pardon, Madame; j'ai toujours parlé devant vous avec un amer sentiment de ma faiblesse et de mon indignité. Mais tant de bonté luisait aussi dans vos yeux; et je repartais ayant, croyais-je, de nouvelles forces; et tout cela brusquement s'effondrait, tout cela n'était plus que les redites que vous avez entendues tant de fois!...

De loin, j'ose mieux vous offrir ce livre. Vous le parcourrez, peut-être; et vous n'y trouverez rien. Mais, aussi bien, qui pourrait se flatter de vous intéresser sur cet auguste sujet? Je vous devais l'hommage de ce livre; mais je sais bien qu'il ne fût pas écrit pour vous. Vous connaissez par cœur tout ce que je balbutie. La pitoyable flamme que j'apporte à votre culte. Il se

PORTRAIT DE THÉO VAN GOGH

(d'après une photographie)

« *Il n'existe pas de Théo Van Gogh un portrait peint ou dessiné par son frère Vincent* » *(Note de l'auteur).*

*nourrit, lui, des plus ardents et des plus vivants sou-
venirs; et il y a tant de choses qui restent cachées en
vous, que jamais notre curiosité maladive — le mal
de notre temps — ne pourra découvrir!... Du moins,
Madame, puisque vous n'êtes pas allée à Arles en Provence, que ce chapitre seul de mon livre : le séjour de
Vincent à Arles, ne vous soit pas insupportable! Qu'il
vous plaise de lire ce que j'ai tant aimé, moi, à écrire,
quand Vincent, arrivant au petit pavillon jaune de la
place Lamartine, pensa y trouver le repos, ou mieux
une trêve. Après, surgirent les mauvais jours; et, la
douleur de vivre, par Vincent, vous la connaissez
mieux que moi; je ne me flatte plus de vous retenir!...*

*Daignez agréer, Madame, mes hommages les plus
respectueux.*

GUSTAVE COQUIOT.

REMERCIEMENTS

Je dois de vifs remerciements à ceux d'entre mes amis qui m'ont permis de développer ce livre. A Paul Gachet, le fils du docteur Gachet, à Paul Gachet qui me donna sans compter, pour la période d'Auvers, les plus sûrs et les plus rares des documents; au peintre Giran-Max qui fut un « batteur de champs » au beau moment d'Auvers, et qui fit revivre devant moi tous les peintres et tous les figurants de ce temps héroïque; à Artus, qui veut qu'on l'appelle simplement bouquiniste, et qui, dans sa boutique et son sous-sol pleins de livres, détient les secrets les plus hermétiques du Paris d'hier; à Carabin, l'excellent sculpteur, qui a connu aussi tout l'ancien Montmartre et tous ses hôtes; à Théodore Duret, par qui l'on peut maintenant parler des artistes japonais; au peintre C.-J. Maks, qui m'a si bien piloté dans un Amsterdam que je retrouvais si changé; à mon cher Van Dongen, qui, de Hollandais est devenu le plus averti des Parisiens, sans oublier un seul détail pittoresque de son pays d'origine; à M. Léon Ramser, ingénieur arlésien, qui a relevé les plans (rez-de-chaussée et 1er étage) du pavillon habité par Vincent, à Arles, — et qui seront reproduits dans une édition dite de luxe de ce livre; enfin, pour tout dire, je dois des remerciements à *tous ceux qui ont bien voulu m'accorder des renseignements utiles : magistrats, médecins, peintres, littérateurs, etc., dont j'ai, du reste, cité les noms; et ces remerciements, les voici, je les offre à tous de tout mon plus manifeste plaisir.*

G. C.

Sa Vie

CHEZ LES HOLLANDAIS

Si l'on excepte la monotone et triste Drenthe, le
Noord-Brabant est la plus haute et aussi la plus large
terre par laquelle la petite Hollande, sortie des eaux,
s'accroche au ferme continent d'Europe. Mais cette
plus vaste des onze provinces des Pays-Bas n'est pas
la plus peuplée; et elle ne détient pas la richesse de
tant d'autres provinces qu'enrichit l'empire d'Insulinde. C'est, en quelque sorte, la parente pauvre de
cette robuste famille de coloniaux, de marins et
d'agriculteurs. Les terres incultes ravagent à elles
seules le quart de la superficie de cette province, où
se hérissent des bois, où s'étalent des prairies et où
s'offrent des terrains arables. Le sol est presque partout sablonneux, avec des landes et des bruyères,
d'où son peu de fertilité. On glisse même dans des
tourbières près de Zundert; et c'est, en somme, près
de Nuenen, que l'on trouve la plus sûre richesse du
Brabant.

Les habitants sont les uns agriculteurs et éleveurs,
les autres tisserands. La plupart sont catholiques
romains; une faible partie, neuf pour cent, réformés
hollandais.

D'ensemble, le pays s'offre plat, piqué seulement de maigres bois de sapins que l'on ne trouve pas ailleurs en Hollande.

Les pluies, les brouillards le noient dans une constante humidité; et, si les prairies sont, par contre, florissantes, toutes herbes dardées, les Brabançons cherchent de tous leurs yeux le soleil qui ne luit guère ici.

Les marais nombreux ajoutent à cette tristesse. Puis ce sont des contrées encore plus désolées, et tout à fait stériles.

C'est un peu, parfois, la province de l'ennui, dans ce jardin enchanté de la coquette Hollande. Cette joie même, le moulin, est ici une sorte de pain de sucre tronqué près du sommet; et les ailes en sont gigantesques, effrayantes. Elles ont fait peur à la plupart des châteaux, à presque tous les villages charmants qui peuplent les autres provinces. Toutefois, dans certains coins moins hostiles, il y a quelques domaines méritoires et des villages jolis.

Puis, il y a les villes : Bois-le-Duc, le chef-lieu; Bergen-op-Zoom, Bréda, Tilburg, Oosterhout, Princenhage, Rosendaal, Zevenbergen, Helmond et une vingtaine d'autres; et elles sont toutes ces villes plaisantes et attirantes, comme toutes ces villes de Hollande qui se sont amusées à avoir des visages différents, des coquetteries de pignons, des canaux dormants où se reflètent des façades, des toits, des clochers, des ponts et des bateaux.

Vers toutes ces villes se dirigent les laitières qui emportent de luisants bidons de cuivre dans une charrette traînée par un chien; ou bien, ce sont d'autres laitières qui conduisent une charrette, que tire un cheval à la crinière toute jaune. Toutes, elles suivent les routes jalonnées de moulins ; et elles rencontrent encore des fermières qui ont attelé, elles, une de ces petites vaches noires et blanches, qui peuplent les vastes prairies de toute la Hollande.

Tout de même, ce sont surtout les marchés de Bréda et de Bois-le-Duc qui déplacent fermiers et fermières. Ils y arrivent en chars à bancs, en carrioles, tous vêtus simplement, les hommes coiffés d'une casquette, les femmes d'un bonnet ; car ils savent bien qu'ils n'ont pas à rivaliser avec leurs voisins, les Zélandais, qui ont à charge, eux, de garder leurs costumes pittoresques pour les yeux des touristes qui veulent de l'inédit partout, n'en fût-il plus au monde !

En somme, dans l'ensemble, le Noord-Brabant est une province calme, tranquille de toutes ses prairies, de tous ses marais ; et cela contraste avec la Campine belge, si affairée ; bien que le Noord-Brabant s'efforce également à une industrie qui s'active chaque jour davantage.

Or, c'est dans ce Noord-Brabant, dans la commune de Zundert, près la frontière belge, à vol d'oiseau à moins de 15 kilomètres de Rosendaal, qui est la douane hollandaise sur la ligne Paris-Bruxelles-Amsterdam, que, le 30 mars 1853, naquit, de Théodore Van Gogh et de Anna-Cornelia Carbentus, celui qui devait être le peintre Vincent Van Gogh.

(J'ai conservé cette date : 30 mars 1853, adoptée par tous ; mais une lettre du bourgmestre de la commune de

Nuenen m'affirma un jour que cette date de naissance était erronée, et qu'on devait lire : *3o mai 1853.*)

A Zundert, Théodore Van Gogh exerçait la profession de pasteur, après avoir étudié la théologie et passé son doctorat à Utrecht, — la ville de toutes les religions les plus bizarres ou les plus acceptables, comme on voudra. Vieille cité des évêques, quatrième ville du royaume ; mais à coup sûr une ville-fantôme, où le silence même inquiète.

Peu apte à prêcher, peu brillant, le pasteur Théodore était en somme bien à sa place dans cette commune du Noord-Brabant, où l'on comptait si peu de réformés.

Cependant, la famille Van Gogh qui tire son origine de nom, de Gogh, petite ville de la frontière allemande, avait connu autrefois illustre renommée, puisqu'on peut nommer, au xviiᵉ siècle Johannès Van Gogh, bailli de Zutphen, devenu maître général des finances de l'Union ; Michaël Van Gogh, d'abord consul général du Brésil, plus tard maître des finances de Zeeland, et qui fit partie, sous le vice-roi Guillaume III, de l'ambassade qui salua, lors de son avènement, Charles II d'Angleterre. Un autre ancêtre avait été aussi évêque d'Utrecht. Enfin, si nous oublions quelques noms insignes pour arriver au grand-père du peintre Vincent Van Gogh, nous le trouvons chef de la paroisse de Benschop, puis de celle d'Ochten et ensuite à Bréda, où il mourut en 1874, ayant été partout « un homme d'exemple ».

Homme d'exemple peut-être un peu aussi à cause de sa nombreuse descendance ; car, un seul de ses enfants étant mort en bas-âge, il engendra cinq filles et cinq fils bien vivants.

Deux de ses filles épousèrent des généraux; trois restèrent célibataires. Quatre de ses fils obtinrent des situations que l'on qualifie en tous pays d'avouables. Le premier, en effet, Johannès, alla à la marine et conquit le grade de vice-amiral. En 1877, il devait être nommé directeur des chantiers de la marine, à Amsterdam.

Les trois autres fils s'établirent marchands d'œuvres d'art.

L'aîné, Hendrik-Vincent, ouvrit un magasin à Bruxelles.

Le second, Cornelis-Marinus, fonda, à Amsterdam, la firme connue : C.-M. Van Gogh.

Le troisième, ce fut Vincent qui tint d'abord, à la Haye, un petit magasin de couleurs, transformé par la suite en une importante galerie composée également d'œuvres d'art.

Le cinquième fils, enfin, fut Théodore le pasteur, né le 8 février 1822.

Envoyé en 1849 à Zundert, c'est en mai 1851 qu'il y épousa Anna-Cornelia Carbentus, née le 10 septembre 1819, à la Haye, et fille d'un maître-relieur de la Cour.

Après Vincent (le peintre, né en 1853), naquirent de cette union, toujours à Zundert :

Théodore, né le 1er mai 1857;

Cor (diminutif de Cornelis);

Leurs sœurs :

Anna (l'aînée des trois);

Elisabeth-Huberta;

Wil (diminutif de Wilhelmina).

Si, maintenant (car on les retrouvera plus tard), on interroge les portraits des propres parents et des oncles du peintre Vincent Van Gogh, on obtient — approximativement — les indications suivantes :

L'Oncle Johannès. — L'air peu soldat, portant son uniforme à galons, à étoiles, à épaulettes, à brochette de médailles, comme un vêtement trop lourd, trop chamarré pour sa tête fine, à longs cheveux de poète, sans barbe.

L'Oncle Cornelis-Marinus. — Tête ronde, rase, les yeux vifs et durs, l'air d'un acteur, pondéré et méditatif.

L'Oncle Vincent. — Une petite tête fine, éveillée, cheveux courts, petite barbe, homme maigre, on devine spirituel, affable, yeux vifs, cravate ajustée.

Le Père. — Petit homme sec, épaules étroites, face douce, ni moustache ni barbe, cheveux courts. Prédicant correct, sans flamme. L'air d'un employé à la religion.

La Mère (D'après un dessin fait tardivement). — Bonne vieille aux yeux vifs, brillants de poupée. Cheveux menus sous un bonnet noir. Un air malicieux, de bonne éducation.

A Zundert, la vie s'écoula d'abord sans heurt. Et ici, pour la conter, je vais emprunter parfois aux *Souvenirs personnels sur Vincent* que publia, en 1913, sa sœur Elisabeth-Huberta.

J'emprunterai aussi non moins largement à l'éloquente et si substantielle *Introduction aux lettres de*

Vincent à son frère Théo, que publia, en 1914, à Amsterdam, Madame J. Van Gogh-Bonger.

Je mêlerai les uns et les autres témoignages, comme quelqu'un qui puise à même, et tour à tour, à des sources généreuses...

Zundert, où le pasteur Théodore allait rester une vingtaine d'années, avait été autrefois une commune importante, avec relais de poste. C'était maintenant un village avec des rues droites peu animées, où la maison d'habitation du pasteur s'offrait comme une maison de campagne dans le style de jadis, briques brunes, et beaucoup de fenêtres et des volets qui étaient peints en vert foncé.

Autour de cette maison, on découvrait des champs, des prairies, des larges fossés d'eau, et une rivière, là-bas, avec un petit pont tout blanc.

Mais cette demeure s'ornait aussi d'un jardin, un de ces jardins si minuscules qu'ils soient, où les Hollandais qui chérissent les fleurs les font s'épanouir sous des regards d'amour. Ici, ne fleurissaient point toutefois rhododendrons ou tulipes ; mais les résédas, les giroflées envahissaient les parterres.

La femme du pasteur, bonne épouse, prenait soin fidèlement de toute cette maison et de tout ce jardin. On imagine assez le remuement de cette femme qui avait la folie de propreté de presque toutes les Hollandaises ; mais qui était d'abord la femme du pasteur, en pays presque catholique, et qui voulait tenir son rang. Un an avant la naissance de celui qui allait devenir le peintre Vincent, elle avait eu un fils mort-né. Quand Vincent naquit, elle trouva de nouveaux moments, dans sa vie si occupée, à lui consacrer.

Madame Veuve Elisabeth-Huberta du Quesne, qui vit maintenant retirée à Baarn, l'exquise oasis d'été, à une trentaine de kilomètres d'Amsterdam, se complaît dans de menus faits, sans doute, quand elle veut raconter la toute jeunesse de son frère ; mais peut-on lui reprocher de n'avoir vu que ce que tout le monde aurait pu remarquer? Acceptons ses renseignements qui ont bien quelque valeur, puisqu'elle fut élevée, à Zundert, avec Vincent.

Laconiquement, ces renseignements, on peut les fixer ainsi :

Vincent tient plus de la mère que du père. Energie, volonté, ténacité. Regard vif et pénétrant. Sourcils fortement bombés. Teint clair des parents passé au rose chez Vincent. Stature moyenne, assez large d'épaules. « Les autres enfants, nous n'étions pas forts de constitution », dit Madame Elisabeth-Huberta. Vincent était difficile, capricieux, entêté. Tout le monde cependant le gâtait.

Il cultivait un vif amour pour les animaux. Il aimait également à collectionner des fleurs et des nids d'oiseaux.

On l'envoya à l'école de la commune; mais les gamins brabançons sont libres d'allures et de paroles; on fut contraint de le reprendre parce qu'il se montrait grossier.

Une gouvernante fut alors appelée pour élever les enfants du pasteur.

Théodore, le cadet, était plus doux, plus aimable que Vincent. Il avait les traits plus fins. Il était rouge-blond comme son frère.

Et Madame Elisabeth-Huberta revient encore

longuement sur Vincent. Je cite ici à peu près textuellement :

« Mon frère était plus large de stature que long, le dos légèrement voûté (toujours la tête baissée), des cheveux coupés à ras sous un chapeau de paille, ombre à cette figure étrange. Pas la figure d'un jeune homme. Le front avancé, les sourcils froncés dans de profondes réflexions, les yeux petits et enfoncés, tantôt bleus, tantôt verdâtres.

« Extérieur disgracieux et dégingandé, quelque chose tout de même de merveilleux par l'expression évidente d'une gravité intérieure. »

Madame Elisabeth-Huberta perce ici un peu du mystère. Il faut lui en savoir gré. Ce sera la seule phrase en dehors de la simple anecdote.

Elle continue :

« Ses frères et sœurs lui étaient étrangers. Il se promenait seul. Ils n'osaient pas lui demander de le suivre.

« Il allait à la rivière. Il prenait des bestioles aquatiques. Il les piquait dans une boîte blanche, et il inscrivait le nom de chacune d'elles au-dessus, souvent en latin.

« Il connaissait tous les endroits où poussaient les fleurs des champs.

« Il botanisait, il pensait et il rêvait.

« Rien n'est resté de cette époque — ni croquis à la plume, ni esquisse au crayon. »

Madame Elisabeth-Huberta parle cependant d'un petit éléphant que Vincent avait modelé en terre glaise, « avec la plus grande exactitude! » et on lui conta qu'à l'âge de huit ans, il « fit le dessin d'un chat qui sautait après un arbre. »

Enfantillages sans doute, souvenirs du bout de la plume; mais, à travers le temps, de quelles autres choses peut se souvenir une sœur qui a grandi à l'ombre d'un frère, dans la somnolence d'une vie religieuse, faite de sermons et de prêches?

Le temple à Zundert présentait une petit nef, couverte de tuiles, à hautes baies rondes, au clocher menu, hérissé. Tout autour reposait un jardin triste, des sapins, des acacias.

Cela donnait une sensation de calme, mais aussi de mélancolie. Dans ce silence on ne voyait que les choses apparentes. Si jeune alors, Elisabeth-Huberta ne pouvait pas pénétrer plus loin dans la vie de son frère.

Du reste, tout également, à Zundert, était sans activité. Il existait, à cette époque-là surtout, de ces villages hollandais où toute la vie était enclose dans les maisons et où la vie guettait derrière des fenêtres ce qui aurait pu passer d'étrange dans les rues muettes. Or, à Zundert, rien ne passait et rien ne se passait.

A l'âge de douze ans, Vincent fut envoyé à la pension Provily, à Zevenbergen, dit Madame J. Van Gogh-Bonger.

Zevenbergen. C'est sur la ligne de Rosendaal à Dordrecht, et toujours dans le Noord-Brabant.

Il y a des usines, des prairies et des vaches. De l'eau toujours — puisque on est en Hollande! — et des moulins.

On est à quelques kilomètres seulement du fameux Hollandsche Diep, l'immense bras de mer que forma, en défonçant les digues, une terrible inondation, il y a quatre cents ans, et dont les eaux, par surcroît, épousèrent les eaux du Rhin et de la Meuse, accourues là. C'est de 1868 à 1871 que les admirables ingénieurs hollandais jetèrent sur cette mer le pont du Moerdyk, le fantastique pont métallique de 14 arches de 100 mètres d'ouverture chacune, où les trains, pour courir sur Amsterdam, s'engagent en frissonnant. Vincent ne vit pas ce pont, dans les promenades de l'institution Provily; mais il devait s'en étonner plus tard, quand on l'envoya à la Haye. Je suis plein, quant à moi, de cet auguste souvenir de mon premier voyage en Hollande, un soir du mois de juin 1901.

La nuit venait. Un énorme soleil rouge se couchait. Ce disque, incendiant la nue, c'était presque toutes les toiles de Vincent Van Gogh.

Quelle stupeur j'éprouvai, quand le train pilonna le pont! C'était un assourdissant tonnerre de tôles fracassées, sous un ciel de cendre, au-dessus d'eaux bourbeuses et noires. On découvrait quelques bateaux à voiles; et, suspendu entre le ciel et le gouffre de l'eau immense, le train, qui s'essoufflait à toutes roues, crachait, rugissait, broyait les rails, ébranlait les poutrelles et les fers des arcs audacieux. C'était angoissant et c'était superbe. On roulait dans la nuit de l'eau, chose affreuse! Plus tard, en contemplant les fabuleuses toiles de Rembrandt au musée de l'État, à Amsterdam, j'ai pensé au splendide et farouche pont du Moerdyk, cet autre chef-d'œuvre!...

Quelque fût alors ce Noord-Brabant, cette large province, moins typiquement hollandaise que les autres provinces de la Hollande, Vincent gardera le plus vif souvenir de son cher Brabant, peu importe pour lui qu'il ne soit pas la plus belle Hollande!

C'est ainsi que lorsqu'il sera, bien des années plus

tard, à l'hospice d'Arles en Provence, il écrira à son frère Théo :

« Pendant ma maladie, j'ai revu chaque chambre de la maison à Zundert, chaque sentier, chaque plante dans le jardin, les aspects d'alentour, les champs, les voisins, le cimetière, l'église, notre jardin potager derrière — jusqu'au nid de pie dans un haut acacia dans le cimetière. »

Les années passèrent.

C'était toujours silence et calme et monotonie dans la maison du pasteur.

On sait combien vivent peu ces pauvres prédicants dans le train-train des choses, dans la vie en somme morte déjà d'un grand village.

Pour le pasteur, c'étaient des prêches à préparer ; et s'il se montrait candide, honnête et bon, il ne se révélait pas imaginatif dans le choix de ses prônes. Il devait bien faire feu de toutes ses forces pour non pas recruter de nouvelles ouailles, mais conserver à grand'peine celles qu'il réunissait.

Comme il n'était riche que de ses médiocres appointements, il devait se contenter de la vie humble que surchargeaient encore ses enfants en bas âge.

Les aubes, les crépuscules, les nuits, les saisons de soleil et les mois d'hiver trouvaient ce même homme silencieux, ce presbytère morne, cette épouse fidèle occupée aux mêmes tâches durant les jours.

Aux vacances, Vincent revenait de la pension Provily ; et, de vivre là-bas au milieu de nouveaux camarades, il voyait plus volontiers ses frères et sœurs, surtout son frère Théodore, Théo, — avec qui il commença son apprentissage d'une affection unique.

Vincent emmenait maintenant Théo par les champs ;
et il lui faisait aimer ce qu'il aimait : les plantes, les
bestioles, les nids d'oiseaux.

Un jour, quand Vincent eut seize ans, on tint
à Zundert un conseil de famille.

Il s'agissait de placer Vincent pour qu'il « gagnât
enfin sa vie » ; et le pasteur sachant combien ses
frères avaient mieux réussi que lui, toutes les fois
qu'il l'osait, il les consultait pour, sans défaillance,
les écouter.

L'oncle Vincent, surtout, se paraît d'un vif pres-
tige.

D'une modeste boutique de marchand de couleurs,
il avait fondé, sous cette firme, la plus célèbre galerie
de la Haye :

Maison Vincent Van Gogh

Fournisseur

des Cabinets de LL. MM. le Roi et la Reine

Plaats Nᵒ 14, la Haye.

Et, un jour, la maison Goupil et Cᵒ de Paris, avait
acheté à l'ancien marchand de couleurs sa maison
pour ajouter cette ville de la Haye à ses autres grands
centres de vente. Inoubliable honneur pour l'oncle
Vincent ; car cette maison Goupil était « illustre ».

Elle avait été créée en 1827 par Adolphe Goupil et
l'éditeur Rittner. Elle n'occupait alors qu'un étroit
emplacement sur le boulevard Montmartre. Mais
plus tard, sans trop tarder, elle eut deux établisse-
ments à Paris : celui du boulevard Montmartre et
un autre rue Chaptal, — avec succursales à Londres,
à Bruxelles, à la Haye (maison vendue par l'oncle
Vincent), à Berlin et à New-York.

Au début, cette tentaculaire maison Goupil avait spécialement édité des gravures, des eaux-fortes et des lithographies. Elle s'était pour cette œuvre condamnable naturellement adressée à de médiocres bonzes, qui allaient de Henriquel-Dupont et de Calamatta à Gérôme et à Meissonier.

Et, en 1849, MM. Goupil et Vibert instituèrent encore à New-York une « Société d'Amis des Arts », sous le titre : *International Art-Union,* dans le but, « simplement », de « répandre en Amérique la connaissance et le goût des œuvres d'art supérieures » !

Quelle sinistre aventure !

Tout Paris, toute la France, le Monde entier, toute la Terre fut donc livrée à ces boutiquiers qui vendaient par ballots tous les plus niais « sujets », tout le fonds et le tréfonds de la bêtise humaine exprimée en gravures et en eaux-fortes. Et, bientôt, cela ne suffit plus. Comme la fange a des profondeurs insoupçonnées, on organisa un commerce de tableaux; et tous les peintres d'Institut, toutes les ganaches décorées huilèrent. Quel vomissement! La Planète en est restée interdite.

Mais, quoiqu'il en fût, l'oncle Vincent avait « fait la bonne affaire »; et, lesté de ses plus enviables tableaux conservés et d'une appréciable fortune, il s'était retiré, sans enfants, dans une magnifique villa à Princenhage, première station de la ligne de Bréda à Flessingue; et, d'où, le cas échéant, il pouvait venir facilement en voiture à Zundert.

Ah! on peut les aimer, ces villas de Hollandais enrichis.

Elles sont merveilleuses, adorables, comme de

beaux jouets tout neufs et très riches sortis d'une boîte.

J'ai été l'hôte de la belle villa que M. André Bonger, frère de Madame J. Van Gogh-Bonger, possède à Bentveld, près de Harlem.

Quel émerveillement! Tout était paré, verni, comme au premier jour. Je ne me lassais pas d'admirer une si incomparable propreté alliée à un tel goût de l'arrangement. Villa en briques, villa parée d'encadrements blancs, villa dans un jardin à tonnelles et à allées couvertes, où le moindre caillou brillait du luisant du marbre. Demeure enchantée!

Là-bas, se bombaient les dunes désolées; puis rugissait la mer grise et coléreuse. Mais on vivait, ici, dans un tel calme, dans un tel abri de poète!

Aux murs s'offraient des tableaux de Cézanne, une exceptionnelle collection d'œuvres d'Odilon Redon, des tableaux d'Émile Bernard, des tableaux de Vincent Van Gogh.

Et je regardais la menuiserie de la bibliothèque qui composait toute une salle et qui était de bois frais.

L'admirable Loti a écrit :

« Les boiseries elles-mêmes sont blanches, ni peintes ni vernies, gardant pour tout ornement, chez les vraies femmes de goût, leurs imperceptibles veinures de sapin neuf. Et j'ai vu plus d'une belle dame surveiller elle-même ses comiques petites servantes pendant qu'elles savonnaient à outrance ces boiseries-là, pour leur donner un air d'être toutes fraîches, un air d'être à peine sorties du rabot des menuisiers. »

Et voilà ce que j'ai vu, aussi, avec quel ravissement, dans la villa de M. André Bonger, à Bentveld, près de Harlem.

L'oncle Vincent, à Princenhage, dans ce pays amoureux des fruits et des jardins, possédait, je suppose, une villa du même ordre de beauté et de joie.

Le pasteur Théodore et sa femme s'attardaient à contempler tout cela.

L'oncle Vincent, pour eux, était un heureux de ce monde; — et puis sa fortune pouvait un jour enrichir leurs enfants.

Alors, parlait-il, avec recueillement on l'écoutait.

Il vint, prié par son frère, à Zundert; et, de toute la famille, on ne suivit que son conseil.

Son neveu serait envoyé par ses soins comme employé à la maison Goupil, à la Haye.

On peut imaginer avec quel serrement de cœur, cet adolescent quitta Zundert, où il s'était tellement épris des bois, des champs, des oiseaux, de la rivière; et où il avait fini par tant aimer son cadet Théo!

Ce fut son premier gros chagrin quand il partit pour aller si loin pour lui, là-bas, à la Haye. Et, pourtant, il connaîtrait, cette fois, la vraie Hollande.

Il vit Dordrecht, si charmante, avec ses maisons de couleurs diverses si ingénues, avec ses hauts arbres à panaches, avec des villas adorables dans ces arbres, et tous les moulins, les uns comme des cabanes légères toutes perchées, les autres comme de gros champignons recouverts d'un pardessus de chaume.

On traverse la vieille Meuse; on voit des prairies immenses et des centaines, des centaines de petites vaches noires et blanches.

Puis c'est Barendrecht. J'y fus par la nuit. On a la sensation d'entrer dans un monde humide, dans le royaume de l'eau, une des fins de la vie!

Des lumières luisent; on aperçoit des mâts, des cheminées, des voies de chemin de fer. Les villas se multiplient, collées les unes contre les autres.

Voici des clochers, des fumées, des armatures, des derrières de maisons, des intérieurs allumés.

Voici, dans une atmosphère de suie, dans une nuit de visionnaire, comme Georges Rouault en imagina, voici des mâts, un port qui vibre; voici du chaos de choses, tout ce que l'imagination en délire peut inventer; voici des formes, des bruits, des odeurs, des appels de sirènes; voici de l'eau boueuse, trouble, eau de l'Erèbe, eau des profondeurs inconnues, voici de la peur, de la joie, de la stupeur, du frémissement, du besoin de tout voir, de tout discerner dans cette noirceur de nuit, des yeux qui cherchent, qui fouillent, voici Rotterdam! le port le plus ardent de la petite Hollande!

Ah! les irritants souvenirs, il y a une vingtaine d'années, quand les maisons publiques y brûlaient si pittoresques, avec leurs filles splendidement parées, avec le ramassis de tous les exotiques de l'Insulinde, tous les jaunes accourus de Bornéo, de Sumatra, des îles de la Sonde, des Célèbes, des Moluques et surtout de la magnifique Java!

Je me souviens de l'une de ces maisons. Elle se paraît de cette enseigne : *Au berceau du cheval blanc!* Cela représentait, dans un berceau, un cheval, les quatre fers en l'air, couché sur le dos, et la tête dépassait. On tombait, dans cette maison, sur de savoureuses garces, et sur de beaux gars hollandais, leurs souteneurs; et, tout alors, à Rotterdam, flambait du même accent vif...

LE MAUVAIS EMPLOYÉ

Voici donc, à la Haye, Vincent, à l'âge de seize ans, obligé de « gagner sa vie » !

Gagner sa vie! Horrible nécessité, horrible expression !

Quelle vie, la vie bête et odieuse, avec les malfaiteurs des Arts, des Lettres et des Sciences — et les macrobes des Instituts et les cyniques de la Politique, qui la réclamerait cette vie-là ?

Vincent Van Gogh, le premier, s'il eût pu connaître d'avance son effroyable vie, eût-il demandé à vivre ?

Déjà, pour lui, le supplice allait commencer à la Haye.

Chez ses parents, au contraire, toute satisfaction régna, tout d'abord, souveraine.

Le pasteur, en épousant Anna-Cornelia Carbentus, avait épousé la propre sœur de la femme de son frère Vincent; et cela rapprochait les deux familles. Mais si l'ancien marchand d'œuvres d'art témoignait de quelque commisération affectueuse pour son pauvre prédicant de frère; lui, il était admiré et aimé par son frère Théodore, subjugué par le succès et la fortune ; et le pasteur se laissait souvent aller à songer que peut-être le petit commis Vincent deviendrait, lui aussi, le propriétaire d'une considérable galerie de tableaux.

Mais tout cela n'apportait aucune joie à Vincent. Il se demandait seulement pourquoi on lui avait fait quitter Zundert et le presbytère où il vivait tranquille.

Il ne savait que ceci, c'est qu'il regrettait de tout son amour sa solitude, les champs, les oiseaux, la rivière auprès de laquelle il se promenait. Il sentait bien que c'en était fini de tout cela. Il comprenait : il allait gagner un peu d'argent; mais, au fond, pourquoi cela était-il nécessaire?

Le Directeur de la succursale Goupil, à la Haye, était M. Tersteeg. Vincent, plus tard, parlera souvent de lui à son frère Théo.

Il semble bien que M. Tersteeg se soit montré très bienveillant pour ce nouvel employé qui présentait une tête farouche de coureur de bois. Et je suppose que si un amateur voulait acquérir, au pays du divin Rembrandt, une honteuse gravure, c'était M. Tersteeg qui se réservait les fioritures pour assurer la vente.

Vincent prenait pension et logeait dans une famille bourgeoise. Il pouvait encore se réfugier chez des amis de ses parents; mais, élevé librement à Zundert, il s'assouplissait mal à tout ce que l'on exigeait de lui.

Il chercha, surtout, cependant, à s'acclimater à la galerie Goupil.

Guidé par M. Tersteeg, il s'appliqua à satisfaire la clientèle, selon les principes admis. Mais on lui reprochait déjà de n'être pas assez empressé et même de brusquer les amateurs. Il ne convenait pas, lui répétait-on, que sa nature sauvage reprît le dessus.

Certes, à bien dire, il est difficile d'admettre que, tout de suite, Vincent s'insurgea contre les gravures qu'il offrait. Pour la première fois il les considérait; il ne pouvait pas, ignorant, les taxer avec mépris.

Et, rappelons-nous! A cet âge, à seize ans, nous avons tous, nous, les plus avisés, vanté de mauvaises œuvres. Nous avons si bien admiré Bastien-Lepage avant d'arriver à Cézanne.

Oui, vraisemblablement, Vincent prit même peut-être quelque attrait d'abord à manier des estampes dont la variété dans la niaiserie pouvait l'intéresser; mais ce qui lui pesait, c'était d'être enfermé alors que sa pensée le conduisait au Brabant; alors que se fixaient devant ses yeux les marais, les maigres bois de sapins, les moulins, les vastes prairies de son pays natal.

Comme cela sentait bon à l'époque de la fenaison! Comme il s'était amusé tant de fois dans les champs de betteraves! Combien de fois il avait entraîné avec lui son frère Théo! et, maintenant, il songeait à ce frère dont on l'avait séparé!

La clientèle bientôt ne le retint plus. Ceux et celles qui venaient dans cette galerie, ce n'étaient pas des « amoureux d'art », mais des amateurs, qui, en choisissant de telles estampes, révélaient une mentalité basse. Et les réflexions que ces gens émettaient étaient dignes de ces images. Tant de sottise arriva à exaspérer Vincent.

Il lui restait les dimanches à la Haye, à Scheveningue.

Mais la solennité de la Haye et le silence de ses vastes boulevards ne le divertissaient point. Il allait plus souvent à Scheveningue, qui n'était alors qu'un village de pêcheurs, au bord de l'eau grise de la mer du Nord.

Vincent devait ainsi rester à la Haye plusieurs années, au service de M. Tersteeg.

Entre temps, le pasteur fut appelé à Helvoirt, autre commune du Brabant septentrional, à une douzaine de kilomètres de Tilburg.

C'est du mois d'août 1872 que date (d'après Mme J. Van Gogh-Bonger) la première lettre de Vincent à son frère Théo; première lettre d'une admirable correspondance qui ne cessera plus.

- Vincent, prenant son frère cadet pour son confident, lui racontera tous les faits de sa vie, l'interrogera sur ce qui se passe chez ses parents, le conseillera.

Mais à son tour, au premier janvier 1873, Théo, fut envoyé à Bruxelles pour vendre également des œuvres d'art.

Vincent, alors, commencera à parler à son frère des œuvres des peintres qui passent entre ses mains; et il citera pêle-mêle les artistes les plus dissemblables, les meilleurs — très rares — comme les pires. La sélection en son esprit ne s'opèrera jamais complètement.

Une photographie de cette époque, publiée par Mme J. Van Gogh-Bonger, représente Vincent rond de figure, avec des cheveux bouclés, une cravate correcte, un air maussade, sans moustache ni barbiche.

D'après ce document, on imagine Vincent têtu, autoritaire, tenace — on peut tellement écrire ces choses-là après coup! — et, possédé d'une telle curiosité qu'au bout de quelques années le maniement des estampes Goupil à la galerie de la Haye le fatigue pleinement.

Aussi, en mai 1873, envoie-t-il brusquement à son frère Théo son adresse à Londres, où il s'est fait admettre, toujours comme commis vendeur, dans la succursale Goupil. M. Tersteeg, d'ailleurs, lui a accordé un louable certificat.

Ce changement plut tout d'abord à Vincent. Mme J. Van Gogh-Bonger nous donne même cet amusant détail que son premier soin fut d'acheter un chapeau haut de forme, indispensable — assura-t-il — pour « traiter les affaires à Londres ».

Il s'installa dans un faubourg; et, plus abondamment que jamais, il écrivit à son frère Théo des lettres qui remuaient toujours, comme dans un sac, tous les noms des peintres connus.

Vincent s'était logé chez deux dames qui possédaient deux perroquets. Mais la pension montait à un prix trop élevé; et il partit.

Les pensions de famille abondent en Angleterre. Les Anglais ainsi que les Américains adorent vivre dans ces odieux locatis. Certes, il y a des pensions de famille à tarifs imposants; mais les plus nombreuses sont naturellement les médiocres, à table de régime, où tout est compté, mesuré, dosé! Et quelles singulières femmes qui les dirigent!

Vincent trouva une autre pension chez une dame

Loyer, veuve d'un pasteur protestant, et qui tenait avec sa fille une pouponnière !

Où tombait-il ? C'est ici le début d'une vie qui se contentera de n'importe quoi.

Vincent, plus tard, mal installé partout, ne demandera aucun confort ; et ses plaintes ne viseront que ses difficultés de travailler ; jamais il ne grognera contre le logis quelqu'il soit, où il reposera son corps.

Deux choses ne manqueront pas de l'élever au dessus de tout : sa peinture et son amour des livres.

Comme il peindra avec fureur, il dévorera non moins frénétiquement les livres les plus sots, les plus vulgaires, les plus mystificateurs. Et, sorti tout brûlant de ses lectures, il les racontera à son frère Théo avec prolixité.

Il a vingt ans.

Tout l'exalte.

C'est ainsi qu'il s'éprend de la fille de Mme Loyer : Ursule, qui ressemble à un ange, en toilette blanche, au milieu de ses poupons.

Et il s'attise sur elle à ce point qu'il ne peut rien en cacher, et qu'il écrit tout de suite à l'une de ses sœurs :

« Je n'ai jamais vu ni rêvé quelque chose d'aussi beau, comme l'amour entre elle et sa mère. Aime–la pour moi ! »

et il termine par ce cri :

« Cette vie si belle, ô Dieu, est ton œuvre ! »

Là-bas, ses parents ne l'oubliaient pas ; et, un jour, il reçut d'eux un bouquet de feuillages, destiné à lui rappeler les bois du Brabant.

Au fond, ils restaient de bonnes gens candides,

simples; et ils formulaient tous les vœux pour que leur fils aîné fût heureux.

Vincent qui revenait toujours aux fêtes de Noël auprès d'eux, resta cette fois chez les dames Loyer.

Christmas! On sait avec quelle goinfrerie les Anglais célèbrent cette fête du ventre. Puddings et ivrogneries encensent le Rédempteur. Le Christ est honoré par des oies rôties, juteuses, à pleins croupions d'évêques. Et si l'on mange gloutonnement toutes ces graisses, on boit comme des lampes! On glorifie le Seigneur en éructant des rots. C'est Christmas! c'est Christmas!

Toutefois, il est loisible d'imaginer que la fête prit, à la pension Loyer, un tour plus aimable.

On dut être là en pleine candeur touchante, les marmots effondrés dans le sommeil. Ce sont ces petits tableaux d'intimité que brossent, en Angleterre, tant de vieilles romancières à lunettes, et dont les œuvres se vendent fort bien.

A la même occasion de Christmas, les appointements de Vincent, comme vendeur, furent augmentés.

Ses lettres exprimèrent son contentement.

Maintenant, quand il rentre de la galerie Goupil, sise : 17, Southampton Street, Strand. il retrouve avec un vif bonheur Ursule; et il l'aime en silence.

Les jeunes filles anglaises jolies sont aimables et flirteuses. Elles acceptent à peu près tout!... Vincent ne savait rien de tout cela — et comment eût-il osé? Ursule s'amusa de ce gros garçon brabançon, gauche, qui s'exprimait mal, qui ne savait lui faire la cour. Lui, il ne se rendait pas compte qu'il était maladroit, pesant. Il insistait et, un jour, brutalement, il lui cria qu'il l'aimait.

Ursule, en riant, lui apprit alors qu'elle était déjà fiancée à un jeune homme, qui avait habité dans la pension avant lui.

Il lui demanda de renoncer à sa parole ; mais Ursule refusa.

Il était trop surexcité ; il retomba assommé. Tout de suite, son caractère s'assombrit.

Plus encore, il se sauva de Londres ; et il accourut abattu, désespéré, chez ses parents. Mais ils ne purent le consoler ; et il leur déclara qu'il ne voulait pas retourner à Londres.

Ils appelèrent au secours l'oncle Vincent.

Celui-ci voulut bien de nouveau agir ; et, sous sa protection, Vincent arriva à Paris, comme commis vendeur dans la galerie Goupil, installée au N° 9 de la rue Chaptal.

Il loue alors une petite chambre à Montmartre ; et il lit passionnément la Bible.

Il ne peut atténuer d'une autre manière les tâches qu'on lui impose.

Il est inquiet. Il ne sait sur quoi s'appuyer pour être courageux.

Il ne s'intéresse en rien aux plaisirs de Paris. Rien ne l'attire. Il vit farouchement.

Il descend à la galerie Goupil, chaque matin, comme s'il se rendait au supplice.

Là, il demeurera, accablé, de mai 1875 à mars 1876.

Et pourtant un autre commis vendeur eût peut-être été fier d'être « attaché à cette galerie ».

Un dessin connu de E. Morin, gravé par Yvon-

Perrichon reflète, en effet, particulièrement, l'opulence, en ce temps-là, de la salle des tableaux.

On la voit immense, avec jour au plafond, avec un lustre — et, au milieu, s'étale un canapé circulaire.

Des tableaux encombrent les murs ; tous sont présentés dans des cadres cossus ; — et l'on contemple toutes les plus horrifiques huiles de cette époque. Le tableau, très vaste, du fond, le chef-d'œuvre, représente une forêt avec des vaches.

Nous sommes en 1875. Il serait facile de sortir de la nuit les peintres qu'aimait la maison Goupil.

1875. — C'est, n'est-ce pas ? le moment de Bonnat, de Jules Lefebvre, de Henner, de Meissonier et du tendre Cabanel.

Mais, hélas ! tous ces gens d'Institut ne peuvent retenir Vincent. Il est en plein dans la Bible et il ne sait prendre goût aux vaches, aux portraits mondains, aux farouches souvenirs de la guerre de 1870 !

Toutefois, il se cramponne. Il se rend compte qu'il désole déjà ses parents.

A Noël 1875, il vient chez eux. Il se plaint. Et le charitable père écrit à Théo qui est lui, heureusement, « un meilleur employé » :

« Il faut que Vincent soit heureux !... Peut-être faudrait-il lui trouver une autre position ! »

Lui, Vincent, sans qu'il sache comment cette idée lui est venue, il dit brusquement qu'il *veut* surtout mieux aimer son prochain. Mais de quelle façon ? Lui-même l'ignore.

Ce qu'il sait, c'est qu'il est tout à coup dévoré du besoin de se sacrifier. Mais ce n'est pas dans le commerce d'œuvres d'art, pense-t-il, qu'il peut offrir tout son dévouement à ses semblables.

Il revient à Paris, plus tourmenté, plus inquiet que jamais; et il se montre tout-à-fait un mauvais employé, ne répondant même plus à la clientèle.

Aussi, le premier avril 1876, il s'en va, sans donner d'excuse à ses nouveaux directeurs Boussod et Valadon, gendres et successeurs de Goupil.

Le voilà sans situation, la tête farcie de lectures religieuses, de noms de peintres et ayant dévoré des romans de tous les pays, sans contrôle.

Le 4 avril, il se trouve à Etten, où son père a été appelé.

L'oncle Vincent est au courant de la fugue de son neveu. Il déclare qu'il l'abandonne; et, écœuré, il ne veut plus rien tenter pour lui. De leur côté, les parents ne peuvent aider leur fils.

Les appointements du pasteur, environ 800 florins par an, suffisent à peine à entretenir la famille.

Et le pasteur est tombé de Zundert à Etten, petit village à côté de Bréda, et qui est encore moins important que Zundert.

Théo, lui, est, certes, un « employé modèle »; mais ses appointements sont modiques. Il intervient pécuniairement pourtant pour la première fois en faveur de son frère. Et il écrit à ses parents de longues lettres pour leur dire d'aimer toujours Vincent, qui « accomplira de grandes choses ».

De son côté, Vincent retourne mille projets dans sa tête. Mais ce qui le tient surtout, son idée fixe, c'est qu'il veut secourir les malheureux et les affligés;

et il parle continuellement de la Bible et du Christ.

Aussi, un jour, il déclare à ses parents qu'il a formé le projet de retourner en Angleterre; où, abandonnant le métier de marchand de tableaux, il se proposera comme professeur de français !

Le père secourable et la douce mère accueillirent avec stupéfaction une pareille nouvelle vocation. Ils doutèrent de la sagesse de leur fils; et ils eurent besoin de toute la confiance qu'ils accordaient à Théo, qui défendit encore son frère, pour se rassurer.

Sur une annonce, Vincent obtint une place à Ramsgate, chez un chef de pensionnat qui s'appelait M. Stokes. Ramsgate est une ville du Comté de Kent, à l'embouchure de la Tamise. Mais, bientôt, l'école, pour raison d'économie, fut transportée à Isleworth, non loin de Ramsgate.

Ce M. Stokes était un vicaire, religieux de second plan de l'église anglicane, qui avait installé cette pension pour grossir ses chétifs émoluments.

Vincent s'y trouva d'abord en paix.

Il s'amusa à décrire à ses parents le maître du logis :

« Un homme long, maigre et pas méchant, et qui, pour ainsi dire, pend dans ses habits.

« Il est toujours vêtu de noir, ajouta-t-il; et, le soir, il devient fantomatique. Sa figure a de profondes rides et la couleur de son teint est comme celle d'une vieille statue de bois.

« Cet épouvantail a trouvé une femme, qui est douce, tranquille, accablée comme lui par les soucis d'une nombreuse famille. »

Le pensionnat est une vieille et grise maison, entourée de roses et de clématites.

C'est une école intime, humble, qui fait penser à un conte de Dickens.

Il s'abrite là une vingtaine de gamins, fils de petits échoppiers de Londres.

Des gamins bizarres, mal nourris, habillés d'une ridicule façon, et coiffés de chapeaux d'hommes âgés.

Tout en restant de bonne volonté, Vincent se révéla encore, ici, tout entier, inapte à ce qu'on voulut exiger de lui.

Car, ces enfants appartenant à la plus modeste classe londonienne : gamins de cordonniers, de merciers, de marchands d'habits, etc., l'argent de la pension rentrait mal; et Vincent, en outre de sa tâche de professeur, fut malencontreusement chargé de recouvrer cet argent.

Il parcourut Londres, dans tous les bas quartiers; il s'apitoya, il écouta les doléances des parents; et il revint au pensionnat les poches vides.

Alors il fut remercié. Mais il connut ainsi la misère de Londres, et il en resta démoralisé.

Il vit les petits décrotteurs, sordides; les habituées des public-houses, ivrognesses en chapeau; — il vit les ruelles de Spitalfields, ténébreuses, écumeuses, bordées de hautes masures en briques noires, ayant, à leurs pieds de fange, des femelles d'hommes accroupies; il vit les petites pauvresses porteuses de loques ramassées dans le fumier, de manteaux de fourrure, de châles des Indes, tout cela troué, répugnant, et des pieds nus dévorés de plaies et des petites têtes souvent jolies sous des tignasses emmêlées, ravagées de parasites; il vit Gullston Court, old castle street, une rue de peste, noire, fuligineuse, éclairée la nuit par un quinquet, masures de briques toujours, linges qui pavoisent, de l'ordure qui grouille, des chiens, des enfants, on ne sait pas, on est ici en pleine lèpre du monde ; il vit la Tamise, lourde, sale, eau de charpie ou de pus, avec ses bateaux, ses remorqueurs, ses barques, ses fumées, ses hoquets, ses râles et tous ceux qui vivent de ce fleuve de sueur, de sanie, les hommes patibulaires à faces de rats ou de fouines qui pullulent dans les docks ; il vit les « artistes » des music-halls populaires, tout le bas et douloureux comique, tous les nègres qui se contorsionnent, tous les ajustements fous, les hauts de forme en cheminée, les pieds dans des souliers comme des bateaux recourbés, et des gueules qui rient et des ventres qui s'esclaffent, guitares et banjos ! Les burlesques aussi, les nègres farceurs et cyniques ; les boxeurs bouffons, — et les femmes, les femelles roses, jaunes, bleues, puits à vérole, immondes, frottées de fard, aux gencives saignantes. Il vit une ruelle près de Burton-Crescent, où à côté de maisons noires, tapissées de saletés de linges, des hommes et des femmes se vautrent dans la pouillerie d'un quartier juif — et pis encore, car le sol, le soir, la nuit, se souille des vomissements de ces animaux soûls de gin et de wisky. Il vit les rues, les chemins d'immondices plutôt, dans le Wapping, où la bête humaine finit en faisandages de chair ; il vit l'épouvante et l'horreur et le dégoût dans un lodging-house de Drury-Lane, mâles et femelles mêlés, animaux de races perdues, déjections et putréfaction ; il vit aussi — bienfait de l'aigre protestantisme ! — la rue morte du dimanche, toute l'Angleterre, les ducs en tête, se saoulant *at home, sweet home!* et l'entrée des temples, c'était l'entrée au tombeau, l'accablant sermon d'un prédicant ; il vit les pauvresses accroupies contre ton mur, workhouse de Saint-Giles, des faces ravagées, creusées, ravinées, blètes, cireuses, des faces d'épouvante et de sépulcre, des corps flétris, tombés, des torses sans chair, et tout cela toujours avec un chapeau, une loque de chapeau qui ridiculise ces décrépitudes, jetées là contre une palissade, dans le froid et dans la nuit d'une horrible vie! Enfin, le hasard l'amena un jour dans la salle basse d'un autre lodging-house de femmes. Là, la femelle dépasse tout. Et quelques-uns de ces monstres bercent des enfants dans leurs bras. C'est l'enfer du vice, de la misère hideuse, de la pourriture humaine. Il y a des faces que l'on n'oublie plus quand elles vous ont dévoré. Il y a aussi des yeux superbes, des yeux qui luisent de toutes les fièvres de la détresse. Et tout l'or de Londres, toute l'orgueilleuse vie aristocratique, tout l'écrasement des Banques, toute l'opulence du Commerce et de l'Industrie, tout ce qui dans la ville monstre, dans la ville-Moloch, respire de vanité et de joie triomphante, tout cela vit, prospère, éblouit et écrase, en portant à ses flancs toute la vermine, toute la souffrance, tous les abcès de ces quartiers maudits qui agonisent dans les crachatset dans la boue. Les ducs se nourrissent, se gavent, eux, les multimillionnaires; ils s'enflent des centaines de mille de misérables qu'ils traînent aux abîmes du désespoir et de la faim. Heureusement, il reste l'alcool — et l'on peut brûler, flamber sa vie dans un

public-house. O saint-alcool, providence des oppri-
més, gardez-le à ces esclaves vils, messieurs les
ducs! Car, lorsqu'ils sont ivres, comme vous, au
moins vous ne tremblez plus!

Vincent souffrit avec tous ces suppliciés. Plus tard
revenu à la Haye, il voudra même sauver une de ces
femelles, dont il avait vu tant de monstrueux exemplaires; et personne ne le comprendra.

Egaré, Vincent traîna dans la ville gigantesque,
n'aimant que les faubourgs et les quartiers pauvres.
Comme il fallait cependant qu'il fit quelque chose, et
poussé par son idée fixe : « être utile aux autres »;
idée lourdement fortifiée, il se présente tout à coup
— il se nourrira par ses moyens de famine — chez un
prédicateur méthodiste, nommé Jones, installé à
Isleworth.

Nous sommes en juillet 1876. Vincent veut devenir aide-prédicateur. Il ne voit pas un autre moyen
de se consacrer à son prochain. Le Christ est son
maître de toutes les heures. Il faut le suivre. Il ne
cesse pas pour cela d'écrire régulièrement à son frère,
et de lui envoyer sur ses lettres, quelquefois, des
petits croquis puérils de maisons, de rues et de paysages.

Puis il cite toujours des peintres, les plus hauts
et les médiocres.

Ses lettres à son frère sont actives. Celles à ses
parents sont plus sombres. Il a plus confiance en
son frère qu'en eux-mêmes. Du reste, Théo approuve
continuellement son frère aîné.

La religion tient alors tout entier Vincent.

Il parle d'officier à l'église. Il ne s'embarrasse pas

d'une difficulté de parole qu'il ne peut vaincre et qui le paralyse parfois.

Il lit de plus en plus; mais c'est surtout la Bible qu'il connaît par cœur. Il se jette sur tous les livres, même sur les plus sots; et il commente ainsi les épuisants romans de feu Henri Conscience.

Comme aide-prédicateur, il se présente tout à fait impuissant. Il bredouille quand il veut parler vite. Aussi il est obligé d'abandonner encore cet emploi.

A Noël 1876, il revient de nouveau à Etten, chez ses parents.

C'est le retour forcé au bercail — quand il est trop déprimé, épuisé, et qu'il ne sait plus où aller.

Dans son désespoir, le pasteur supplie son frère Vincent de venir à son secours; et l'oncle dont la patience semble infinie, trouve pour son neveu une place de vendeur à la librairie Blusse et V. Braam, à Dordrecht.

Vincent se rend à Dordrecht. C'est une épave.

Il ne pense toujours qu'à prêcher 'Evangile. « La piété te rend idiot! » lui écrit une de ses sœurs.

A Dordrecht, si ancienne petite ville, Vincent se loge au bord de la vieille Meuse. Aucune ville n'est plus pittoresque et plus attirante; et il y a toujours un gai mouvement de bateaux et de radeaux de bois sur l'eau, où se reflètent les jolis pignons aux toits rouges.

Mais Vincent s'ennuie. Il lit frénétiquement cependant à la librairie. Il va un jour au musée Ary Scheffer. Ce flasque peintre, qui est né à Dordrecht, ne l'émeut pas.

Il s'instruit. Il commence le grec et le latin.

Mais, bientôt, il abandonne ces nouvelles études; et il déclare qu'il veut étudier la théologie.

Le père, torturé, accepte; et il adresse aussitôt un appel à ceux de ses frères qui sont à Amsterdam, pour qu'ils viennent en aide à « son malheureux fils, qui se propose maintenant d'approfondir la science de la religion des choses divines. » A Amsterdam, il « serait en bon endroit pour cela. »

L'oncle Johannès, qui vient d'être nommé directeur des chantiers de la marine à Amsterdam, veut bien offrir à son neveu Vincent le logement et la nourriture.

Mme Elisabeth-Huberta nous certifie que l'espoir revint alors une fois de plus aux parents de Vincent.

Elle ajoute :

« Ils étaient si unis, si charitables. Le père, la figure finement découpée, entourée de cheveux d'un blanc d'argent. La mère, les traits moins réguliers, mais d'une expression vive, et un regard pénétrant, celui de Vincent.

« Le fils aîné, Vincent, restait toujours leur plus vif souci à tous deux. »

Et, elle termine, candidement :

« Les autres enfants ne donnaient rien à redire! »

A Amsterdam, où il demeura de mai 1877 à juillet 1878, Vincent fut tout entier la proie de son idée fixe : évangéliser.

Pourtant, il admira pleinement la ville.

A dire vrai, quelle cité touffue, pittoresque, la plus complète de toute la Hollande!

Amsterdam. J'ai vu la ville, il y a une vingtaine d'années; je l'ai revue en l'année 1922, au début de l'été.

Il est 6 heures de l'après-midi. Ma chambre respire sur un canal. Eau lourde, verte, épaisse. Des ormes magnifiques. Hautes bâtisses avec des briques rouges. Je vois devant moi et autour de moi des flèches, des tours, des bateaux, des tramways et des tourbillons de cyclistes, mâles et femelles, une plaie de la Hollande.

9 heures du soir. La ville s'endort, avec, sur ses tempes et sur son front, le bandeau sédatif de l'eau. Les cyclistes sont moins nombreux. Ils se rejucheront demain sur l'étroite selle; et, droits comme des cierges ou comme des tringles, ils pédaleront sans hâte, du même mouvement endormi.

Sorti, le soir. De jolies et solides maisons sont au bord des canaux, dans les arbres. Eau sale, à forte odeur pourrissante, qui engendre des moustiques cruels.

Des boulevards secs montrent d'autres désirables maisons à trois étages au plus, à pignons colorés, toutes différentes, toutes, à bien dire, à aspects de villas près de la mer.

On sent, du reste, ici, partout, une ville aquatique. C'est cette diversité de loggias que l'on voit qui fait penser à cela, et aussi les amples stores bombés. Et c'est toujours plaisant et coquet. Sans persiennes, les baies luisent de toutes les lumières pour la gaîté de la rue.

J'ai voulu, laissant de côté les descriptions de monuments, les sensations de la Kalverstraat avec les savoureuses ivresses des liqueurs Bols ou Fockink, le Dam et le Palais de la Reine, le Groeneburgwal, le Binnen Amstel, St. Nikolaaskerk au milieu des

bateaux et des remorqueurs, le marché juif et sa
pouillerie gigantesque, fumier de chairs et de loques,
où, cependant, Rembrandt réalisa ses divines toiles;
j'ai voulu, laissant tant d'autres merveilles de la ville
robuste : le port où, toutefois, en compagnie du
peintre C.-J. Maks, je ne me lassais pas de regarder
l'eau trouble, l'eau tachée d'encre ou de vert émeraude,
d'où montaient des odeurs de saumure; le port où,
près de femmes potelées, grouillait une marmaille
blonde; — j'ai voulu garder toutes mes forces pour le
Rijks-Museum et pour le Zeedyk, le quartier chaud
qui a remplacé le Nes, d'autre chaude mémoire.

Oh! sans doute, j'ai vu au Rijks-Museum tout ce
que tout le monde a vu. Je n'y ai pas découvert
Rembrandt. Je sais que l'on a réservé au dieu de
la peinture une place d'honneur qu'il n'eût jamais de
son vivant. Mais si, au Rijks-Museum, on a préparé
ce que nous appelons vulgairement : un montage de
coup; pour Rembrandt, il faut croire que ce coup-là a
été bien monté; car, lorsqu'on vient d'être frappé de
stupeur devant *La Ronde de nuit* de la compagnie
du capitaine Frans Banning Cocq et du lieutenant
Willem van Ruytenburg; — quand on vient de contempler, avec des cris contenus, *Les Syndics des
drapiers d'Amsterdam* et encore *La Fiancée juive*,
car je ne veux pas donner à Rembrandt, au musée
de la Haye, *La Leçon d'anatomie*, exécutée certainement par un de ses disciples, tant ce tableau est froid
et compassé; — quand on vient, dis-je, de hurler intérieurement devant le fastueux cavalier noir, barré de
rouge, devant le plus petit tout doré, devant l'extraordinaire fantaisie de la fillette qui vient se fourrer

au milieu des arquebusiers, portant un coq mort à sa ceinture ; — quand on vient de vénérer, le cœur battant à tout rompre, les cinq merveilleux drapiers, de prodigieuse vie ; — quand on s'est arrêté devant *La Fiancée juive*, si douce, si ingénue sous la main de l'homme qui se pose tendrement sur sa poitrine ; — quand on vient de subir cette épouvante de l'admiration, on ne se dit pas qu'il y eût une parfaite installation des toiles, à la honte de notre musée du Louvre, on se dit qu'il faut partir, sans tourner la tête, sans regarder les pauvres œuvres des autres peintres, en emportant au plus chaud de son cœur la mémoire de ces hautains chefs-d'œuvre.

Je ne suis allé au Zeedyk que le lendemain. C'est près de la Centraalstation. La prostitution recherche les gares. A Arles, par exemple, où vivra Vincent, le quartier chaud est tout de suite à l'entrée de la ville ; à Amsterdam, au sortir de la Centraalstation, on a juste un canal à traverser pour tomber chez les filles ; à Paris, enfin, prenons une gare-type, la gare Saint-Lazare, par exemple ; tout près se trouve l'ignoble petite rue de Budapest, pleine de bars et d'hôtels borgnes, d'où les nymphes de tout âge descendent, dès huit heures du matin, pour harponner les arrivants.

J'ai regretté le Nes. J'ai tenu à parcourir la rue et j'ai eu la joie d'y trouver encore une espèce de tingel-tangel (petit concert), où j'ai revu le bon et colossal portier qui avait pour mission de jeter dehors les querelleurs ou les braillards. O bonne prostitution hollandaise de jadis, où l'on voulait nous faire aimer dans le calme, dans la douceur ! Le Nes, maintenant, est occupé par des officines de tabacs. Où sont les garces blondes ou noires ou rousses, car il y en avait de tous les pays, que le portier, en écartant un large rideau, nous montrait perchées sur une estrade, guenons de parade, bigarrées et si court vêtues, avec de hauts chignons où se fanaient de larges touffes de fleurs? Ah! ces poupées réjouies, fardées, luisantes, qu'on ne voit plus aujourd'hui assises en corbeille, en offrande de jouets pour le sexe du passant!

Le Zeedyk, c'est autre chose, c'est surtout le quartier où les marins s'amusent. C'est chaud aussi, et quand tous ces marins, des Américains, des Allemands, des Anglais, des Norvégiens, des jaunes de l'Insulinde, se sont soûlés de genièvre, la rue est plutôt périlleuse, le soir et la nuit, et de dur accès. Mais, en plein jour, amusez-vous seulement si vous avez « les foies », à regarder tous les cabarets (*kroegen*) et toutes les salles de danse ou bastringues (*danshuizen*). Puis vous raviront aux façades des lanternes sur lesquelles vous lirez : *The city of London*; *The city of Liverpool*; *The city of Bristol*; — et, en hollandais : *De Stad Antwerpen* (la ville d'Anvers); *De Stad New-York*, etc.

Entrez et vous vous trouverez dans un petit café à comptoir, derrière lequel surgit le patron, ayant à côté de lui, joyeux et actifs, trois musiciens tenant respectivement un accordéon, un tambour et une flûte.

L'arrière de cette salle est fermé par un rideau qui cache une autre chambre.

Là, c'est le bastringue. On y danse et on y boit bière et genièvre. Les logements des filles publiques et de leurs souteneurs chancissent dans les étages au-dessus. On monte l'escalier, la tête cuite d'ivrognerie.

Autour du Zeedyk, brûle aussi tout un quartier de filles; et là les bordels (*bordeelen*) s'entassent, avec deux ou trois femmes, fortement peinturlurées pour chacun, faisant la fenêtre. Accueillantes métairies, on vous trouve surtout au Oude Zijds Achterburgwal, canal encore plus dangereux que le Zeedyk.

Toutes les filles, on les appelle au singulier *hoer*, et au pluriel *hoeren*; mais goûtez le joli nom de celles qui font particulièrement le trottoir. On les désigne par *snol* au singulier et au pluriel par *snollen*.

Pour Vincent, toutes les filles, qu'elles fussent *hoeren* ou *snollen*, n'eurent qu'un passager attrait.

Il subissait une sorte de surexcitation religieuse; et il se surmena.

Madame Elisabeth-Huberta, suivant toujours son frère, dit qu'il se livrait aveuglément à ses études. Le premier affaiblissement cérébral s'accusa. Il écrivit d'incohérents projets de sermons.

L'oncle Johannès, au surplus, ne se montrait pas disposé à ordonner la vie de Vincent, qu'il avait pris chez lui uniquement pour contenter son frère Théodore. Il s'était vite détaché de son neveu; et Vincent vivait complètement à part de son oncle. La maison seule lui était ouverte.

Le dimanche, il courait fiévreusement dans six ou sept temples; il allait même dans les églises catholiques et dans les synagogues. Il voulait connaître tous les fondements des principes religieux.

Il écrivait à ses parents des lettres que ceux-ci

lisaient en frissonnant. C'étaient de perpétuelles sautes d'humeur ; et il en revenait, au bout du compte, toujours à ceci : qu'il « se sentait de plus en plus la vocation pour aller prêcher l'Evangile ».

En Angleterre, il avait entendu parler de missions chez les mineurs. Puis un livre sentimental et absurde de Dickens sur l' « enfer de leur vie » l'avait enthousiasmé. Lui, si crédule et les yeux fermés, il fut amené ainsi à tous les sacrifices, à donner toute sa vie.

Mais, déjà, il veut rester un humble ; s'il parle un jour aux mineurs, il faudra qu'il soit tout près d'eux, à côté d'eux. Il prêchera, — c'est irrévocable ! — jusque dans la mine.

Ah ! cette idée de prêcher ! C'est, assurément, de toutes les idées saugrenues, l'idée la plus bizarre qui s'installe dans sa tête ! Car il a fait des essais avec le pasteur Jones, en Angleterre ; ils ont été vains. Il sait bien lui-même qu'il a cette difficulté de parole, qui s'aggrave quand il parle de mémoire ; il est obligé de lire. C'est une attitude ridicule pour un prédicateur.

Mais est-on maître de ses idées? Sournoises, hostiles, méchantes le plus souvent, elles naissent en nous sans que nous y consentions, amenées par un mauvais état physiologique, que nous ignorons presque toujours ; et, une fois implantées, elles ne se déracinent pas aisément.

Pour Vincent, cette malencontreuse idée de se dévouer — et même de se martyriser pour les autres, durera, du reste, toute sa vie. Candide et d'une bonté d'apôtre, il croira à tous les malheurs, à tous les radotages des romanciers. Il ne se rendra compte de rien par lui-même; il suffira qu'on lui dise que quelqu'un souffre, pour qu'il songe aussitôt à se sacrifier.

En juillet 1878, il est rentré à Etten. Il explique à ses parents ce qu'il va entreprendre chez les mineurs : il a choisi le Borinage en Belgique, vaste région de mines, pour évangéliser et porter la parole du Christ.

Il se met d'abord en route, à ses frais. Peu lui importe, le but est là-bas, chez les mineurs borains !

AVEC LES « GUEULES NOIRES »

Vincent est halluciné. Il ne voit, lui, aucun péril dans son nouvel avatar. Le 15 novembre 1878, il est à Laeken, près de Bruxelles; et il envoie à son frère Théo une longue lettre qui contient, avec un dessin : *La maison d'un charbonnier*, un passage consacré aux Borains. Le citer, à ses inexactitudes près, c'est montrer comment Vincent comprenait les mineurs :

« Les Borains, dit-il, (habitants du Borinage, pays au couchant de Mons) ne s'occupent que de l'extraction du charbon. C'est un spectacle imposant que celui de ces mines de houille ouvertes à 300 mètres sous terre, et où descend journellement une population ouvrière, digne de nos égards et de nos sympathies. Le houilleur est un type particulier au Borinage, pour lui le jour n'existe pas, et sauf le dimanche il ne jouit guère des rayons du soleil. Il travaille péniblement à la lueur d'une lampe dont la clarté est pâle et blafarde, dans une galerie étroite, le corps plié en deux, et parfois obligé de ramper; il travaille pour arracher des entrailles de la terre cette substance minérale, dont nous connaissons la grande utilité; il travaille enfin au milieu de mille dangers sans cesse renaissants, mais le porion belge a un caractère heureux, il est habitué à ce genre de vie, et quand il se rend dans la fosse, le chapeau surmonté d'une petite lampe destinée à le guider dans les ténèbres, il se fie à son Dieu, qui voit son labeur et qui le protège, lui, sa femme et ses enfants. »

Vincent, sans y prendre garde, peut-être, écrit ainsi que le mineur n'est pas, dans la fosse, dans un enfer. Mais il est en route, cela ne l'empêchera pas de vouloir évangéliser, alors que personne ne l'attend.

En allant de Paris vers le Borinage, c'est en France que l'on voit, à Hautmont, les premiers corons, les charbonnages, les usines, les estaminets, les sombres maisons de briques et de tuiles. Les corons sont dispersés partout. Çà et là, de hautes cheminées, des prairies et des vaches. Puis c'est Feignies, paysage noir, fumeux; on touche à la frontière belge. D'ailleurs, il n'y a aucune transition entre la France du Nord et la Belgique. Les usines continuent, des prairies, des maisons de briques et des toits de tuiles.

A Quévy, la douane belge, on boit la bière. On va entrer dans les corons rouges, à Frameries, à Cuesmes, pour arriver à Mons. Les corons sont gais, pittoresques. La vive émotion, c'est quand surgit le premier *terril*, formé de schiste et des déchets de toute nature de la mine.

Cela monte en pleine nue. Cette massive pyramide est imposante et souveraine. C'est l'œuvre des inlassables taupes, les charbonniers. C'est le travail de ces rongeurs qui voudraient passer de la fosse au rôle de titans du ciel, — ou mieux encore qui voudraient creuser la terre et la vider comme une noix.

La terre est noircie, bourbeuse de la poussière du charbon ; le ciel s'encrasse et pèse lourdement. Quelquefois les terrils qui contiennent du soufre s'embrasent; et les flammes crépitantes lèchent les fumées des hautes cheminées des houillères.

Mons est le centre du Borinage. « C'est une des villes qui rient! » écrit Camille Lemonnier. « La physionomie générale de Mons est charmante et originale! » dit un autre écrivain belge. Or, cette région minière n'est pas plus un enfer que sa capitale.

Le Borinage présente une vaste agglomération de villages assez rapprochés les uns des autres, composés de mines de houille et de charbonnages. Quand on va de Paris à Bruxelles, on traverse ce pays borain, situé tout de suite en avant de Mons, et dont les principaux villages se nomment la Bouverie, Quaregnon, Pâturages, Boussu, Dour, Wasmes, Cuesmes, Jemappes, Hornu et Warquignies.

La campagne est grisâtre, aride; le sol est pelé. On rencontre peu de terrains de culture. Ils sont peu à peu envahis par les terrils, ces scories de la mine.

Quelques petits jardins bien tenus, c'est toute la douceur de ce sol farouche.

En parlant du Borinage, on évoque d'abord un paysage monotone; mais cette monotonie offre parfois de saisissants aspects. Voyez ainsi les reflets de l'aurore sur les terrils.

Il apparaît aussi que cette contrée est une colonie lointaine, une région de mines exploitée en hâte par des aventuriers âpres au gain, tant les maisons de corons paraissent presque toutes provisoires en leur simplicité. Le Borinage, certes, n'a pas la vigueur, l'ardeur juvénile d'une colonie nouvelle. Et, pourtant, ces maisonnettes aux volets verts ou mauves foncés, aux châssis blancs, aux tuiles rouges, plus rarement toiturées d'ardoises imbriquées d'un gris bleuté, aux murs blanchis à la chaux, aux soubassements goudronnés, semblent de loin autant de jouets!...

De près, tout ce fard, toute cette apparence de jeunesse s'évanouit dans les lézardes et les briques décollées des vieux murs, des pignons aux formes penchantes.

Dans ces masures s'abritent des enfants, des vieux, des vieilles, des gars vigoureux. Les jeunes femmes sont plus rares. La transition y est si brusque entre les deux âges extrêmes. Il y a encore des hercheuses au bord des fosses, misérables pousseuses de wagonnets ou trieuses de charbon, remontées de la mine par une providence de la loi, négresses artificielles, affublées d'une culotte boursouflée en toile rude ou d'un tablier de même tissu. Un reste de coquetterie leur fait serrer la tête dans un lambeau d'étoffe pour préserver la chevelure. Les pieds traînent dans des sabots. Autour d'elles, des enfants aux faces vieillottes, des vieilles femmes édentées, joufflues parfois et souriantes comme des poupons.

Contrastes encore, ces pierres bleues, souvent lavées, sur le seuil des habitations, à côté de la boue noire des rues mal pavées ou des chemins terreux.

Le « progrès » a groupé, autour des corons, des maisons plus « modernes », très rares, qui ne font qu'aggraver la misère des premières agglomérations.

Entre ces corons primitifs et ces « constructions nouvelles », se redresse la maison du porion ou de l'employé aux écritures — dédaigneux — ne fréquentant pas le mineur, *l'écrivain de papier*, comme disent les mineurs de Bruay près Béthune, pour se moquer du gandin à faux-col, et qui a, pour entrer de la rue chez lui, un escalier bordé d'une rampe de fer!

Mais si le Borain n'est pas triste, le paysage est un décor, lui, que la nature transforme.

Certes, sous la neige irradiante, par clair de lune vif, le paysage borain s'aggrave de mélancolie. Symphonie de blanc et de noir; les hommes noirs, le suaire blanc.

Comme des feux-follets, les petites lampes des mineurs se sont allumées une à une avant la descente; et elles glissent, furtives.

Le village dort; mais, au loin, vers la silhouette du charbonnage faiblement éclairé, de temps à autre résonnent des coups de clochette ou des cris que l'on dirait surgis d'outre-tombe.

C'est cela qui prenait Vincent et qui lui faisait croire à une longue détresse des hommes de la mine.

A ces cris, qui semblent des râles ou des plaintes désespérées, le grondement, le glapissement des machines répond et le sol vibre, tandis que le souffle de la vapeur monte en flocons vers la nue.

Le pays, ici, en somme, c'est la campagne. C'est là-bas, à Charleroi, chez les aventuriers, que grouille le faubourg. Au Borinage, il n'y a pas d'usines; il y a donc moins de fumée et moins de ténèbres qu'à Charleroi. En arrivant on sent partout une odeur de barège.

Mais les Borains, s'ils ont un profond attachement pour leur métier, aiment aussi les meetings, les réunions, les prêches.

C'était là un terrain favorable pour Vincent. Cependant, de plus en plus, il fut bien contraint de voir que les dangers, les fatigues, les mineurs ne s'en souciaient pas, et que cela ne les empêchait nullement, le dimanche matin, de fumer devant les portes, avec un air satisfait. Bien mieux, ces insouciants Borains se plaisent souvent à baptiser ironiquement leurs puits. M. L. Dumont-Wilden, un écrivain belge, a collectionné quelques-uns de ces noms : « Plate-Veine, Pouilleuse, Grand Bouillon de Pâturages, Bonne-Veine à mouche, Tire-Terre, Belle-Victoire, Sacré-Madame, Turlupu, Crachet-Pickery, Jauguette-sur-Dames. »

Chez ce peuple imbu de vie simple, désintéressé de joies multiples, luisent des flammes intenses de mysticisme, d'espoir et de foi tenace.

L'église domine le village, les temples évangéliques sont aux carrefours ; mais les rivalités entre catholiques et protestants n'existent pas.

Les fêtes religieuses sont observées rigoureusement, cependant ; et la procession de la Pentecôte, à Wasmes, rabat une foule de pèlerins venus de tous les recoins du Borinage.

Pieusement, les adeptes déambulent, presque tous en vêtements de cérémonie, tête nue, en silence, comme pour des funérailles, pendant plusieurs heures, autour du village.

Pourtant, un amusant spectacle, de cette naïve gaîté propre à ces mineurs, réchauffe la froide piété de cette fête, c'est le *Dragon*!... Le Dragon, c'est toute la légende boraine, le dragon abattu par Saint-Georges dans les fonds de Wasmes. En l'occurrence, le monstre est en osier peint, et il cache sous son enveloppe deux machinistes qui savent jouer de bons tours aux spectateurs et effrayer le cheval blanc de Saint-Georges, qui finit toutefois par être victorieux, grâce à sa lance céleste !...

Le dimanche, les Borains se récréent comme des gamins au jeu de balle; et ils chantent les rondes du pays — et ils fument la pipe en terre.

L'élevage des pigeons-voyageurs est aussi une de leurs joies.

D'après M. L. Dumont-Wilden, je note encore ceci, en résumant :

« Ils aiment, les Borains, les plaisirs violents. Les ducasses (fêtes de village) sont joyeuses, mais de physionomie très locale.

« Un grand bal a lieu « au Salon ». Chaque village a son salon ou salle de danse. Les gros bourgs Jemappes, Quaregnon, Saint-Ghislain, Boussu, Dour, Pâturages, Frameries, Flénu, Hornu, en ont un grand nombre. Cabarets contigus. Dimanches et jours de fête, houilleurs et charbonnières dansent aux sons d'une clarinette, d'un piston et d'un trombone. Les femmes portent alors les vêtements les plus voyants, arborent des chapeaux fantastiques, des rubans verts, jaunes, roses ou rouges. C'est une folie de toilettes éclatantes et de coquetterie naïve, une folie de mouvement surtout. Le jour de la Sainte-Barbe, c'est la « fiesse » traditionnelle du Borinage. Borains et boraines vont par bandes de cabaret en cabaret au son du tambour. Toute la journée, accordéons et orchestres et bombardes (petits mortiers bourrés de poudre) qu'on allume. Cela s'appelle « tirer des campes », et, au Borinage, pas de fêtes sans campes, souvent des rixes. Mais bon peuple, moins vicieux que la population mêlée, hétérogène et nomade du pays de Charleroi !... »

Oui, ces braves gens, les Borains, s'égayent avec le même entrain qu'ils offrent au travail ou à la prière. Le jeu les anime par sa puérilité comme la foi les fait tomber en extase.

Et c'est le jeu de « croche » avec ses « chaulettes ». Ce jour-là, les fenêtres sont barricadées pour éviter la casse; car ces chaulettes sont lancées avec force, à coups de croche, comme dans les jeux de hockey ou de golf.

Un autre jour, le tir à l'arc passionne vieux et jeunes, avec ses variantes de la perche et du berceau.

Les succès des tireurs, coupés de vibrantes exclamations, sont couronnés par l'élection d'un roi, le vainqueur de la journée. Ce dernier, dont on pare le costume, qu'on coiffe d'un tricorne à grelots, est transporté de cabaret en cabaret, où la société de tir avale des lampées de bière.

Mais le soir tombe, et les vieux rentrent chez eux ou vont « batt' èn dévise » causer au cabaret et jouer au piquet, tandis que les jeunes gens courent au salon pour y danser.

Et c'est chez ces Borains si vivants que Vincent venait prêcher!

Comment les connaissait-il? Nous avons vu qu'un sot roman de Dickens, décrivant un « enfer et des damnés », l'avait profondément ému; et ayant, de toute son âme, suivi le romancier, il arrivait pour donner du réconfort, de l'espoir, du bonheur à des gens qui ne lui demandaient rien de tout cela. Et, comment agirait-il? par ses prêches? Vraiment son projet à idée fixe apparaissait de plus en plus absurde.

Certes, le décor l'a pris et le prendra encore. Il en a pris d'autres. Mais ces mineurs, qui vivent et se divertissent si bien, s'ils ont besoin de quelque chose de surnaturel, c'est d'être surtout de solides animaux.

Ils n'ont rien fait pour amener Zola, Constantin Meunier et Mirbeau à pleurer sur eux; qu'ils aient fait cela, ces littérateurs et ce sculpteur, pour le développement de leur art, soit; mais ils jurent, les Borains, qu'ils ne sont pas à plaindre et ils veulent qu'on les laisse en paix!

Mais ce n'était pas l'idée de Vincent, venu pour évangéliser quand même. Il veut apaiser ici sa crise d'altruisme. Il trouvera, pense-t-il, des curieux pour l'entendre.

Et il a l'intention pour recruter des adeptes, de parcourir, s'il le faut, tout le Borinage. Il demeure d'abord chez le colporteur Van der Haegen, rue de l'Eglise, à Pâturages.

Plus que jamais, il est résolu à se priver de tout et à se loger où il pourra, dans les pires conditions, afin de parvenir à son but. Et, du reste, que peuvent lui coûter les sacrifices de toute sorte, ne font-ils pas partie de son état d'apôtre? Mieux encore, il n'a point conscience qu'il souffre lui-même.

Et, cependant, il vit comme un misérable, se nourrissant à peine et dormant peu. Car il a entrepris de faire l'école aux enfants, de visiter les malades et de lire à ceux qui veulent bien l'écouter des versets de la Bible.

Le Comité d'évangélisation qui l'a d'abord très mal accueilli, daigne, devant tant de zèle, s'intéresser à lui. On lui cherche une mission.

En attendant, Vincent se montre si bon, si secourable, qu'il plaît à tous. Il se crée des amis même parmi les mineurs qui sont catholiques. Le voudrait-il, il ne pourrait point être intolérant.

En janvier 1879, il est enfin placé, provisoirement, pour six mois, avec cinquante francs de traitement mensuel, à Wasmes.

L'actuel village de Wasmes se présente à peu près ainsi : au milieu du village, une place publique, noire et non pavée, agrandie depuis peu par la démolition de quelques maisons.

Des petites habitations basses entourent cette place, où se repose la maison communale en briques brunes.

L'église catholique se dresse sur un coteau. Vers Petit-Wasmes, on aperçoit le temple aux pierres grises et au clocher aigu, habillé d'ardoises.

Wasmes s'assoit dans le fond et Petit-Wasmes se disperse sur la hauteur.

Au fond du vallon, un ruisseau noircit de son eau boueuse le pied de quelques saules étiques ; et, plus en amont, des peupliers marquent l'entrée d'un bois.

Certes, si Cuesmes et Pâturages, situés dans la plaine vers Mons, ont presque tout à fait perdu le caractère régional d'il y a trente ans, Petit-Wasmes, qui est, en somme, le hameau de Wasmes, reste, lui, un village-type ; et il a gardé plus qu'une autre commune le caractère de l'ancien Borinage.

Sur les coteaux, les corons sont quasi intacts.

Par groupes, les maisons, bariolées de rouge, de blanc, de noir, de vert ou de mauve, s'alignent le long de sentiers tortueux presque à pic, malgré les escaliers de pierres grises assemblées tant bien que mal dans ce sol fangeux, où des sentiers de haies rabougries séparent de maigres potagers.

Parfois, aussi, des maisons sont isolées et surélevées sur un monticule, ou paraissent ensevelies derrière une maçonnerie de briques soutenant les terres et laissant ainsi un étroit passage devant la porte.

Et, le soir, après avoir mangé la soupe, quelques « carbéniès », toujours en sabots et portant la calotte, les mains enfoncées dans les poches du pantalon n'en sortiront que pour le travail, risquent un regard sur le seuil.

C'est surtout par les soirées d'été que les mineurs, le plus souvent accroupis devant leur maison, « carbènent », c'est-à-dire causent du métier.

Ils fument toujours des pipes de terre — et ne dédaignent pas l'infusion de « mille feuilles », qui les préserve, disent-ils, de toutes les maladies.

Vincent se logea chez Jean-Baptiste Denis, qui tenait une petite ferme et boulangerie, au Nº 81, de la rue de Petit-Wasmes.

Cette maison, vous la trouverez tout en haut du hameau de Petit-Wasmes. Quatre chiffres en fer forgé : 1 8 7 2, indiquent qu'elle fut construite à cette date, mais restaurée depuis, car la gaillarde se cale en fort bon état.

Maison à petite porte d'entrée, avec imposte, une fenêtreà droite et, à gauche, une porte de grange. Trois petites fenêtres composent le premier étage, bas, de cette habitation tout en briques et coiffée de tuiles.

Mais beaucoup de maisons au Borinage sont en outre pourvues d'un ornement en bois ou en fer forgé, de formes variables, et situé au bas de l'imposte de la porte d'entrée.

La principale caractéristique de la boulangerie Jean-Baptiste Denis, c'est ainsi un petit sac de farine peint en blanc.

Jean-Baptiste Denis est mort il y a environ 25 ans.

Son fils, Jean Denis, aujourd'hui presque octogénaire, a quitté la maison paternelle, et est allé s'établir épicier à quelques mètres de là, toujours rue de Petit-Wasmes, et au coin de l'ancienne rue de Wasmes, devenue rue Wilson.

Jean-Baptiste Denis était protestant. Comme il n'y avait pas alors de temple évangélique, il se mit en quête d'un local provisoire pour les prêches de son locataire Vincent; et il tomba sur le *Salon du Bébé.*

On appelait ainsi un cabaret avec salle de danse, situé au fond du vallon, rue du Bois, et que tenait Julien Saudoyez. Ce sobriquet de *Bébé* venait de sa femme qui offrait une véritable figure de bébé joufflu.

On pénétrait dans le salon par le cabaret ou estaminet — ou par une porte à côté. Ce salon était une petite salle beaucoup plus longue que large et planchéiée.

A Wasmes, si vous demandez aujourd'hui où se trouve le Salon du Bébé, l'on vous répond, invariablement :

« El salon dou Bébè? » Et ce *Bébè* est prononcé avec des joues gonflées comme celles d'un bébé qui bégaie ses premiers mots : « El salon dou Bébè?... in' d'a pû, na biè quaràte ans ! »

Et, en effet, le salon a été remplacé par deux maisons qui ont gardé un peu l'aspect du cabaret d'autrefois.

Au salon du Bébé donc, on y évangélisa.

Ce fut un Hollandais qui vint y prêcher, les mains tenant une Bible, et la tête penchée vers le livre sacré en signe d'humilité.

Pour montrer aux mineurs combien était vif son esprit d'égalité, il se noircissait la figure et les mains, cette peau si finement blanche, disait-on. Puis il endossait une vieille veste râpée et poussiéreuse. Il portait aussi la calotte de cuir et les énormes sabots, car il descendait dans la mine, la Bible en mains, comme s'il était descendu aux enfers. Son sacerdoce ne le lassait point. Ce qu'il prenait pour de la douleur humaine le déchirait.

Mais il était heureux de son sort. Les lettres qu'il ne cessait d'adresser à ses parents et à son frère témoignaient de son contentement.

Pourtant, à ses prêches, les mineurs venaient par hasard, manquaient de même. Il prononçait ses sermons en français; mais il n'était pas devenu un orateur, et son succès ne se développait pas. Il n'en manifestait aucune mauvaise humeur. Il allait devant lui, comme extatique. Il eût parlé même dans une salle tout à fait vide. Il visitait avec assiduité les malades; et les mineurs lui en savaient gré. Beaucoup d'entre eux assistaient à ses prêches pour lui en montrer de la reconnaissance.

Il éclata un jour une explosion de grisou. Des mineurs furent brûlés ou blessés. Vincent, affolé, accourut auprès d'eux pour les panser et les consoler.

Sa naïveté égalait son altruisme. Un mineur s'était couvert d'un sac pour se garantir de la pluie. Sur ce sac on lisait ce mot : « Fragile ». Cela mit Vincent en émoi souriant, puis désolé.

Sa sensibilité maladive s'intensifiait devant la mélancolie des paysages borains.

Il se répétait toujours que des hommes qui vivaient dans de tels paysages de ténèbres devaient souffrir; et s'ils ne se plaignaient pas, c'est qu'ils gardaient leur foi en Dieu. Il fallait donc sans répit développer en eux cette foi qui les redressait devant le malheur.

Alors, il voulut se meurtrir davantage, jusqu'à l'extrême limite du dévouement. Il distribua tout ce qu'il possédait : ses vêtements, son argent, son lit. Et, malgré cette folie de sacrifice, il continua d'écrire de longues lettres, dans lesquelles il parlait du Christ, de dessin, de peintres anciens et modernes; et il écrivait aussi des prêches, des projets de sermons.

Sa tête bouillonnait. Dickens exerçait de plus en plus sur lui une influence grave. Ce romancier s'étale dans des sottises qui électrisaient Vincent. C'était encore trop qu'il eût une chambre chez J.-B. Denis; et il se réfugia dans une masure entièrement vide.

La boulangère, Madame J.-B. Denis, informa les parents de Vincent, en leur disant comment « le jeune Monsieur qui n'était pas comme tous les autres donnait tout ce qu'il avait ». Un inspecteur du Comité d'évangélisation vint à son tour constater le « fâcheux excès de zèle du missionnaire ». En abandonnant tout, il « ne peut pas servir d'exemple aux autres »! affirma ce cynique prédicastre.

Alors, averti par cet inspecteur, le Comité d'Evangélisation délibère à ce sujet. Appliquer ainsi les doctrines du Christ! Quelle hérésie! profèrent les membres du Comité. Et ils sermonnent vigoureusement Vincent. Mais toutes leurs paroles se brisent contre sa piété. Il repousse ces exhortations aux bas calculs. Soit! il sera licencié; et il accepte avec résignation ce que les autres appellent sa « folie religieuse ».

Son père vient le voir. Il le fait rentrer chez J.-B. Denis; et il le supplie de ne point pousser sa charité jusqu'à son propre suicide. Vincent, résigné, promet de ne plus alarmer personne.

Son père reparti, il parle tout de suite à son frère Théo de ses premiers dessins. Il dessine d'après des gravures et aussi d'après ce qu'il voit autour de lui. Les petits croquis puérils d'autrefois deviennent des dessins plus lourds, d'une facture simple. Voilà à proprement dire les débuts, comme dessinateur, de Vincent. Il était penché sur la misère, sur la souffrance; il restera le peintre des choses humbles et des hommes humbles. Il est né peintre ainsi; il ne changera plus.

Toutefois, il est maintenant inquiet; il ne sait pas s'il doit vivre avec une croyance que tout le monde veut apaiser. Et il entreprend un jour le voyage à pied jusqu'à Bruxelles, pour prendre conseil chez le pasteur Piétersen.

Il arrive, fatigué, déguenillé, exalté. Le pasteur l'accueille aimablement. Il le garde quelques jours et le traite bien. Et, quand Vincent repart pour le Borinage, il est entendu, avec ses parents, — c'est l'œuvre du pasteur Piétersen —, que, cette fois, il évangélisera pour son propre compte.

Mais, en l'été 1879, quand Vincent se rend au presbytère, à Etten, il constate avec stupeur qu'un brusque changement s'est opéré en lui. A mesure qu'il dessine et lit de plus en plus, sa foi s'en va. Il en est tout désemparé. Cependant, il veut retourner au Borinage.

Moralement et physiquement, sa vie devient alors affreuse. Son père — et son frère Théo, installé vendeur chez Goupil, à Paris, 19, boulevard Montmartre, ne peuvent guère l'aider. Il travaille néanmoins avec un actif courage ; et il a tout à fait abandonné les prêches pour le dessin.

Le dur hiver de 1879-1880, Vincent le passe au Borinage. Il vit dans le froid, la neige et les jours et les nuits rudes, stoïquement. Il trouve, chaque fois qu'il le désire, un réconfort chez son ancien ami le boulanger J.-B. Denis.

Dans sa candeur, malgré toute sa misère, il admire des peintres méprisables. C'est ainsi qu'il part un jour, couchant et se nourrissant au hasard, pour tâcher de voir, à Courrières, le peintre Jules Breton, dont il admire les œuvres picturales et poétiques ! Il n'ose point entrer ; il contemple l'atelier *de loin* ; et il se remet en route dans le même état d'épuisement.

Puis, c'est une nouvelle visite à ses parents, à Etten, au printemps de 1880 ; et il revient encore au Borinage.

Au mois d'août de la même année, il se loge chez le mineur Charles Decrucq, rue du Pavillon, à Cuesmes. A ce moment, il se demande, après toutes ses aventures, après toutes les agitations de sa vie : « A quoi pourrais-je être bon ? » Et il espère que son travail de dessinateur le « relèvera ».

D'ailleurs, il ne pense fortement qu'à des dessins, à des tableaux et à « tout ce qu'il pourrait faire dans ce sens là ! »

Il reste sensible, crédule ; mais sa crise religieuse est passée.

Comme il veut apprendre à dessiner *correctement*, il demande à son frère Théo des exercices de dessin au fusain, des modèles de toute sorte. Et, modeste, toute sa vie, Vincent voudra ainsi apprendre, demandera à connaître un professeur ; même quand il sera dans la plénitude de son génie, à Arles, il réclamera encore à Théo des bons « exemples de dessin ». Et, on lira, avec stupéfaction, dans ses longues lettres, qu'il « regrette de ne pas s'égaler à tant de peintres de grand talent ! »

Chez Decrucq, à Cuesmes, il partage sa chambre avec les enfants du mineur ; mais il ne s'en soucie pas ; et rien ne peut l'empêcher de travailler avec une ardente activité.

Il dessine, d'après nature, des scènes du Borinage ; il dessine des portraits ; et, en plein air, dans le petit jardin du mineur, au milieu des légumes et des rares fleurs, il compose des natures mortes et il peint *ses* premiers tournesols.

Il copie aussi, tant qu'il peut, d'après des gravures, les peintres qu'il aime : Millet, Jules Breton, Josef Israëls ; et tout le théâtral, tout le sentimental souvent obtus de ces peintres-là, l'émeut profondément.

Cependant les mauvais jours reviennent ; les pluies transforment le Borinage en une terre fangeuse, hostile ; et Vincent, qui a besoin de changer de place, se décide à partir pour Bruxelles. C'est le mois d'octobre 1880.

Vincent ne reviendra plus chez les Borains. Mais combien de fois il en parlera plus tard. Il gardera le plus aigu souvenir de sa malheureuse campagne de sermons; et il se souviendra surtout que lui, le peintre Vincent Van Gogh, il apparut pour la première fois et définitivement au milieu des bonnes et rudes « gueules noires ».

LE PÈLERIN MAUDIT

L'apprentissage a déjà été fait. Vincent va maintenant continuer de changer de place, toujours.

Le 15 octobre 1880, il est donc à Bruxelles, où il songe à suivre les cours de l'Ecole des Beaux-Arts; et où, en attendant de se décider, il copie, frénétiquement, les *Exercices au fusain de Bargue* et un *Recueil de fusains d'Allongé*. Ici, la plume vous tombe des mains devant tant d'humilité. Car s'il y eut jamais un sinistre niais, un impuissant total, un fabricant d'aquarelles et de fusains bêtes pour cours de jeunes et vieilles filles, ce fut bien cet Allongé, dont ma jeunesse vit tant de sottises exposées rue de Seine, à Paris. Un sieur Appian pouvait seul disputer le sceptre de l'imbécillité à Allongé. C'était entre ces deux professeurs une lutte ardente et discourtoise. Car ces deux sots se chipaient leurs motifs, rivalisaient de sujets de paysages ridicules. Et c'est à ces cuistres que Vincent confiait ses débuts; ô ingénuité qu'il gardera intacte toute sa vie!

Heureusement, il visita le Musée royal. Là, la Pieta de Roger van der Weyden, les Frans Hals, les Rembrandt, les van Eyck, les Memling, les van

Ruisdaël et les Cranach, avec les anecdotes des Breughel et des H. Bosch l'aiguillèrent peu à peu et le retinrent sur une voie louable.

Il faut voir, du reste, comme un témoignage de son exceptionnelle modestie, cette estime d'huiliers médiocres. Et, plus tard, il ne médira jamais des mauvaises œuvres. Il prêchera l'union, la concorde entre peintres — bons et mauvais —; et il reprochera à des critiques d'art ce besoin de critiquer durement, alors qu'il conviendrait de voir, en plus juste vérité, l'effort partout où il se montre; et, ainsi, le triste Allongé lui-même lui offrait un exemple à suivre!

A Bruxelles, Vincent se logea boulevard du Midi, au n° 72. C'est un large boulevard planté d'arbres, qui va de la porte d'Anderlecht à la porte de Hal, tout près de la gare du Midi.

On notera ici que Vincent cherchait presque toujours à se loger près de la gare qui l'avait amené dans une ville. Cela se présente ici, à Bruxelles; et cela se représentera à Anvers, puis à Arles.

Ce boulevard du Midi devait alors rappeler le boulevard de la Chapelle, à Paris. Dans une partie, il reste encore des hôtels borgnes d'autrefois.

Bruxelles est un diminutif de Paris et une contrefaçon de Paris. Mais la capitale de l'actif royaume de Belgique possède la Grand'Place, qui est rare au monde avec ses hautes maisons historiées, dorées, couronnées de cavaliers et de précieuses dentelures. Voilà un bijou de l'opulence architecturale, une réalisation de noblesse hautaine!

Tout le reste de la ville, avec ses galeries Saint-

Hubert, avec ses boulevards, avec ses cafés, abaisse parfois de plusieurs crans l'élégance de Paris. Et il y a ici, aussi, des marchands de fleurs, des mendiants, qui infestent les terrasses des cafés. On grogne et on lit, sur un calicot de café-concert : *Le baron Vadrouille; Madame et son satyre*. Cette fois, nous sommes bien à Paris!

Ce qui me ravit, à Bruxelles, ce sont les cochers de voitures publiques. Voyez-les vêtus de vestons gris ou noirs, qui leur rasent les fesses, les pieds dans des espadrilles et le chef couronné d'un gibus roussi. Un cocher très grand, ainsi vêtu, l'air gauche et gouape, c'était un vrai Van Gogh, de la période dite de Hollande.

Du reste, je ne cessais pas, au cours de cet été dernier, de penser ici à Vincent. Je m'imaginais sa vie courte, sans argent, toute une existence misérable qu'il a traînée encore dans cette ville, qui ne lui fut pas meilleure que les autres villes qu'il connut —; et je le voyais vivant dans son coin, ne sortant guère au delà; et ne suivant que le chemin de son logement au Musée et du Musée à son logement.

Vit-il les merveilles de Bruxelles? Le Manneken-Pis, ce délicieux petit bonhomme en bronze, qui urine dans une fontaine de rocaille? Vit-il, à peu près terminé, le monstrueux Palais de Justice qu'un architecte fou posa en épouvante sur le haut de la colline de la ville haute? Vit-il le Palais du Cinquantenaire non moins laid et vit-il le bois de la Cambre?

Mais combien on peut aimer Bruxelles, malgré tout; et surtout si l'on aime bien manger et bien boire. Ah! toutes leurs bières aux Bruxellois! la gueuze lambic, de Bruxelles, la brune, le faro; à Anvers, l'orge; à Louvain, la witbier; à Gand, l'uitzet, qui est de saveur si spéciale.

Et les pensions de famille si hospitalières! Les douces femmes bruxelloises, si tendres pour l'étranger. Rubens aimait ces chairs capitonnées, à fossettes et si élastiques.

Je sais, je sais, Baudelaire d'abord et Mirbeau ensuite ont étrillé Bruxelles et les Bruxellois. Evidemment, beaucoup d'entre eux sont stupides comme les Parisiens; mais, c'est nous, les Français, qui les empoisonnons, en leur envoyant les livres massifs et bêtes de M. Marcel Prévost et de M. Henry Bordeaux... Bruxelles, contrefaçon de Paris!

Vincent, vivait en dehors de tout. Si l'on dit, en parlant de lui : « il était replié sur lui-même »; c'est assurément une image très familière; mais c'est, pour Vincent, une image exacte. Nul ne passa dans une ville sans en vivre plus mal. Une autre passion s'accrochait maintenant à lui de toutes ses griffes: il dessinait.

Il eût aimé à ne point rester seul, à connaître d'autres peintres. Cet homme ne cessait point d'aimer son prochain. Travailler en commun, demeurait un de ses plus brûlants désirs. Il ne se doutait pas que son caractère était indomptable, peu amène. Il donnait, lui, toute son affection; le reste ne comptait pas.

Théo, de Paris, pour lui, cherchait ce compagnon. Il le trouva enfin en Van Rappard, un peintre hollandais, qui avait passé par Paris, et, qui, pour l'instant, étudiait à l'Académie des Beaux-Arts, à Bruxelles.

Ce Rappard fut un peintre médiocre. Il était né en

1858. J'ai vu au Musée de l'Etat, à Amsterdam, dans la galerie des Modernes, où triomphent des tableaux de Vincent Van Gogh, prêtés par Mme J. Van Gogh-Bonger, — j'ai vu, au milieu de ces chefs-d'œuvre, une toile peinte par Rappard. Ce sont des portraits d'une banalité et d'une vulgarité certaines.

Mais Rappard, qui devait mourir phtisique, en 1892, était un doux. Il accueillit chaleureusement Vincent et le supporta. Dures relations pourtant à suivre !

Car, déjà, Vincent se montrait autoritaire, il discutait avec passion; et il harcelait son interlocuteur jusqu'à ce que celui-ci s'avouât épuisé. Mais, ici, ce fut un miracle : Rappard et Vincent devaient, à Bruxelles et hors Bruxelles, rester amis pendant une période de cinq années.

Cela dura, parce que, dès le premier jour, Rappard offrit son atelier à Vincent. Et, quelquefois, ils partaient ensemble pour de longues promenades auxquelles Vincent, plus tard, songera souvent.

En attendant, il travaille avec fureur. Il veut tout apprendre; de plus belle, il admire presque tous les peintres ; mais comme il comprend qu'il doit savoir d'abord « son métier », il prend des leçons même auprès de Rappard; — et il se met à étudier la perspective.

Il multiplie ses visites au Palais des Beaux-Arts; et les dessins qu'il fit à cette époque, beaucoup d'après des scènes de mémoire du Borinage, sont déjà d'une facture très personnelle, et tout pleins de l'humilité qu'il prit tant à Josef Israëls, qu'il s'obstina toute sa vie à considérer comme un maître.

Vers la fin de l'hiver 1880-1881, Rappard, malade, quitta Bruxelles, en abandonnant son atelier. C'était une charge trop lourde pour Vincent qui eût désiré garder ce logis, où il avait déjà tant travaillé. Il fut contraint de reprendre sa chambre, trop petite ; et cela bientôt lui pesa. Et il se retrouvait seul ; et cette solitude l'effrayait. Peu à peu, la campagne l'attira ; il pensa à Etten, où ses parents seraient, malgré tout, si joyeux de l'accueillir ; et avec d'autant plus d'empressement que Théo, ayant reçu les premiers dessins de Vincent, avait longuement célébré le talent de son frère aîné.

Vincent part donc pour Etten, où il vivra d'avril 1881 à décembre 1881.

Il dessine continuellement, il lit avec avidité — et Rappard le vient voir. Comme ils ont, ensemble, parcouru tous les environs de Bruxelles, ils vont à Seppe, Passievaart et à Liesbosch, tous villages à côté d'Etten, stations de la ligne de Bréda à Flessingue.

C'est un tel enchantement, même pour un Hollandais, qu'un village hollandais. Toutes les maisons en sont si parées, si coquettes, qu'il semble que les rues si droites soient les annexes d'un féerique château ; et l'on s'attend toujours à voir passer dans ces rues-là quelque cortège de fête, quand on rencontre un paysan dans une belle carriole peinte.

Au commencement d'août 1881, Théo vint à Etten. Il restait fidèle à cette coutume de retrouver ses parents, aux jours de fête. Et Théo nourrissait aussi une vive envie de revoir ce frère, dont les dessins et les premières peintures l'avaient émerveillé. On peut penser que leur entrevue fut affectueuse ; et que, tout le temps que Théo demeura à Etten, il y eut au logis du pasteur des heures profondes d'intimité.

Théo parti, Vincent, voulant avoir encore des conseils, se décida à rendre visite au peintre Anton Mauve, à la Haye.

Or, ce peintre, allié par sa femme aux Van Gogh, n'était pas très recommandable. Emule de ces bas peintres de la vie des champs, qui se nomment Constant Troyon et Jules Breton, Anton Mauve peignait des troupeaux de moutons harcelés par le chien du berger, des vaches au pâturage ou posant devant des montagnes; et c'était tout cela d'un dessin mou, d'une peinture lâche et noire. Bien entendu, Vincent admirait Mauve — il voulait admirer tout le monde ! — et même, toute sa vie, quand il verra clair de tout son génie, il réservera encore de la tendresse au sous-Troyon hollandais. Aussi écouta-t-il avec déférence ses conseils. Mais, bientôt, ses études se compliquèrent d'une autre histoire malheureuse d'amour ; et Vincent, une nouvelle fois, comme après l'aventure londonienne d'Ursule, revint complètement désespéré à Etten. Là, la vie fut épuisante pour lui et pour ses parents. Il s'encoléra dans des disputes continuelles ; et, à bout de forces, il partit un jour pour s'installer à la Haye, du mois de décembre 1881 au mois de septembre 1883.

Je ne sais comment lui apparut alors la capitale administrative de la Hollande. Voici, pour en fixer un peu la couleur locale, comment j'ai vu cette ville au cours de l'été 1922.

Notes rapides. Descendu au Central-Hôtel, près de la Mauritshuis et du Vyver.

Les tramways électriques sont bruyants, pas à leur place, ici, aussi bêtes en tout cas que les tramways parisiens, leurs frères. Ils tapagent, fracassent. Le watman gronde, pilonne, grogne.

Et la Haye, avec ses dômes, avec ses clochers, avec ses pignons découpés, s'endort doucement. Les boutiques n'abaissent pas de rideaux de fer; seules, les bijouteries sont prudentes.

Minuit a sonné, sans carillon. Mais les automobiles aussi grincent, comme à Paris. Quelle invention stupide dès que la nuit s'est installée! J'espérais trouver ici un tel calme.

Dans un café, un orchestre vient de se taire. Un magasin de cigares est allumé. Et la nuit, bruyante, est aussi laide qu'à Paris.

Au matin, l'imbécile tramway qui, bien après minuit, a grogné, recommence de très bonne heure son vacarme. Elle est jolie, dans les rues où il passe, la quiétude des villes pacifiques! Et l'on abuse aussi des trompes d'automobiles et des ronflements des motocyclettes. C'est un leurre, décidément, le repos sédatif hollandais, à moins que l'on n'ait juché sur ce diabolique tramway un watman féroce comme tous les watmen parisiens, et peut-être même Parisien lui-même, égaré jusqu'ici.

Il pleut. A la lourde chaleur orageuse succède la pluie. Je regarde, du haut de mon belvédère d'hôtel, la partie de la ville qui est là devant moi.

Toits d'ardoises et toits de zinc et toits de tuiles rouges, en pignons coupés, droits ou triangulaires, — des maisons diverses si bien entretenues, inégales de hauteur, en briques rouges ou jaunes ou façades blanches. Jamais de persiennes, des stores, trois étages quelquefois, des mansardes ou des greniers.

Beaucoup de maisons ont des terrasses plates de graviers. Dans toute cette étendue de toits, émergent des flèches d'églises, des cheminées d'usines, des gazomètres et des fumées.

Et, dominant le tout, continue l'infernal fracas des tramways jaunes, ivres.

Mais comme les vitres larges ou petites des maisons sont claires, brillantes!

On voit, par ci par là, des arbres très verts, en boules, dans cet amoncellement de maisons.

Mais il pleut, c'est la brume, c'est toute l'eau, partout, de la Hollande aquatique.

Les présomptueuses cheminées là-bas, les rigides cheminées d'usines fument et d'autres également; et bientôt ce sont tous les nuages terrestres qui se mêlent là-haut et embrument encore le ciel gris de la pluie fine qui tombe.

Je viens de visiter la Mauritshuis. Vu les tableaux de Rembrandt — *La Leçon d'anatomie*; *Suzanne*; des *Portraits*; etc. Un portrait d'homme âgé, *le Frère de Rembrandt*, le meunier Adr-Harmens van Ryn, est un chef-d'œuvre de vie et d'émotion. Cette vigoureuse toile a engendré ces deux hauts peintres : Vincent Van Gogh et Georges Rouault. La hardiesse des chairs, de la barbe très courte, clairsemée, mal tenue, le modelé effroyablement vivace de la peau qui est du cuir, ces cheveux en copeaux de limaille, et un nez rouge, des pommettes rouges, un air de doux vagabond qui pose. Ah! toute la couleur première de ce portrait! Les yeux presque éteints sous des paupières lourdes.

Et ce front plissé, creusé, bombé, ces cheveux frisottants. Quelle prodigieuse création!

Et le dieu est encore représenté ici par le *Portrait d'Homère*; par *Saül et David*; par les *Deux nègres*, etc., etc. Après ce monstre de génie, on ne peut plus rien regarder. Tout est misérable. Je m'amuse pourtant à considérer un tableau de Jan Steen, très gai, d'une belle venue, d'un entrain vif, et d'autres tableaux de Steen d'une sacrée paillardise, d'une ivrognerie intense de rude luron.

J'ai hâte de respirer, de revoir la lumière de la vie. J'admire toujours les jolies et propres maisons hollandaises, la propreté de tout. Tout a l'air d'être neuf. C'est un enchantement! Tout ici est surveillé, remplacé dès que cassé ou flétri. Même les cheminées sont d'une netteté absolue; nous sommes loin de la rapacité, de l'incurie des propriétaires parisiens qui laissent leurs immeubles s'en aller en pourriture.

Ah! l'admirable ville, quand on songe aussi à la saleté de Marseille!

Les toits eux-mêmes ont l'air d'être lavés chaque jour; et la gaîté de toutes ces fenêtres, qui plongent de tous leurs yeux nus dans la rue, — ou avec des rideaux coquets ou voilés de stores! Et comme toutes ces fenêtres, à larges glaces, sont astiquées, luisantes! et de la peinture toujours fraîche qui dessine ces baies.

En contraste, revoyez les rues de Paris, aux persiennes fermées, poussiéreuses — et tant de façades fuligineuses, encrassées depuis tellement d'années!

Et ce panorama, ce coin de la Haye, vu de ma baie en arcade, où les rouges des toits offrent des

colorations vives et jeunes de joli vermillon, —
mollement plaquées sur des verts tendres d'arbres !
Oh ! comme il est coquet ici le lion de Hollande :
Je Maintiendrai! tout doré sur les lances des campa-
niles ; — alors que le vaisseau de Paris sent et pue
l'ordure des marées démocratiques !

Six heures du soir. La Haye se sèche de sa pluie
de ce matin. Tout est verni davantage, luisant à merveille. Les orgueilleuses cheminées ne fument plus
pour laisser toute la ville dans son bonheur. Là-bas,
les clochers surgissent plus élancés dans le ciel de
perle ; et les gazomètres eux-mêmes prennent des
jolis tons violets. Tout glisse aux tons enchantés des
vastes ciels limpides après la pluie. Les toits sont
joyeux du soleil qui reluit.

Je descends alors et je prends un des bruyants
tramways pour aller dîner à Scheveningue, où Vincent fut maintes fois. Mais village de pêcheurs combien changé maintenant !

La route de la Haye à Scheveningue s'allonge splendide, bordée de villas charmantes, coquettes, adorables, dans les arbres à panaches, si superbes en
Hollande.

Scheveningue. Le soleil, disque rouge, tombe sur
la mer. L'eau est neutre, grise, jaunâtre.

Comme c'est laid, Scheveningue ! D'immenses
bâtisses semblables à des Trocadéros, des amas de
cafés, de restaurants, des villas, un cirque, une
jetée. C'est odieux et monstrueux. Mais tous les
habitants de la Haye accourent ici ; et l'on y est bousculé de nouveau par des cyclistes mâles et femelles, en
foule. Souvent ils vont par deux, par trois. Ils empoi-

sonnent la Hollande, où les filles publiques, elles-mêmes, raccrochent à bicyclette! L'hiver, heureusement, beaucoup de ces cyclistes patinent : l'autre plaisir des Hollandais.

J'ai dîné dans un restaurant-dancing. On y coudoyait beaucoup de Hollandais et de filles. L'éclairage s'assourdissait mi-japonais mi-Cinzano. Le service se réglait entre deux danses. Puis un chanteur vint, bêla; et soudain, ce fut presque un dîner à Asnières, le dimanche, quand tous les dîneurs sont ivres. La Hollande alors trempait un peu ses pieds dans le fumier.

Pendant le dîner, près de moi, se redressait un officier hollandais, poseur à souhait, vaniteux comme un dindon. Il m'écoutait parler. Le Français que je suis l'écœurait, manifestement. Il mimait des gestes d'impatience. Cet officier s'exerçait à la morgue prussienne. Trop tard, le malheureux!

Je me suis levé en me disant :

« Voilà Scheveningue, où tous les Hollandais accourent comme les Parisiens à Deauville. Dans les deux endroits, quel amas de mufles! La mer, décidément, est, en tout pays, un vaste dépotoir! »

Mais on regagne vite la Haye. La Haye se couche tôt. A une heure du matin, tout est bouclé. Quel lourd silence dans tous ces hôtels froids qui bordent les larges avenues plantées d'ormes. On a poussé les volets intérieurs; et ce sont des yeux noirs, mais morts, qui se reposent.

Ici, loin des tramways, ce n'est plus heureusement un leurre, le repos sédatif. On dort pesamment derrière ces opulents pignons, serrés les uns contre

les autres, à l'alignement, comme des proues sculp-
tées d'imposantes nefs à l'ancre.

Ce matin, — je vais bientôt repartir, aller plus
loin en Hollande, — ce matin, sous le soleil, la ville
est moins belle de ma loggia. C'est l'avantage de la
pluie d'exalter les couleurs. Maintenant, tout est gris
et c'est moins charmant qu'hier. Les vermillons sont
atténués, et aussi les verts tendres —; et les cloches
des offices résonnent sans joie. Bientôt, elles s'apai-
sent; et des fidèles vont prier Dieu que d'autres ont tué.

A l'avantage des Hollandais, ce dernier mot : Il
faut noter qu'ils sont plus calmes que les Français.
A Scheveningue, hier, une foule se balançait, oscillait,
— et l'on n'entendait pas de cris, pas de ces joyeux
hurlements que tout bon Français doit pousser dès
qu'il se croit en liberté. Une invasion de cyclistes,
certes; mais tous et toutes se tenaient roides, ne
disaient mot à leurs camarades.

Déjà, à Bruxelles, le bois de la Cambre apparaît
tranquille, intime et propre, et ne ressemble en rien
au Bois de Boulogne, cette poubelle dominicale de
Paris.

La Haye, ville merveilleuse, soit! Mais elle
n'apporta aucune gaîté à Vincent, seul, ici, presque
sans ressources. Il y continua simplement son dur
apprentissage de la pauvreté.

Il dessinait, il lisait toujours — et il continuait
d'écrire d'interminables lettres sur tous les sujets et
à propos de tout.

Sa vie restait affreuse, vide. Il ne trouvait pas à
la Haye un seul peintre auquel il eût pu s'attacher ;
sa solitude l'opprimait.

Il pensait encore à se sacrifier. L'amour de son prochain, c'était ce qui brûlait de plus ardent dans sa vie.

Or, comme il cherchait sans cesse un être plus misérable que lui, il trouva une fille publique, enceinte et en loques, avec laquelle il voulut vivre. Pourtant, l'aide pécuniaire de ses parents et de Théo était médiocre. Mais Vincent s'enfiévra une fois de plus; et, lui, le fou de charité, il se persuade qu'il est heureux et que c'est un devoir sacré de nourrir cette femme-là et les enfants qu'elle traîne avec elle.

Commence alors une vie peu facile avec cette prostituée, déjà âgée et ivrognesse. Mais comme elle pose pour lui, il a tous les courages pour la défendre. Car, bientôt, Mauve, Tersteeg, connaissent cette liaison; et, Vincent, qui ne veut pas quitter cette femme, est abandonné par tous ses amis et par ses parents. Théo, seul, le console et l'aide. Il vient même à la Haye, pour voir son frère; et il le trouve dans une noire misère. Il lui demande de quitter cette femme. Vincent se contente de montrer à son frère ce dessin : *Sorrow*, fait d'après elle; et il ajoute que s'il l'abandonne, il lui donnera de l'argent pour excuser un peu son départ.

Théo considère longuement ce dessin amer, cette femme amaigrie, épuisée, vidée, aux seins difformes, assise, la tête dans ses bras, les coudes sur ses genoux; et Vincent a donné à cette pauvre figure un maigre décor d'herbes et de branches sèches.

Ah! la légende de Michelet : «*Comment se fait-il qu'il y ait sur la terre une femme seule désespérée?* » cette légende est entrée en plein cœur de Vincent.

Son cœur a saigné pendant qu'il écrivait cette phrase au bas de son dessin. Et c'est, peut-être, cette absurde et bêtasse légende qui a supplicié Vincent pendant de longs mois, et qui l'a rivé à cette fille publique!

Croire au désespoir d'une fille déjà mûre; accorder une pensée propre, un sentiment louable à un de ces vieux puits d'ordure; c'est assurément du même ordre que de vouloir régénérer des bagnards. Mais cette sottise, Michelet a pu l'écrire, lui qui honorait *toutes* les femmes; et Vincent a pu dessiner cette sottise, puisque, dans le dévouement à autrui, il se montrait apôtre.

Il vit sans trêve, du reste, au plein de tous les drames vrais ou faux de la vie. Rien ne le surexcite comme un livre sentimental; et il va tout droit à ceux qui ont mis au service de l'art un pleurard orgue de Barbarie.

Il a accepté, sans discussion, cet état de choses. Dès le premier jour, il s'est attaché ainsi à Millet, qui a représenté les féroces et âpres paysans comme de lamentables esclaves asservis par le sort. Jusqu'à sa mort, Vincent chérira donc Millet; mais heureusement, ses paysans, à lui, même ceux qu'il réalisera d'après l'homme de Barbizon, auront un autre caractère, affirmeront des pensées plus terre à terre; ils seront enfin, pour tout dire, autrement vivants et authentiques.

Toutefois, Vincent est *touché*. Il appelle à lui le Christ et tous les peintres et tous les gens de lettres qui ont chanté les choses larmoyantes, les vieillards crasseux, les filles publiques et les intérieurs sordides. Plus tard, il évoluera, c'est certain, il augmentera son génie; mais il se bercera toujours dans l'humanité des êtres inférieurs. A Arles, le facteur Roulin ne dépassera pas la fille qui posa pour *Sorrow*. La généreuse exaltation de Vincent élèvera par la suite ses œuvres à une sorte de grandeur primitive unique.

Ses nombreuses lettres à son frère Théo sont remplies à présent de croquis à la plume : *la mer à Scheveningue, des bateaux, des aspects de toits, des paysages, des portraits, des intérieurs*. Il envoie même à son frère le choix de couleurs qu'il a arrêté. C'est, dans l'ordre, en partant de l'œil de la palette : blanc d'argent, jaune de Naples, ocre jaune, ocre rouge, ocre brûlée, terre de Sienne, cobalt ou bleu de Prusse, noir d'ivoire et vermillon.

Ses croquis à la plume sont encore, parfois, un peu confus, très frottés, creusés de traits de plume. Mais ce qui reste un émerveillement, — et que cela soit dit une fois pour toutes ! — c'est l'abondance renouvelée de ses lettres qui sont autant de brochures presque, des bavardages sur tout et où les peintres reviennent pêle-mêle avec les romanciers. Tout semble être en confusion dans cette cervelle bouillonnante.

En septembre 1883, ayant enfin quitté sa compagne, Vincent veut changer de pays; et, lui, si accablé, si effrayé de son isolement, il part pour la Drenthe, où son père vécut autrefois.

Nul choix ne pouvait être plus irraisonné. Car si les villages de la Drenthe sont pittoresques ; si la capitale, Assen, est une véritable oasis ; c'est, ici, vraiment, dans la campagne, un moment, le soir, des vastes solitudes de la préhistoire. Marais, tourbières, landes, canaux, bruyères, prairies, composent un pays d'outre-Hollande, une sauvage contrée de la mélancolie et de l'angoisse.

Vincent parcourut néanmoins la Drenthe. Il fut à Hoogeveen, sur la ligne de Meppel à Groningue; et, de là, il envoya des croquis de ténèbres, des portraits de choses et de gens désespérés, dont un « homme tirant une herse » qui est un personnage fou.

Vincent traîna ici sa misère, son lourd boulet de plaintes. Mais, soudainement, — il était dans un tel mauvais état physique ! — il eut peur de la maladie; il eut peur, affreusement. Alors, n'osant parler à personne, il s'aventura dans les pires paysages; il rôda à travers la Veluwe, ce pays farouchement stérile, au sol sablonneux; il galopa à Beilen, toujours sur la ligne de Meppel à Groningue ; et comme sa peur criait au secours, il s'abrita à Assen, où il vécut quelques jours, enfin calme.

Mais il était sans courage, et, encore une fois, à bout de forces. Il pensait qu'il était bien le pèlerin maudit qui ne possède rien : ni logement, ni nourriture. Il usait les ressources de son père et de son frère Théo; et, au bout, s'assombrissait le profond état misérable.

Comme une bête lasse désespérément, il revint, inconsciemment, chez ses parents. Il rapportait beaucoup de dessins et des toiles peintes. Mais c'est là qu'il sentit que sa vie était meurtrie irrémédiablement; et il porterait encore presque sept années ce fardeau. Dur fardeau !

Son père avait quitté Etten. Le pasteur, maintenant, prêchait à Nuenen, autre commune du Noord-Brabant.

LA TRISTESSE DE NUENEN

Nuenen, où le pasteur Théodore vivrait désormais, est une commune encore moins importante que Zundert.

On rencontre ce village sur la ligne de Venlo (frontière allemande) à Flessingue, en passant par Tilburg et Bréda, tout à côté de la ville d'Eindhoven, dont il est séparé par la rivière Dommel.

L'aspect de Nuenen ne s'est pas beaucoup modifié depuis le moment où Vincent vint essayer de revivre avec ses parents. C'est Eindhoven qui a accaparé à son profit, par ses fabriques de coton et de laine, de chapellerie, de dentelles, d'allumettes et de tabac, la prospérité de ce petit coin du Noord-Brabant.

En 1885, il y avait environ 2.600 habitants à Nuenen; et l'on ne comptait pas plus d'une centaine de protestants, chiffre qui, du reste, est resté stationnaire. Le pasteur Théodore, s'il voyait ses alarmes, au sujet de son fils Vincent, s'accroître, ne voyait point, par contre, dans tous ses déplacements, le nombre de ses coreligionnaires augmenter. Mais il se redressait, résigné, tout entier soumis à ses sermons et à ses devoirs.

Le pasteur, si charitable, se fit aimer tout de suite de cette population de paysans et de tisserands.

Mais, au contraire, il ne tardèrent pas à mal juger Vincent, ce garçon d'une trentaine d'années qu'ils voyaient sans emploi et qui vivait des modiques ressources de ses parents.

Les bigotes, très nombreuses à Nuenen, se signalaient surtout, en l'amour du Christ, par leur hostilité; et, à l'envi, elles reprochaient à Vincent son goût de la solitude et ses manières sauvages. Le pasteur, certainement, disaient-elles, n'a aucune autorité sur son fils; et la mère ne s'occupe pas de lui.

La tolérance religieuse est certaine en Hollande; mais on se réjouissait de jaser sur ces protestants; et Vincent savait que lorsqu'il sortait du presbytère, tous les regards le dévoraient.

Il se montrait, en vérité, peu exemplaire. Il s'habillait comme il le pouvait du veston bleu des paysans brabançons. Il portait les cheveux courts; et ses yeux, s'enflammaient souvent, parce qu'il avait trop fixé le soleil. Sa coiffure consistait en un chapeau à larges bords qu'il enfonçait profondément sur ses yeux.

Comme autrefois, il évitait ses frères et sœurs. Il était toujours hors de lui-même, prenant le repas qu'on lui donnait, ne sachant pas ce qu'il mangeait. Il n'aimait à parler qu'avec les tisserands, dont les visages sont pâles du métier rude; et il se livrait à eux, il caressait leurs enfants; il leur racontait à tous des histoires.

Il leur demandait de bien vouloir poser pour lui; et il exécutait de grands dessins et de grandes aquarelles, qu'il leur offrait, s'ils paraissaient heureux de posséder ces choses.

En même temps qu'il dessinait et peignait tout le jour, il trouvait le temps de lire beaucoup de livres. Dickens, Carlyle, Beecher-Stowe restaient ses auteurs favoris.

Dickens le remuait parce qu'il stigmatisait l'hypocrisie et l'égoïsme, parce qu'il étrillait les bourgeois et les nobles anglais. Carlyle l'enchantait par ses paradoxes ; et, quant à Miss Beecher-Stowe, Vincent nourrissait pour elle une admiration infinie.

Miss Harriett Beecher-Stowe avait écrit *La Case de l'oncle Tom ;* et, comme les Américains, Vincent était ensorcelé par ce roman bêta, mais de portée immense puisqu'il engendra la guerre de Sécession (pour ou contre l'esclavage des nègres), et fut tiré à des millions d'exemplaires !

Vincent, tout entier, s'était laissé prendre par le style larmoyant de cette femme de lettres. Et pourtant quelle oisonne ce fut !

C'est elle qui, rendant compte, dans son *Voyage à Paris,* d'une promenade au jardin Mabille, s'extasiait « sur la délicatesse des danseuses, l'élégance de leurs cavaliers et la parfaite distinction avec laquelle ils se livraient au quadrille ! »

Or, quand on pense à quelles filles et à quels voyous Mabille ouvrait ses portes, on est secoué d'une saine gaîté ; et la Beecher-Stowe apparaît assurément comme une stupide miss. Interrogez vos pères et ils vous diront que Musard, le chef d'orchestre, déchaînait, dans ce jardin champêtre, les plus effrénés des cancans et les plus indécentes cachuchas. Un quadrille où cabriolaient Rigolboche, Finette, la Poupée et Alice la Provençale était une rémolade de jambes plutôt poivrée; et je ne sache pas que les quatre danseurs bouffes : Clodoche, la Normande, la Comète et Flageolet apparurent comme des professeurs de maintien et des exemples de distinction.

Certes, au lieu des pleurnicharderies, des lyrismes à court de souffle de la Beecher-Stowe, il eût mieux valu que Vincent connût les deux livres qu'écrivit Booker Washington : *Up from Slavery* (Sorti de l'esclavage) et *Working with the hands* (Travaillant avec les mains). Récits sobres et simples qui montrent l'ancienne abjection morale et matérielle de l'esclavage. Assurément, Booker Washington, né petit nègre esclave et devenu le considérable directeur de l'Institut de Tuskegee, a plus fait pour la cause des noirs dans l'avenir que la coulante éloquence de la Beecher-Stowe.

Mais Vincent pouvait-il douter de la véracité des récits du bas-bleu américain. Elle l'avait ému; il devenait toute sa dupe.

Cherchant un atelier, il avait obtenu du bedeau de l'église catholique, une chambre vaste; où, bientôt s'entassèrent dessins, esquisses, et des modèles de natures mortes, le tout en désordre.

Il s'enfermait là, dès le matin, travaillant avec emportement, se surmenant, se privant de sommeil. Quand il sortait de ce local, il apparaissait farouche, triste, effroyablement triste. Il ne voulait pas se dire que Nuenen pesait déjà durement sur ses épaules. Il courait dans le bois voisin, pour échapper à ses angoisses; et quand il rentrait dans son atelier, c'était avec une sorte de colère, avec un besoin de maltraiter son papier, sa toile, avec une hâte surtout de terminer rapidement l'œuvre qu'il tenait en train. Cela ne voulait pas dire qu'il n'aimait pas son travail ; mais il ressentait déjà comme une peur de ne pas aller jusqu'au bout. Il se montrait plus calme quand il partait pour dessiner chez les tisserands. Dans cette sorte de cave, où l'homme, sans air, presque sans vie, tissait la toile, Vincent prenait plus de temps ; et il dessinait minutieusement tous les bâtis, du « métier ». Il semblait que là, avec ce travailleur d'outre-tombe, il fût moins inquiet, plus à son aise, ayant le temps comme cet homme-là devant lui, de pâlir lui aussi, de glisser peu à peu à la physionomie inquiétante du misérable qui ne voit plus le jour.

Et, en réalité, Vincent était atteint comme les tisserands, ses amis. Il se portait mal ; il attendait une fin ; il ne savait pas laquelle ; et il aggravait ses colères quand il était obligé d'économiser étroitement ses couleurs, ses toiles ou son papier.

La maison du pasteur, à Nuenen, s'offrait, cependant, hospitalière et calmante. C'était une grande maison, à un étage, et couverte d'un toit de tuiles. Dix fenêtres, y compris une mansarde, et en plus une porte, s'ouvraient sur la façade d'entrée. C'était une maison solide, entourée d'arbres et ornée de lierre. On sentait près d'elle le repos, le confort. C'était une maison bien assise, au toit montant. Il y avait une haie devant elle et des petits sapins. Cela donnait une impression d'assistance et de secours au prochain. C'était une maison de quiétude, reposant bien de toutes ses briques jointes.

On voyait, derrière, une autre vue tranquille de la maison. Elle s'accotait là, à l'angle de droite, contre une sorte de hangar bas, qui était une buanderie à petites fenêtres.

Tout autour il régnait de l'herbe, la paix, le silence.

Des ceps grimpaient sur la façade de derrière — et l'eau des pluies tombait dans un tonneau.

Mais Vincent s'ennuyait. Sa solitude — il ne pouvait parler à personne de son travail et des peintres qu'il aimait — lui causait de longues détresses. Ses parents, torturés, ne disaient rien et supportaient ses plaintes.

Le pasteur, quelquefois, pour se consoler, écrivait alors à Théo. Il attendait de ce fils un appui; et Théo encourageait son père à chérir Vincent. Sans doute, disait-il, c'était bizarre, un peintre à Nuenen! mais la Hollande est le pays des peintres; et Vincent serait un jour un haut peintre de leur pays.

Le pasteur ne demandait qu'à écouter Théo. Il s'efforçait parfois, timidement, d'encourager Vincent; mais ce fils, insensible aux exhortations imprécises, rebutait son père.

Celui-ci, pourtant, ne se lassait pas. Et, un jour, le bedeau ayant repris l'atelier qu'il avait offert, le pasteur transforma la buanderie pour y installer un nouvel atelier.

Et, admirable père, par la même occasion, il dit à Vincent qu'il devait se croire libre, entièrement libre. Qu'importait sa tenue? Il s'habillerait à sa guise. Quant à lui, son père, il se chargerait d'expliquer aux habitants les plus mal intentionnés de Nuenen, pourquoi on doit estimer un peintre et pourquoi on

LE PRESBYTÈRE DE NUENEN

(Façade du côté du jardin)

(A droite, l'amorce de la buanderie qui servit d'atelier à Vincent).

doit le laisser tranquille. Vincent, cette fois, considéra longuement son père.

Et, en l'hiver de 1884, sa mère s'étant cassé une jambe, — aussitôt, surmontant son hypocondrie, il la soigna avec un attentif dévouement.

Le pasteur s'empressa d'écrire à ce sujet à Théo. Il fallait donc toujours avoir confiance en Vincent et ne pas lui tenir rigueur de ses colères. Il gardait un cœur généreux.

Enfin, le pasteur était bien contraint de voir que son fils travaillait avec frénésie et qu'il lisait sans relâche des « beaux livres ». Au fond, concluait le père : « C'est son « cerveau en ébullition » qui est cause de tout. »

Vincent s'exaltait sans trêve. Il voulut encore aimer une femme qui était venue chez ses parents, à Nuenen ; mais, une fois de plus, l'aventure tourna mal pour lui. Alors, il redevint d'un coup morne, acariâtre, brutal.

De nouveau, les visiteurs qui étaient revenus au presbytère, Vincent s'étant réhabilité à leurs yeux comme garde-malade de sa mère, repartirent ; et la maison retomba dans son isolement absolu.

Les parents supportèrent tout. La maison, toute vide, cacha les douleurs.

Un jour, Rappard vint à Nuenen. Cela réconforta Vincent, qui, avec emportement, se mit à parler peinture et des peintres. Et, ensemble, comme autrefois, les deux amis se promenèrent dans la campagne, causant avec les paysans, visitant les tisserands. Rappard restait le même garçon aimable ; et cela lui permettait de supporter les coléreuses opinions de Vincent. Celui-ci voulait sans cesse avoir raison ; et

si Rappard tentait une réflexion contraire, Vincent fonçait sur lui et le brutalisait par ses paroles. Cependant, Rappard partit, n'ayant pas attiré sur lui l'inimitié de Vincent; car il avait pris la résolution d'approuver continuellement son ami, dont il admirait, d'ailleurs, les œuvres.

Vincent se montrait intraitable dans tout ce qu'il dessinait et peignait. Son humeur passait dans son travail. C'est ainsi que Mme Elisabeth-Huberta nous conte que son frère, ayant entrepris de dessiner le côté de la maison paternelle avec le jardin à fleurs, maison et jardin si bien entretenus « il fit, dit-elle, une maison de spectres». On voyait de hautes herbes, des arbres recourbés par le vent, et quelques personnages noirs, mystérieux.

En vérité, on ne pouvait vraiment attendre autre chose de cet homme qu'une maladie nerveuse rongeait déjà, inlassablement. Son œuvre à Nuenen sera pleine de la tristesse de Nuenen. Plus loin, cette œuvre sera notée, expliquée. C'est une œuvre parfaitement conforme à la manière de vivre de Vincent, qui est un malade que le mal accable.

Et, enfin, il y a assez de peintres joyeux, assez d'huiliers épris de délirantes sottises. Ils abondent, les niais qui peignent des farces de moines ou ceux dont le dessin et la peinture écœurent. Vincent, par grâce, ne connaissait ni les uns ni les autres.

Souvent, il traversait la rivière et il traînait dans Eindhoven, où demeurait son marchand de couleurs. C'est là qu'il connut, par ce marchand, M. Kerssemakers, un peintre-amateur, qui, en retour, vint le visiter à Nuenen.

M. Kerssemakers a publié, en 1912, à Amsterdam, quelques souvenirs sur Vincent, qui éclairent parfois cette figure énigmatique.

Souvenirs un peu anecdotiques, pas souvent très caractéristiques ; mais il y a à retenir çà et là des renseignements valables.

M. Kerssemakers raconte notamment comment il connut Vincent en 1884.

M. Kerssemakers s'installait et, au lieu de tapisser les murs de son bureau, il était en train d'y peindre deux paysages. Le peintre en bâtiments qui lui fournissait les couleurs avait estimé ces paysages fort beaux ; et il conduisit Vincent auprès d'eux. Vincent les jugea passables.

C'était du reste ce même peintre en bâtiments qui lui fournissait les couleurs : le blanc, les ocres, etc. Elles étaient fort mauvaises ; mais Vincent, si pauvre, devait s'en contenter.

M. Kerssemakers, dans sa simplicité, ne cache pas qu'étant allé une première fois à Nuenen, il trouva tout ce qu'il vit, dans l'atelier, rude, grossier, brutal, inachevé. Aussi il fit attendre sa seconde visite à Vincent, qui l'avait prié de revenir. Il changea alors d'avis ; et il se montra très heureux des conseils de Vincent l'engageant à peindre d'abord beaucoup de natures mortes — et lui montrant « à bien mettre les choses à leur place et à les détacher les unes des autres ».

Vincent exhorta aussi M. Kerssemakers à peindre en plein air :

« Si vous voulez, disait-il, je viendrai chez vous, ou bien venez chez moi à Nuenen. Je connais là-bas beaucoup de coins intéressants.

« C'est ainsi, raconte M Kerssemakers, que nous avons fait de compagnie plusieurs fois des excursions à Nuenen, entre autres jusqu'à une vieille petite chapelle du Moyen-Age, située en plein champ, et aussi jusqu'à un vieux moulin à vent près de Lieshout.

« Vincent était stoïque. Il s'entraînait à la pauvreté comme un bohémien, et il arrivait que, pendant des semaines, il ne voulait pas manger de viande, seulement du pain sec et du fromage. « Cela ne se gâte pas en chemin! » disait-il. — Et il ne voulait pas accepter autre chose.

« Le seul luxe qu'il se permettait, ajoute M. Kerssemakers, c'était une gourde de cognac qu'il emportait avec lui dans ses excursions, — habitude qu'il n'aurait pas volontiers perdue. »

M. Kerssemakers nous décrit ainsi l'atelier de Vincent :

« Son atelier, dit-il, qu'il occupait chez le bedeau de l'église, était également très bohémien. On était étonné en entrant de voir que tout était plein de peintures et de dessins à l'aquarelle et au crayon représentant des têtes d'hommes et de femmes, dont les nez retroussés, les mâchoires proéminentes, les grandes oreilles, les poings calleux et ridés étaient fortement accentués. Plus loin des tisserands, des métiers de tisserands, des planteurs de pommes de terre, des sarcleuses de mauvaises herbes, d'innombrables natures mortes, environ dix études à l'huile de la vieille chapelle à Nuenen, déjà nommée, devant laquelle il s'extasiait toujours, et qu'il peignit en toutes saisons et par tous les temps. Cette chapelle fut démolie plus tard par les vandales nuéniens, comme il les dénommait lui-même. Le poêle n'avait jamais vu ni brosse ni pâte, et était entouré de cendres ; on voyait encore quelques chaises dépaillées, une armoire contenant au moins trente nids d'oiseaux, différentes sortes de plantes et de mousses provenant de la bruyère, quelques oiseaux empaillés, des bobines, des rouets, une bassinoire, divers instruments

agricoles, des vieilles casquettes, des vieux chapeaux, des
bonnets de femmes sales et fanés, des sabots, etc. Sa boîte
à couleurs ainsi que sa palette avaient été fabriquées à
Nuenen selon ses indications. Egalement un châssis
perspectif qui se composait d'une barre de fer pointue à
laquelle il pouvait, à la hauteur désirée, fixer et visser un
petit châssis. Il disait : « Les anciens ont aussi employé un
châssis pareil, pourquoi ne ferions-nous pas la même
chose? »

M. Kerssemakers et Vincent allèrent de compagnie
visiter plusieurs musées et en premier lieu le musée
de l'Etat, à Amsterdam.

M. Kerssemakers raconte ce voyage :

« Vincent partit un jour d'avance et me donna rendez-
vous pour le lendemain dans la salle d'attente de troisième
classe de la gare centrale, à Amsterdam. En entrant dans
cette salle, je vis Vincent installé devant la fenêtre, occupé
à peindre quelques petites vues de ville, entouré par une
masse de gens composée de contrôleurs de train, de voya-
geurs, d'ouvriers, etc. Il était très calme, ne s'intéressant
nullement au public, et était habillé d'un ulster à longs
poils et coiffé d'un bonnet de fourrure qu'il ne quittait jamais. Lorsqu'il me vit, il emballa tranquillement
son attirail, et nous nous dirigeâmes vers le Musée. Il
pleuvait à torrent, ce qui fit qu'en très peu de temps
Vincent avec son ulster et son bonnet de fourrure ressem-
bla à un chat mouillé. Je pris une voiture, ce qui le fit
maugréer : « Tout Amsterdam me laisse indifférent, me
dit-il, je préfère marcher; enfin, si vous ne voulez pas
autrement! »

« Arrivé au Musée, son humeur se rétablit. Il me conduisit près des van Goyen's, des Bol's et surtout près
des Rembrandt's. Il passa la plus longue durée de son
temps devant *La Fiancée juive*, de laquelle il ne pouvait
pas se détacher ; et il alla s'asseoir près du tableau, à son
aise. Je continuai ma visite. « Tu me retrouveras bien ici!»
me dit-il. Quand, après tout un temps, je revins et que je

lui demandai si l'on n'allait pas partir, il me regarda d'un air étonné et dit : « Croirais-tu que je donnerais dix années de ma vie pour pouvoir rester quinze jours ici avec du fromage et une croûte de pain pour nourriture. Enfin, dit-il, partons, nous ne pouvons pas coucher ici ! » et, à la fin des fins, il se leva. »

M. Kerssemakers parle également d'une autre visite de Vincent au musée d'Anvers, où, à part quelques tableaux rares, tout le reste, formula-t-il, « date du temps des perruques. »

« L'Art était sacro-saint pour Vincent, ajoute M. Kerssemakers. Aussi Vincent ne parlait jamais d'art avec des personnes peu initiées ; et il était vexé lorsqu'un soi-disant amateur appréciait un de ses tableaux. Alors, le plus souvent, l'étude ainsi louée était détruite ou grattée. »

Mais Vincent révélait quelques autres étrangetés pour les gens qui l'entouraient.

« Ainsi, dit M. Kerssemakers, il comparait toujours la peinture à la musique. C'est pour avoir encore une plus juste compréhension de la valeur et des nuances des tons, qu'il prit des leçons de piano chez un vieux professeur de musique, en même temps organiste, qui habitait Eindhoven. Mais cela ne dura pas longtemps, parce que Vincent, pendant ses leçons, comparait tout le temps les tons du piano à du bleu de Prusse, à du vert émeraude, ou à de l'ocre jaune ou à du cadmium. Le bonhomme un jour crut avoir affaire à un fou et il fut pris d'une telle peur qu'il cessa les leçons.

« Vincent faisait toujours des recherches, poursuit M. Kerssemakers, pour *améliorer* ses tableaux. C'est ainsi, en employant du baume de copahu, qu'il crut avoir trouvé le moyen d'empêcher les embus de la couleur. Mais le résultat ne fut point efficace. »

Dès ce moment, Vincent ne signa que quelques tableaux de son nom : Van Gogh; c'est un nom impossible, disait-il, à prononcer pour des étrangers. Aussi il adopta le prénom de Vincent, « facile à retenir pour tout le monde. »

Plus tard, étant à Arles, il écrira même, en parlant des toiles qu'il envoie à son frère Théo : « J'avais commencé à les signer, mais je me suis vite arrêté, cela me semblait trop bête. »

M. Kerssemakers raconte encore que Vincent l'encourageait sans cesse à peindre en plein air. A chaque instant, quand ils se promenaient ensemble, Vincent s'arrêtait devant un paysage, un coucher de soleil, et il s'exclamait. Puis il criait à son compagnon :

« Ces abrutis de Nuenen disent que je suis fou, lorsqu'ils m'aperçoivent déambulant dans la bruyère, m'arrêtant, m'asseyant à moitié, clignant des yeux à chaque instant, portant les mains à mes yeux pour isoler ce que je vois ; mais cela me laisse indifférent, cela ne m'empêchera pas de continuer. »

Et Vincent passait des semaines entières à dessiner seulement des mains, des pieds, des sabots, etc., etc. « Il faut savoir cela très solidement ! » répétait-il.

Et il parlait sans cesse d'Anton Mauve avec une extrême considération, « parce qu'il avait bien étudié les paysans ».

Une des expressions favorites de Vincent, d'après M. Kerssemakers, c'était celle-ci :

« Ces arbres *font bien !* Cette maison *fait très bien !* ou Voyez ! comme cela *fait bien !*..... »

Mais les mois d'hiver revinrent ; et ils furent tragiques dans la maison du pasteur.

Vincent s'énervait de ne pouvoir travailler long-temps à cause de la nuit qui tombait vite; et le froid le glaçait quand il s'aventurait dans la campagne. Il revenait dans son atelier, et, avec de sommaires lumignons, il tâchait quand même de dessiner; mais il s'emportait, il déchirait ses dessins, il crevait ses toiles.

Les soirées, sous la lampe, quand toute la famille était réunie, se déroulaient dans la tristesse et dans la peur d'une soudaine colère de Vincent, qui se tenait là-bas, dans un coin, les yeux brûlés à force de lire.

La femme du pasteur se plaignait doucement main-tenant de voir que son fils aîné ne devenait pas plus accueillant. C'était fini, personne ne visitait plus la maison à cause de lui. C'était une maison maudite, abandonnée de tous.

Et, Vincent, le premier, souffrait si pleinement. Il écrivait, au début de cette année 1885 :

« Jamais année n'a commencé pour moi plus morne et plus triste! »

De son côté, son père mandait à Théo :

« Vincent devient pour nous de plus en plus étranger. Il ne nous regarde plus! »

Alors, malgré le rude hiver brabançon, dans la neige, sous la pluie, au travers des marais, dans cette humidité glaciale de l'eau répandue, ici, partout, Vincent recommença ses courses dans la campagne. Il marchait, il marchait jusqu'à ce qu'il tombât épuisé; et il avait à peine la force de rentrer à Nuenen. Il restait là, à attendre la fin de sa doulou-reuse vie.

LES MANGEURS DE POMMES DE TERRE.

Quand le courage lui revenait, quand il sentait que sa tête le laissait un peu calme, il se reprenait à travailler, en désespéré. Il ne dessinait, il ne pensait que par Millet; Millet l'avait envoûté. Oui, tout était misère, douleur; et quand il considérait les paysans, et Dieu sait si en Brabant ils sont solides et de bonne humeur, il les voyait, lui, plus que jamais, exténués par de pénibles tâches et, à coup sûr, c'étaient des damnés! Ils avaient bien raison de lever les yeux au ciel et de le prendre à témoin de leur infortune. Pourtant, Millet, souvent, avait représenté des paysans et des paysannes occupés à des labeurs aisés. C'était même alors toute l'apparence d'une vie satisfaite, généreuse, au large souffle de la terre. Oui, Millet, maintes fois, a peint des paysannes tendrement penchées sur un enfant, des paysans abattant gaillardement des arbres, des intérieurs où l'on sent que tout est chaud et intime; tandis que, lui, Vincent, partout, il ne retenait que la fatigue, la souffrance. Cependant, les paysans, qu'ils soient du Brabant ou de France, ont parfois d'excessives gaîtés, des ivresses copieuses et des fainéantises lourdes. Vincent ne remarquait rien de tout cela. Nuenen était toute tristesse et toute douleur.

Il conservait son ferme appui : Théo. Il lui écrivait sans cesse de très longues lettres, et il lui parlait de son travail. Un jour, il lui envoya un premier grand tableau : *Les Mangeurs de pommes de terre.* Puis suivirent des études nombreuses, dessinées ou peintes au plein de la vie des champs; et il les expliquait en exposant à son frère d'interminables théories de technique.

Déjà, Vincent apparaît raisonneur, racontant pourquoi il peint une œuvre et comment il la veut réaliser. C'est le début des émouvants commentaires qui accompagneront désormais ses tableaux ; tableaux qu'il raisonnera d'avance, mais si vite peints qu'ils feront croire à du travail bâclé, de pur hasard ; alors que Vincent a préparé, a réservé tous les tons, à leur légitime place...

Et la vie se traînait, amère, dans la maison de Nuenen, quand, le 26 mars 1885, le pasteur, qui souffrait d'une maladie de cœur, mourut subitement.

La douleur de tous fut certaine. Nul homme n'avait été plus secourable et plus indulgent. Théo vint pour l'enterrement ; et Vincent voulut partir avec lui pour Paris.

Mais il valait mieux, selon Théo, attendre encore. Sa propre situation serait meilleure bientôt. Et il fit patienter son frère.

Vincent, alors, le printemps venu, se rejeta dans son travail. Ce fut le moment d'une active production. Et toutes les lettres à Théo sont accompagnées maintenant de croquis à la plume.

Voici au-dessous ou au-dessus des mots, des paysages noirs, griffés comme des eaux fortes, d'une personnalité accusée, avec des arbres secs et durs ; voici un tisserand débile, amaigri, occupé à son métier dans un intérieur de cave ; voici des moissonneurs, bonshommes actifs, fauchant et emportant les bottes d'un champ, où, là-bas, veille un clocher exigu ; voici une route, aux peupliers squelettes, toute mouillée de pluie ; voici deux têtes humaines, hostiles, taillées à coups de serpe, aux yeux sournois ;

voici des paysannes farouches dans une chambre nue ;
voici des croquis de paysannes encore, des têtes laides,
pavoisées d'un bonnet ; voici un boer et une boerin
qui bêchent la terre ; voici, sous la lampe pendue au plafond, dans un antre fumeux, une première esquisse
des *Mangeurs de pommes de terre* ; voici, voici des paysages, des portraits et tout ce qu'il élève à la gloire de
Millet. Car il est plein, plus que jamais, de ce maître
un peu radoteur ; et, dans son enthousiasme, il écrit
à son frère : « Ses paysans semblent peints avec la
terre qu'ils ensemencent ! »

Tout l'été, Vincent restera à Nuenen. Il suit les
paysans dans les champs ; et il peut travailler maintenant durant de longues heures. Ils se sont familia-
risés avec lui, à force de le voir ; et, convaincus enfin
qu'il exécute un travail utile, ils n'ont plus l'hostilité des premiers mois. Pour des cerveaux frustes,
c'est toute excuse. A présent, les paysans
s'approchent de lui quand il a terminé son dessin ou
sa toile ; et ils « se reconnaissent là-dessus », comme
ils disent, avec de larges éclats de rire.

Dans ce Brabant, il y a fort à faire le printemps et
l'été. Si la fenaison, la moisson, c'est le principal, —
il reste d'autres champs à soigner, les champs de
betteraves, les champs de pommes de terre et les
trèfles et les choux et les champs de maïs.

Vincent, lui, dessine tout cela ; et il augmente le
désordre de ses études, tellement nombreuses,
qu'il ne peut les organiser. Mais, quand arrive
novembre, comme il pense toujours à rejoindre
son frère à Paris, soudainement il se lasse du Brabant ; et il a peur surtout du nouvel hiver qui va

revenir avec ses jours et ses nuits d'épouvante.

Alors il part pour Anvers, dans l'intention d'étudier à l'Académie.

Arrivé à Anvers, il ne s'éloigne pas de la gare; — et il loue une petite pièce au-dessus d'un magasin de couleurs, Longue rue des Images, N° 194. C'est une rue aux petites maisons basses, la plupart peintes en blanc. Il n'est pas installé que, déjà, la ville l'étourdit. Il vient de quitter un village; il veut tout voir.

Le port l'attire. Le port d'Anvers qui sera bientôt le premier port du monde.

Tout y est ardent et affairé. Le petit Bassin, plein de remorqueurs et de chalands; le Bassin du Kattendyck, avec ses bateaux de fer, ses bateaux à voiles et des chalands toujours; le Grand Bassin, encombré encore de bateaux, avec ses quais bondés de sacs et de tonneaux; les quais Wallon et Flamand, où d'autres bateaux, où des chalands surtout s'entassent et se serrent à se briser; le bassin de la Campine, où les longs bateaux, les remorqueurs et les bateaux à voiles épousent ensemble toute l'eau agitée, remuante, qui danse avec mille reflets de mâts, de cheminées et d'agrès. Puis voici l'Entrepôt, le quai du Rhin et le Bassin au bois. Port immense où accourent les navires de tous les Océans; où l'on embarque et où l'on débarque toutes les marchandises, dans les lourdes fumées des bateaux qui halètent et s'écrasent sur l'eau, de tout leur poids.

L'Escaut s'enorgueillit d'être le prodigieux animateur de cet organisme maritime formidable. Son eau roule sale, jaune verdâtre; mais elle est tout de même luisante, luisante de toutes les sueurs qui s'acheminent ici. Oh! les odeurs et les bruits des ports; ces odeurs de saumure, de soufre et de peaux en décomposition; ces bruits de marteaux sur les carènes que l'on répare, et les sifflets des machines à vapeur et le rauque appel des sirènes!...

Des fumées montent, épaisses, vers la nue. Là-bas, on découvre Anvers et les aiguilles de ses clochers : la cathédrale, Saint-Jacques, Saint-André, Saint-Augustin et Saint-Paul.

Des bateaux nagent lentement. Comme l'Escaut s'étale large et magnifique! Sous ce ciel fumeux et compact de nuages jaunes, Anvers apparaît jaune aussi et angoissant. C'est, aujourd'hui, une ville de cendres — et c'est une ville tragique, au delà de cette eau qui devient toujours plus ocreuse.

Des mouettes volent éperdues, pourchassées par un orage en mer. On ne voit plus que des fumées basses, massives, et des choses indistinctes de ce monde énorme de bateaux, de wagons, de grues, de colis entassés, de mâts serrés et entrecoupés.

L'orage tonne enfin et noie le vaste port, dont l'eau, devenue noire, par places, ou intensément verte, se hérisse des longues flèches de la pluie qui cingle et crépite.

Vincent aima Anvers. On n'a rien retrouvé des dessins ou des toiles qu'il y a réalisés; mais il est vraisemblable qu'il y travailla. Il ne chérisssait pas, lui, ses moindres croquis. L'œuvre faite, il ne s'en souciait plus. On le verra, plus tard, envoyer à son frère Théo ses toiles, dès qu'elles seront transportables. A Anvers, il dut abandonner un peu partout les œuvres de ce moment-là.

C'est ma pensée fixée toujours au souvenir de Vincent qui m'a fait revoir Anvers ; je suis retourné même au jardin zoologique, situé à côté de la gare, sorte de vaste galerie des Machines, — celle de l'Exposition universelle de 1900 — mais plus massive et tout à fait allemande.

Et je n'ai rien regretté ; car, à côté des tigres, des lions, des ours et de tous les animaux de la création, j'ai revu cet animal magnifique de sottise, splendide d'imbécillité, énorme de vanité, qui symbolise pour moi tous les Jocrisses des Instituts et tant de gens, non pas de la légion thébaine, mais de la légion où Monsieur Flameng est commandeur !

Cet animal très ridicule, très phénoménal, très empaillé, très balourd, très maladroit, très hirsute, très cocasse et très hilarant, pour tout dire, vous l'avez nommé, c'est... l'*Alpaca*.

Sorte de lama, originaire du Chili et du Pérou, bas sur pattes, couvert de laine. On ne voit pas ses yeux. Son nez blanc épaté remue ; car il mâche de la bouillie tout le temps ; et il fait aller de gauche à droite et de droite à gauche sa pesante mâchoire, désarticulée, au dentier mal fait, sans voir clair.

Voilà l'Alpaca !

Vincent vécut encore chichement à Anvers. Il accomplit des miracles pour vivre ; et, en janvier, il se fit inscrire à l'Académie pour avoir des modèles.

Il était déjà si peu « homme à femmes », comme il le dira de lui-même, plus tard ; et, ainsi, ne pouvant la payer, il ne rencontre pas une seule femme prête à poser pour lui.

Le soir, il suit un cours de dessin. Certes, il n'a

aucune honte à travailler avec des jeune gens, tous plus jeunes que lui. Il fonce, tête baissée, dans toutes les situations. On peut rire de lui, il ne s'en aperçoit pas. Pourtant, les sarcasmes devaient se planter comme flèches dans le dos de ce Hollandais qui apportait ici le déséquilibre et l'amertume de sa vie. Et ses dessins, ainsi que ses peintures, étaient si loin de toute correction académique, qu'il dut devenir dès les premiers jours une sorte de tête de Turc, — que l'on railla toutefois sournoisement, ainsi qu'il sied à ces insulteurs sans courage que sont, en tous pays, les rejetons des classes bourgeoises.

Mais Vincent se fatigue vite de ces études. Déjà il pense à aller autre part. Il songe surtout à Paris. Il écrit à son frère qu'il veut le rejoindre. Théo lui propose d'attendre jusqu'au mois de juin ; à ce moment, il pourra louer un plus confortable logement.

Vincent, tenace, n'écoute rien ; et, un matin du mois de mars 1886, il est à Paris, d'où il fait porter à son frère Théo, 19, boulevard Montmartre, une lettre lui disant qu'il est arrivé et qu'il l'attend, à partir de midi, dans la « salle carrée » du musée du Louvre.

PARIS

Voilà donc Vincent à Paris, de nouveau ; et, cette fois, c'est un peintre qui s'y installe.

Il n'est peut-être pas vain alors de citer les noms des peintres qui accaparaient toute célébrité en Hollande (pays d'origine de Vincent) et à Paris (d'où il allait devenir le peintre Vincent Van Gogh).

Je n'ai pas fait moi-même les choix. Ce sont ceux d'un de ces critiques dits officiels qui s'embusquent dans les journaux qu'on lit, pour ahurir, dans une chronique généralement hebdomadaire, cette classe de nigauds qu'on appelle *collectionneurs* ou bien encore *amateurs*.

Donc, en cette année 1886, voici quels étaient les peintres hollandais en faveur auprès du critique ci-dessus désigné. Je respecte, bien entendu, sa manière de style :

« En Hollande, les peintres vivants que l'on peut admirer sont : Jozef Israëls, le maître si compatissant à la vie rude des pauvres gens, à leurs tristesses et à leurs joies ; Artz, un disciple d'Israëls ; Van der Velden, Mélis, H. Valkenburg, Kever, Jean Berg, Heukes, qui, avec un talent très personnel, obéissent au même sentiment ; Bisschop, le peintre des blanches Frisonnes ; Isaac Israëls, l'Horace Vernet militaire des Pays-Bas ; des marinistes et des paysagistes comme H.-V. Mesdag, Jacob et Willem Maris, Ed. Van der Meer, de Haas, G. Poggenbeck, Gabriel, Blommers, Mauve, Roelofs, etc., — et Klitenberg, avec ses vues de villes aux architectures de briques et de pierres reflétées dans les canaux. Tous ces peintres d'un attachement profond au *genius loci* de la terre natale, du sol humide, des larges polders enrubannés de canaux, des grands horizons plats, des lourdes mers, des ciels mouillés et pleins de lumière, des intérieurs paisibles, doux, honnêtes, laborieux, enveloppés d'ombre. »

Et Vincent, lui, arrivait à Paris ; et, un peu moins de deux ans après, il partirait pour Arles. Il n'était pas nationaliste !

A Paris, côté des peintres notoires, il suffira de donner la liste à peu près complète (ils sont trop !) du Jury de peinture, qui officiait au seul et unique Salon. Cette liste recrutait : Boulanger, Rapin, Bonnat, Jean-Paul Laurens, Cazin, Detaille, Feyen-Perrin, Henner, H. Le Roux, T. Robert-Fleury, Benjamin Constant, Barrias, Roll, J. Breton, Vollon, Humbert, Duez, Hanoteau, Vayson, Saintpierre, Cabanel, Lansyer, Bernier, Guillemet, Carolus-Duran, Bouguereau, Maignan, Français, Cormon, Puvis de Chavannes, Luminais, Gervex, Jules Lefebvre, Yon, Harpignies, Morot, Busson, etc.

A part deux ou trois peintres valables, — Vincent venait confronter son humble nom avec les noms « importants » de tous ces *Alpacas*.

On conçoit à présent comment dans sa naïveté et son entière humilité, il avait tant de fois, dans ses lettres à son frère Théo, cité, en une bizarre confusion, les noms de tous ces inutiles huiliers. Il était simple, modeste. La renommée la plus basse l'influençait.

Arrivant inopinément à Paris, Vincent fut contraint d'habiter dans le logement trop petit de son frère Théo, rue de Laval, qu'on nomme à présent rue Victor-Massé.

Théo aimait cette rue. Elle est faisandée encore avec ses boutiques de brocanteurs arabes ou espagnols, persans ou papous, avec ses hôtels de passe, avec ses marchandes à la toilette et avec ses autres boutiques où l'on essaye, derrière le comptoir, les gants ou les faux-cols. Et tout cela est paisible, somnolent. Ah! certes, la rue hurlait plus, autrefois, quand Rodolphe Salis, venu, avec son *Chat noir*, du boulevard Rochechouart, l'occupait. Un moment de la gloire de Montmartre, avec les chansonniers Jules Jouy, Maurice Donnay et autres Marcel Legay, et avec les dessinateurs Willette, Steinlen, Henri Rivière et autres Henry Somm.

Pour aller à son magasin de vente, 19, boulevard Montmartre, Théo descendait la fourmillante rue des Martyrs, où il retrouvait l'esprit, la santé, la vie de Montmartre, dégringolés jusqu'en bas, jusqu'au pied de Notre-Dame-de-Lorette. Il traversait le carrefour de Châteaudun; et il suivait cette partie du faubourg Montmartre, qui constitue, dans les bars, un repaire de barbeaux et de filles, pêle-mêle avec des tenanciers de tripots et des « marchands de viande. »

Et, le soir, à la nuit éclairée, quand Théo remontait ces rues, elles s'offraient encore plus agitées, plus vivantes. Devant tous les comptoirs, les filles et leurs hommes remuaient des dés, jouant au zanzi les apéritifs de la soirée, et aussi les digestifs, les mominettes et les fines de M. Hennessy. Un vif ragoût, comme ça, en pleine lumière des globes criards, devant l'œil paternel du patron, poussant à la consommation ; — et qui souvent, du reste, émargeait à la Tour pointue. Cet extrait de Paris, ces filles et tous ces combinards, quelle saveur âpre, irritante, excitante ; et cela effaçait pour Théo les fastidieux propos de la journée, quand il avait été obligé de montrer de laids tableaux aux amateurs définitivement « encartés » par Goupil !

Mais Vincent gardait sa hâte de travailler. Et comme le logement de la rue de Laval était décidément trop étroit, Vincent, conseillé par Théo, se présenta à l'atelier Cormon.

Ce fabricant d'amples toiles à voiles, ce vulgaire inventeur des plus sottes histoires préhistoriques, ce plâtrier qui n'a pas craint de s'attaquer à Caïn et à ses femelles, aux Grecs et aux Perses, cet encombrant macrobe qu'une société trop indulgente a laissé se vider dans des aventures de caverne, ce bélître enfin et ce cuistre d'Institut, avait ouvert d'abord un premier atelier boulevard de Clichy ; mais, par une dernière pudeur, sans doute, il transporta bientôt cette métairie rue Constance, une petite rue de Montmartre.

C'est là que Vincent vint rejoindre les innocents que Cormon courbait sous sa trique affaiblie. Lautrec, hélas ! s'y était déjà égaré.

Agé de trente-trois ans, Vincent retrouva, rue Constance, les jeunes gens de l'académie d'Anvers, c'est-à-dire qu'il reçut un accueil perfide de tous ces Cormonistes abêtis. Seul, Lautrec vint à lui.

Vincent travailla à peine pendant trois mois dans cet atelier mort. On peut concevoir aisément avec quels yeux égarés, dédaigneux, méprisants, Cormon considéra les toiles de Vincent. Quand le pion vit comment ce disciple dessinait et peignait des nus, il rejeta de houleux cris d'horreur. C'était tout son individu qui se révoltait : le professeur d'école et l'homme amoureux de la femme. Assurément, ce Hollandais si peu joli garçon se révélait, de plus, sadique. Mais il fallait être un monstre pour oser offrir de telles formes de grenouille. Sur le sinciput de Cormon, les cheveux se dressaient ; — et les élèves ricanaient, approuvaient le maître, détachaient le coup de pied de l'âne.

Vincent s'écœura vite ; et, en quittant l'atelier Cormon, il entraîna Lautrec.

Aujourd'hui, Cormon ne veut plus se souvenir d'avoir eu ces deux élèves : Van Gogh et Lautrec. Le plâtrier travaille dans le banal, dans le bêta, dans l'odieux ; il écarte ces deux peintres de génie qui le rendront, lui, sans qu'il le veuille, immortel. Pauvre homme qui, pendant la guerre, livré enfin au mépris public, insultait Cézanne !...

Mais Théo, cédant aux exigences de son frère, fut contraint de déménager, pour qu'on pût au moins installer un petit atelier ou chambre de travail.

Ils vinrent tous deux rue Lepic, au N° 54. Théo restait fidèle à Montmartre, cité des peintres pauvres. Car le quartier Montparnasse, aujourd'hui autre quartier de jeunes peintres, n'hospitalisait pas à cette époque tous les Juifs cosmopolites, tous les Espagnols, tous les Tchéko-Slovaques, tous les Fuégiens qui sont venus, depuis, empuantir cette autre colline de Paris.

Cette rue Lepic, si ardente! Du boulevard de Clichy, pour gagner le N° 54, il faut monter d'abord la première rue Lepic, gueularde, tapageuse, commerçante, en escalade de petites Alpes. Partout des boutiques, des voitures des quatre-saisons, des commères, des gosses, des filles, des barbeaux, des bistros, des charcutiers, des restaurateurs pour artistes et traîne-patins, des hôtels borgnes, des merceries, des herberisteries où, à côté d'herbes aromatiques, on aperçoit, discrètes, des vessies de sûreté.

Quand on a peiné, sué, dérapé, glissé le long de cette rue, on traverse la rue des Abbesses; et c'est dans cette seconde partie de la rue Lepic, montant à l'assaut de la butte-Montmartre, que se trouvait le nouveau logement des frères Van Gogh.

La vieille maison est toujours robuste avec ses quatre étages. Quatre fenêtres s'ouvrent en façade. Les cours intérieures sont pavées des mêmes gros pavés de la rue. Des eaux sales s'attardent à découvert sous le vestibule, qui reste éclairé par de grosses lanternes à huile.

La rue Lepic, ici, a encore, en 1922, des terrains vagues et des derrières d'immeubles, pavoisés de linges. En face du 54, on aperçoit une maison à porte ronde, ancienne, à allure de prison.

La rue a gardé des échoppes, des boutiques de blanchisseuses, des masures et des hangars. Autrefois, le *maquis* grouillait là, tout près; et ses ordures se répandaient le long de la rue Lepic.

Le soir, un bec de gaz, de loin en loin, tache de lumière quelques pavés. Aussi la rue est noire; et des gamins y hurlent en paix. Il y a une trentaine d'années régnait là une plus complète obscurité, dans un coin de banlieue sale.

Mais, à deux pas, on retombait dans la vraie rue Lepic, toute secouée de lumières et de cris; et on arrivait à la place Blanche, et au boulevard de Clichy hérissé de platanes chauves, qui ne ressemblaient pas aux beaux arbres de la Hollande.

Le nouvel appartement des deux frères se composait, au troisième étage, de trois pièces spacieuses, d'une autre chambre et d'une étroite cuisine. C'est, ici, Madame J. Van Gogh-Bonger, qui, encore une fois, nous guide :

« La salle à manger, dit-elle, était agréable et habitable avec la grande et vieille armoire de Théo, un confortable canapé et un grand fourneau. On l'allumait souvent, car les deux frères étaient très frileux. »

Vincent installa tout de suite son atelier ; et ses premiers tableaux furent des *Paysages de Montmartre*; *le Moulin de la Galette;* puis des *Fleurs*, des *Natures mortes.*

Les deux frères prenaient leurs repas chez Bataille, une vieille renommée. Ce restaurant vit toujours. Il est situé rue des Abbesses, presque en face de l'église Saint-Jean et au coin du passage des Abbesses, où on lit, sur le mur : *Entrée des artistes.* Il était tenu, en 1886, par le père et la mère Bataille. On y mangeait bien et à bon compte.

Ce restaurant avait été fondé en 1850. Il se composait de salles basses et étroites. Son succès vint de ce qu'on y était vite bousculé et peu à l'aise. Le Parisien aime les niches, les endroits inconfortables, les théâtres minuscules. Il veut se sentir les coudes. Aucun animal ne redoute plus que lui la solitude. Vers 1880, Jaurès, François Coppée, Clovis Hugues, Catulle Mendès, vinrent souvent chez Bataille; puis ce fut le tour de Carabin, de Lautrec, de Willette, de Gœneutte, de Zandomeneghi et de tant d'autres.

En 1886, Vincent tombait en pleine gloire de Montmartre. Les jeunes mangeurs de cadavres sont en train de dépecer maintenant les derniers restes de toute cette célébrité. Mais, lui, Vincent, l'ours de Nuenen, comment allait-il se comporter au milieu de toutes ces joies que Paris-Montmartre lui offrait?

Les bals, d'abord. Hélas! on venait de fermer le fameux bastringue de la *Boule Noire,* sur le boulevard Rochechouart. Où se dispersèrent, comme des rats, les barbeaux et les filles de maison qui s'ébattaient là, en se trémoussant des fesses?

Le plus célèbre des bals resta alors le *Moulin de la Galette.* Il était ancien, il datait de toujours, il se présentait vieux comme un vieux moulin de Montmartre. Le grand jour tombait le dimanche, avec les matinées et les soirées. Au Moulin, tout le monde montait : filles, modistes, modèles et barbeaux et ces petits jeunes gens frisés qu'on emploie dans les merceries. Dans le jardin, autour du Moulin conservé, tournait un manège de chevaux de bois; et des balançoires envoyaient au ciel les filles enlacées; pendant qu'un tir à l'arbalète recrutait les danseurs fatigués.

Quand on avait sué et que la trogne était rouge, on se réfugiait sous des berceaux où l'on mangeait, arrosée de vin blanc, de la galette.

En ce temps-là, on payait les danses que l'on annonçait, sur un ton traînard : *C'est la valse! c'est la valse!* Pour toucher la recette, deux employés du bal entouraient d'une corde les danseurs; et l'on ne pouvait pas s'échapper.

C'était, ce Moulin, un coin chéri de Paris. Et, tout autour, on voyait des terrains vagues et des vignes.

Les vrais débuts, ici, de la Goulue et de Valentin le désossé, retentissants débuts, appâtèrent toute la foule. Des troupeaux de Parisiens s'engouffrèrent sous la porte du bal, pour admirer les gigotements éperdus de la danseuse déjà illustre et de Valentin, qui, lui, grave comme le Pape, avançait et reculait en mesure, automatiquement. Alors, Paris dansait les danses de Paris. Et l'on organisait des concours. Olivier Métra, à la salle Vivienne, un jour, décerna les prix suivants :

1er prix Agilité : La Sauterelle.

— Distinction : Grille d'Egout.

— Plastique : La Goulue.

Au bal de l'Élysée-Montmartre, qui était également un très vieux bal, chaloupaient des filles de maison. Elles arrivaient tête nue, des fleurs dans les cheveux; et elles s'enlaçaient au « p'tit homme », ravies de cette courte liberté. Olivier Métra y fut chef d'orchestre; et la Goulue y dansa, en impératrice du chahut, avant d'aller au Moulin-Rouge (qui ne s'ouvrit qu'en 1889) comme professionnelle.

LES BRASSERIES abondaient. Une aïeule des cabarets montmartrois, fondée bien avant 1850, fut la *Brasserie des Martyrs*, située au bas de la rue des Martyrs. A la fin de l'Empire, elle rayonnait, en pleine vogue. Courbet, le foudre de bière, Glatigny, Catulle Mendès, Daudet y venaient assidûment.

Rue Fontaine, la *Brasserie Fontaine*. Le jour, quelle brasserie rassise pour petites gens du quartier qui se divertissaient, sur les tables de marbre, à râcler des dominos. Tout le monde, clients, caissière et les deux chats, perchés sur le comptoir, somnolaient.

Mais le soir la maison tranquille se changeait en une maison de folles, toute secouée des cris des filles qui accouraient ici, après les bals. Et, tout le quartier se réveillait brusquement, quand on les jetait, hurlantes, dans la rue.

Montmartre possédait également des cabarets simples. *Le Cabaret de Catherine*, par exemple, situé place du Tertre, au sommet de la Butte. C'était une boîte rustique, fondée vers 1788. Sorte de cabaret de village, offrant un petit jardin avec des tonnelles, un jeu de tonneau et une balançoire. Vincent peignit et dessina maintes fois dans cette guinguette populaire.

On trouvait encore le *Bon Coin*, au coin de la rue de Dunkerque et de la rue Rochechouart. Cabaret ou plutôt « chand de vins », où l'on soupait surtout. Clientèle de cabotins, d'ouvriers imprimeurs, d'artistes peintres et de modèles. Les vins et le jambon s'y illustraient. Nous nous souvenons du père Josnard, l'aimable maître de ce lieu, où l'on traînait presque toute la nuit.

Parmi les CAFÉS ET RESTAURANTS, on tiquait tout de suite sur le père *Lathuile*, restaurant glorieux, à l'entrée de l'avenue de Clichy, qui avait vu en 1814, le maréchal Moncey; et qui, de la gloire militaire, était tombé à une vraie gloire culinaire. Mais les artistes cossus seuls hantaient ces berceaux, où vinrent Manet et Desboutins.

Le père Boivin, en face, un peu plus haut dans l'avenue. Les fins repas dans la « chapelle », dans la petite salle du fond !

Le Rat mort, place Pigalle, ainsi nommé parce que, la veille de l'inauguration, avant 1867, un rat énorme fut trouvé mort dans la cave d'entrée. Autour de la vasque de la place, se souvient-on encore des modèles italiens : hommes, femmes et enfants, qui attendaient la pose? Et le sensuel Puvis de Chavannes, et l'avare Henner, cloîtrés là dans leurs ateliers ! Où sont toutes ces ombres?

La Nouvelle Athènes, place Pigalle. Le café des peintres indépendants. Où l'on vit Manet, Degas, Renoir, et les critiques Duranty, Castagnary, se pressaient à l'heure de l'apéritif des larges chapeaux, des cravates Lavallière et des pesantes cannes. On y huait l'Institut; on y vomissait l'art officiel, qui tenait ses assises, lui, *au Café de la Rochefoucauld*, dans la rue du même nom; morne café qui recueillait Cormon, Gervex et M. Gérôme.

Le 14 février 1886, on avait ouvert *l'Abbaye de Thélème*, place Pigalle. Ancien petit hôtel où vécurent tour à tour Picot, Fromentin, Diaz — et dernier locataire : Roybet, le peintre éculé des mousquetaires.

On vint dans ce nouveau restaurant pour y voir les

décorations de **Pille**, de Tanzi, de Garnier et de Quinsac.

La Truie qui file, rue Notre-Dame-de-Lorette, s'affichait plus populaire. On entrait, au rez-de-chaussée, dans une longue salle banale. Mais le sous-sol recélait un pittoresque ordurier qui enchantait les Parisiens. Le graveur sur camées Davau, l'herculéen rouquin, mitraillé de petite vérole, le tombeur des barbeaux (il était couvert de blessures), s'était fait peindre un jour; et c'est lui qui avait décoré ce sous-sol où l'on voyait toute la vie des cochons, y compris les saillies ou « nuits de noces! »

Enfin, on s'alanguissait chez Palmyre, installée à *la Souris*, rue Bréda; — et chez Armande, qui tenait aussi, *au Hanneton*, un piaffant marché de tribades et de jeunes pédérastes.

Des CABARETS ARTISTIQUES paradaient partout, à Montmartre.

La Grand'Pinte, avenue Trudaine. Le premier cabaret artistique. Il se glorifiait d'une salle « moyenâgeuse », en forme de boyau. Il devint le centre du « mouvement artistique de la Butte ». Henri Pille avait, dans les vitraux, conté l'histoire de Panurge.

Mais la merveille du lieu éclatait dans le patron, un nommé Laplace. Ce gros homme était facétieux, contrasté dans son langage jusqu'au macabre. Un jour, *le Chat noir* (copié sur la *Grand'Pinte*) emporta tout le succès, grâce à l'outrecuidante verve de Salis; et le jovial Laplace finit brocanteur.

Avenue Trudaine, on rencontrait encore *Le Clou*. Mousseau, l'acteur qui créa le rôle de Bibi-la-Grillade, dans l'*Assommoir*, avait installé sur les terrains du bout de l'avenue, alors à peine transformés en immeubles, une boutique où il vendait des aquariums et des oiseaux. Tomaschet, passant par là, lui acheta son fonds — et cela devint *Le Clou*, où furent accrochés, dans le sous-sol, plusieurs tableaux de Willette.

Vincent, qui, conduit par Théo, visita certains de ces cabarets, prit peut-être là l'idée d'exposer à son tour, dans un cabaret; — comme il le fera, plus tard, au *Tambourin*.

Le *Divan Japonais*, fut, lui. à l'origine, une maison de thé, avec tables laquées, tenue par un Japonais.

En 1885. c'est le brûlant moment de cette boîte que dirige Jehan Sarrazin, le poète aux olives. Un homme à tête ronde, « tête de lard », avec binocle et moustache.

Sarrazin écrivit une poésie capitale : *L'Hymne à l'olive*. Et les olives qu'il vendait, il les enveloppait dans ses autres poèmes imprimés. Il publiait également une feuille : *la Lanterne japonaise*.

Comme ce trembleur redoutait le boucan et les flics, son sous-sol s'emplissait naturellement de braillards. L'acide Yvette Guilbert, dotée alors d'une tête de rate, devait débuter au Divan, en 1889. Lui, Sarrazin, il alla mourir en 1905, à Lyon. Il avait mal tourné, ayant voulu nettoyer et embellir son cabaret.

Le 6 octobre 1885, ouverture de la *Taverne du Bagne*. Les Parisiens, stupéfaits, contemplent une baraque en planches, installée dans un terrain vague, à l'angle du Boulevard de Clichy et de la rue des Martyrs.

Les garçons sont habillés en forçats : bonnet vert, veste rouge, pantalon rouge.

Le directeur, c'est Maxime Lisbonne, ex-colonel de la Commune; et les clients s'appellent des condamnés.

L'endroit se présente noir, lugubre, à peine éclairé par des quinquets à huile; et, aux affamés, on sert les « frites révolutionnaires ».

Plus loin, braille le *Mirliton*, d'Aristide Bruant. Les Parisiens et leurs femmes accourent pour y être engueulés par ce ténor sympathique, magnifié par une affiche de Lautrec, et qui lance des chansons humanitaires. Et voici *l'Ane rouge,* tenu par un rouquin, le frère de Rodolphe Salis.

On montait alors sur la Butte; et, au coin de la rue Saint-Vincent et de la rue des Saules, on débouchait sur le *Lapin agile,* (altération de : Lapin à Gill).

Cette auberge des champs existait déjà en 1830. Vers 1880, un nommé Louis Salze, le beau Salze, comme on l'appelait (c'était un ancien sous-chef de bureau à la mairie de Montmartre), acheta cette auberge et l'exploita avec sa femme, un fin cordon bleu.

L'enseigne fut peinte par son ami André Gill, qui représenta un lapin gigantesque, coiffé d'une casquette à trois ponts, et pinçant un cancan effréné dans une énorme casserole.

Salze garda l'original; et une copie fut peinte sur la façade.

Malgré toute sa bonté envers les artistes, rapins et officiels, malgré ses larges crédits — oh! comme il connaissait peu ces gaillards-là! — Salze se ruina.

Adèle lui succéda, — Adèle qui restera une illustration montmartroise. Puis vint le fameux Frédéric, qui sut nous accorder des « soirées musicales » et la savoureuse soupe au poisson des vendredis qu'arrosait un Mercurey plein d'arôme.

Le lapin à Gill. Pauvre André Gill, qui s'appelait de son vrai nom Gosset de Guines, et qui, après avoir peint *Un fou au cabanon*, s'en alla lui-même mourir à l'asile de Charenton !

Mais, voici, enfin, *le Tambourin* !

J'avais hâte d'y arriver. Car, de tout Montmartre, ce fut le cabaret où Vincent vint vivre de nombreux soirs.

Et que de souvenirs pour nous tous ! Agostina Segattori, un ancien modèle de Gérôme et de quelques autres peintres notoires, avait créé ce *Tambourin*, au N° 62, du boulevard de Clichy, — remplacé aujourd'hui par le *Cabaret des 4-z'Arts*.

Une grande et belle fille brune, aimable et un peu languissante, Agostina Segattori. Elle craignait surtout de causer de la peine à un homme pour peu qu'il fût d'apparence luronne. Aussi, quand, le 10 avril 1885, exactement, elle lança une carte d'invitation à l'inauguration du *Tambourin*, tous les artistes de la Butte et d'ailleurs accoururent.

Cette invitation était versifiée :

> Le vendredi soir, dix Avril,
> Si gai d'humeur, vous êtes libre,
> Venez sans crainte d'alguazil,
> Frapper au *Tambourin* qui vibre.
>
> Agostina Segattori
> — Qui sait comment on se comporte —
> De sa main, célèbre à Capri,
> Joyeuse, en ouvrira la porte.

C'est dit. Sitôt que sonnera
De cette nuit, la dixième heure,
A table, vite, on se mettra
Pour fêter — ce n'est pas un leurre —

Le plafond du peintre Subic,
Où l'on peut voir des demoiselles,
Plus belles qu'**Ugalde** et Judic,
Voler dans l'air comme hirondelles.

Les mets nombreux seront exquis ;
Mon cuisinier déjà s'emballe.
Par les vins vous serez conquis,
Vous rêverez de ma Timbale.

Et lorsqu'au dessert vous serez
Dans le doux état... d'allégresse,
En bon convive, vous crierez :
— Vive la Maison et l'hôtesse !

Et c'était signé : *Agostina Segattori.*

Le menu fut somptueux. Les plats s'y désignaient d'une manière ultra-montmartroise : et ce qu'il y eut de poivrots cette nuit-là, au *Tambourin*, il faudrait, pour les compter, ne pas savoir que tout le monde, à ce moment-là de Paris, buvait solidement.

La décoration intérieure offrait des tambourins peints un peu par tout le monde : de Faverot à J. van Beers ; mais il y avait également des tambourins qui portaient sur leur peau d'âne des vers de poètes : Emile Goudeau, Rodolphe Darzens, etc. C'était un cabaret et c'était aussi un restaurant ; et je me souviens que la Segattori possédait deux grands lévriers d'un blanc jaune, dont on retrouvait souvent du poil dans le macaroni, servi dans des plats de faïence, en forme de tambourin.

Beaucoup d'hommes de lettres et de peintres passèrent dans ce cabaret. Aussi, j'ai tenu à fixer ici d'amusants souvenirs. Et, prié par moi, mon ami George Auriol, qui est le plus séduisant des conteurs et le plus délicat des inventeurs d'art, m'a tout de suite écrit ceci :

« A la vérité je n'ai guère fréquenté le *Tambourin*. Je me rappelle toutefois la signora Segattori dont la maturité ne manquait pas de piquant. Bien que le « côté artistique » n'y fût fourni je pense que par le vitrage, le mobilier vieux chêne et des tambourins peints, ce cabaret n'était ni camelotard, ni petzouillique. On devait y servir quelques Asti et Barbera.

« La Segattori était patronnée, c'est-à-dire présentée aux artistes ou autres qu'il y amenait par l'excellent et mémorable Ernest Hoschedé — grand amateur de peinture, sorte de mécène platonique, dont le vaste et joyeux facies faisait à la fois songer à Rabelais et au dieu du bonheur au Japon, dont il avait la barbe filandreuse.

« Cet Hoschedé était un camarade du père Pille qui le surnommait Pôtame à cause de son respectable gabarit. Et comme Hoschedé était un gourmet de premier ordre — il est certain qu'on mangeait bien au *Tambourin*. La timbale milanaise y devait être appréciable. Donc le père Pille — ce délicieux mystificateur et cet illustrateur non moins exquis — fréquentait le *Tambourin*, peut-être aussi Adolphe Albert peintre et graveur (l'un des intimes de Lautrec) et le hautain Michel de l'Hay non moins pictor.

« Tout cela bien que maigre serait plus tambourinesque si vous pouviez vous souvenir du truculent Hoschedé qui mourut directeur d'un magazine éphémère : le *Magazine français illustré,* où je fis quelques-uns de mes premiers dessins décoratifs ».

Oui, je me souviens, George Auriol — et aussi d'un Hoschedé qui, quelquefois, se révélait très grave et rédigeait pour les Artistes Indépendants, en tête de l'un de leurs catalogues, la plus substantielle et la plus judicieuse des préfaces. Et, George Auriol, vous avez tout à l'heure nommé Adolphe Albert. Il vient de me répondre :

« Vous me voyez, me dit-il, très embarrassé pour ajouter quelque chose à vos souvenirs sur la Segattori et sur le *Tambourin* que j'ai peu fréquenté du reste. (*Moi : Comme vous, Auriol! Allez, une crise de sagesse nous étreint tous!*) La seule chose que je me rappelle, c'est que le vieux peintre Pille était un assidu de ce cabaret; il s'intitulait en riant le maquereau de la boîte et était furieux lorsqu'on crachait dans les bottes de postillon qui servaient de porte-parapluies, parce qu'elles lui appartenaient. »

Oui, pour nous tous, c'est si loin, si loin! Mais on peut avancer que tous les artistes de Montmartre, cerveau du Monde! et les artistes d'autres lieux sont venus chez la Segattori. Et je vous y ai rencontré George Auriol; et, près de nous, tout à côté de nous, nous vîmes Rollinat, Alphonse Allais, Haraucourt (si sérieux maintenant, j'espère!), Steinlein, Caran d'Ache, Forain, et vous tous, Carabin, Lautrec, Zandomeneghi le fier Vénitien! Goeneutte, Willette, etc., etc. Nous aimions tant les samedis d'automne et d'hiver, les « Veillées hivernales de la Butte » que nous devions au bon Pille, ce cher bohème. Mais ce fut, je crois, Hoschedé qui eut l'idée, en même temps, « des concerts tziganes » (*sic*), qui débutaient toujours par un énorme coup de cymbalum, vers huit heures et demie de la nuit. O plaisants souvenirs!

C'est chez la Segattori que je vis pour la première fois Vincent. Il était vêtu d'une cotte d'ouvrier; et il parlait avec véhémence. L'ami avec lequel il buvait, somnolait, lui; et il se secouait parfois, tellement Vincent lui jetait en pleine figure ses opinions.

En creusant dans toute ma mémoire, je revois un homme à l'air irascible, braque, et qui était là vraiment comme un peu en dehors de nous tous.

Mais, bientôt, ayant gagné les bonnes grâces de la Segattori, il accrocha aux murs du cabaret un certain nombre de ses tableaux; et cet ensemble nous causa à tous une irritante surprise. Une réelle personnalité, une étrangeté tout à fait inédite, s'accusaient dans ces toiles. Les unes étaient « pointillistes », les autres déjà pleines de cette originale violence qui allait se développer si vite. Je ne puis pas, certes, me vanter de les avoir mieux comprises alors que tous les peintres qui venaient chez la Segattori. Mais je sais bien que je les ai considérées, ces toiles, avec une bizarre émotion. Elles affirmaient tant de vie nouvelle, tant de volonté réalisée, que je voulus les revoir un peu plus tard — ces toiles-là et d'autres — chez Tanguy, où elles furent hospitalisées tout à fait, quand Vincent — cela devait ainsi finir! — se fâcha avec la Segattori, déjà aux prises avec un autre amoureux.

Je revis une autre fois Vincent, dans une maison close de la rue de Steinkerque, au coin du boulevard Rochechouart, en face le bal de l'Elysée-Montmartre. Cette maison, démolie en 1893, enterrée sous les fleurs d'une fantaisie rimée de Raoul Ponchon, s'appelait le *Perroquet gris*.

On s'y réunissait comme dans un café. Ce lupanar avait été fondé en 1860 par Bibi Malard, dit le père des garces.

En vérité, elles l'adoraient. Il leur faisait placer leurs économies; acheter, au bout de quelques années de bons services, des petites propriétés. Bon père de famille, car il avait femme et enfant, il habitait très bourgeoisement, l'hiver, rue d'Orsel, à Montmartre; tandis que, l'été, il regagnait vite l'île de Beauté, à Nogent-sur-Marne, — où il vivait là également chéri des filles et des barbeaux qui venaient en « suer une » chez Convers. La maison à Paris restait alors aux mains d'une caissière sûre.

Vers 1880, se présenta un acquéreur, un nommé Gabriel Hominal, dit Vermicelle. Bibi Malard vendit, en pleurant, sa maison; les adieux à ses filles furent déchirants; et il partit enfouir son chagrin dans son nouveau « château », niché dans les arbres, à Brunoy. Bibi Malard avait des instincts bucoliques. Il regretta longtemps ses nymphes; et il mourut pieusement, après avoir donné une grosse partie de sa fortune à un couvent. Gabriel Hominal, dit Vermicelle, lui, fut plus dur; et, petit empereur des maisons closes, il en posséda plusieurs en même temps, le cœur léger.

Vincent, rencontré au *Perroquet gris*, je me flatte bien, cette fois, après toute la curiosité qu'avaient éveillée en moi ses toiles, de l'avoir considéré avec un vif intérêt. Il était pour moi tellement éloigné des traditions de cette Ecole des Beaux-Arts, où je menais alors la vie bête d'un disciple de M. Guadet; et je crois bien que, ce soir-là, je suis resté, comme Vincent, à attendre je ne sais quoi devant les verres de bière qu'on nous servait, et qui nous permettaient de bavarder, tandis que les filles secouaient, de leur galop précipité, l'escalier des chambres.

Vincent, à Paris, fut d'abord, pour la première fois de sa vie, comme dans une sorte de contentement qui se renouvela.

Son frère le conduisit tout de suite boulevard Montmartre; et, là, il lui présenta les tableaux des Impressionnistes, qu'il essayait de vendre, malgré l'opposition de Boussod et Valadon. Quelle révélation ce fut pour Vincent : Monet, Renoir, Sisley, Guillaumin, toute la peinture claire, vibrante, en mouvement par ces hachures qui faisaient comme tourbillonner les couleurs! Vincent en fut accablé. Puis, ce moment de stupeur passé, il s'indigna quand Théo lui apprit que cette peinture neuve, après avoir chassé tous les bitumes, tous les jus, tous les noirs, ne se vendait pas. Un seul amateur, Maurice Leclanché, lui avait un jour acheté deux pastels de Degas, en promettant de revenir; et Maurice Leclanché était du coup devenu légendaire dans la maison Boussod et Valadon. On répétait le nom de cet amateur qui avait acheté des Degas!

Vincent avait soif de tout voir. En même temps qu'il travaillait rageusement, il courait, pour se reposer, au Musée du Louvre; et là, il restait des heures, prostré, devant les tableaux d'Eugène Delacroix. Il fallait donc modifier toute sa palette, bannir toutes les couleurs sombres, pour ne garder que des couleurs claires, ardentes. Etant allé un jour également, conduit par Théo, chez Delarbeyrette, il laissa crier tout son enthousiasme.

Ce Delarbeyrette, marchand de tableaux, de Montmartre était venu s'établir rue de Provence. Il possédait un grand nombre de tableaux de Monticelli, peintre marseillais tout à fait inconnu des amateurs, et à peine mieux estimé aujourd'hui.

On découvrait là des portraits, des scènes dans des parcs, des fleurs. Vincent considéra longuement ces derniers tableaux, qui fulguraient comme des explosions de couleurs. Après Delacroix, après les Impressionnistes, Monticelli. Il changea définitivement sa façon de peindre.

Il travailla alors avec plus de fureur; et son caractère, à la suite de ce surmenage, sauta vers le pire. Vincent redevint, comme à Nuenen, emporté, terrible, discutant jusqu'à l'épuisement, obligeant Théo à supporter ses plus lassantes colères. Théo, pour retrouver le calme, voulut lui faire connaître des artistes; et il le présenta d'abord à Gauguin.

Gauguin, aussi, n'était point aimable. Sa dure vie, la complexité de ses projets, tout ce qu'il voulait être et tout ce qu'il n'était pas, tout cela le rendait plutôt amer. Charles Morice, son ami, celui qui a le mieux connu le peintre de Tahiti, a gravé de Gauguin un portrait, complet et expressif, dont je vais reproduire ici les aspects caractéristiques :

« Paul Gauguin. Un grand visage osseux et massif, au front étroit, au nez non pas courbé, non pas busqué, mais comme cassé, avec une bouche aux lèvres minces et sans inflexion, avec des paupières lourdes qui se soulevaient paresseusement sur des yeux un peu saillants, dont les prunelles bleuâtres circulaient dans leurs orbites pour regarder à gauche ou à droite, sans que le buste et la tête, presque, prissent la peine de se déplacer.

« Il y avait peu de charme chez cet inconnu, pourtant, il attirait, par une très personnelle expression mêlée de noblesse hautaine, évidemment native, et d'une simplicité qui confinait à la trivialité; on s'apercevait vite que ce mélange signifiait la force : l'aristocratie se retrempait dans le peuple. Et si la grâce manquait, le sourire, qui, pourtant, convenait mal à ces lèvres aux lignes trop droites, trop minces, — en se détendant, elles semblaient regretter et démentir comme une faiblesse l'aveu de la gaîté, — le sourire de Gauguin n'en avait pas moins une douceur étrangement ingénue. Surtout, cette tête devenait très belle dans la gravité, quand elle s'éclairait, cédant à l'ardeur de la discussion, des rayons, soudain devenus intensément bleus, jaillis des yeux...

« .....Et la personnalité si tranchée de l'homme, la carrure de ses théories et de ses épaules, l'intuition incisive de son regard, l'incorrection savoureuse de sa parole où l'argot maritime et l'argot d'atelier habillaient étrangement des idées d'une pureté, d'une noblesse absolue...

« .....Cependant le menton court, le nez aux ailes très fines et sans cesse palpitantes, l'expression amère de la bouche...

« .....Oui, la puissance, tel était bien le caractère principal empreint dans tout son être, une force noble qui justifiait une prétention visible à la tyrannie... »

Gauguin! Encore ce raccourci physique : Fine moustache, barbe très courte, yeux très expressifs, front bas, cheveux longs. Haute stature.

Charles Morice dit également :

« .....Et dans la rue, marchant de son pas d'ancien matelot, lourd, balancé, et sûr, à travers la foule parisienne, il parlait peu, visiblement obsédé par tout ce mouvement incohérent, tâchant d'occuper ailleurs sa pensée. Mais il n'échappait pas à la curiosité des passants, que ses dehors étonnaient. Il avait composé, inventé son costume en haine, peut-on dire, du normal costume moderne, — ce costume bizarre qu'a si pittoresquement décrit Armand Seguin : « Ce bonnet d'astrakan, cette énorme houppelande bleu foncé que maintenaient des ciselures précieuses, et sous lesquels il apparaissait aux Parisiens un Magyar somptueux et gigantesque, un Rembrandt de 1635, lorsqu'il allait lentement, gravement, s'appuyant de sa main gantée de blanc, cerclée d'argent, sur la canne qu'il avait décorée ».

Vincent, assurément, dut, d'abord, considérer avec étonnement un tel homme. Et il est vraisemblable de supposer que toute sa déférence, tout son respect — Vincent exaltait ses attitudes — furent nécessaires, pour que Gauguin consentît à jouer, auprès de lui, Vincent, un peu ce rôle de protecteur qu'on lui verra développer, avec trop d'orgueil, à Arles.

Ensemble, ils visitèrent des peintres et surtout Guillaumin.

Guillaumin habitait 13, quai d'Anjou, dans l'ancien atelier du père Daubigny; et il devait rester dix-huit ans dans cette charmante et grave île Saint-Louis.

Que de souvenirs pour nous, cette île si somnolente, autrefois si opulente, et qui offre maintenant ses vieux hôtels aux artistes et aux maçons du Limousin. C'est là que j'ai vécu en si parfaite amitié avec Maurice Beaubourg et Charles-Louis Philippe, deux purs écrivains. C'est là que, tant de fois, j'ai regardé la baignade du quai des Célestins, où l'on conduit chevaux, chiens et ânes. De la fenêtre d'une autre maison, Daumier avait contemplé les blanchisseuses qui remontent, le linge aux hanches, des bateaux-lavoirs.

Il était allé aussi dans les estaminets des rues des Deux-Ponts et de l'Ile-Saint-Louis pour nous enchanter avec les mœurs des petits bourgeois, occupés à une partie de billard ou à remuer des dominos. Il avait vu, avec un large rire, des baigneurs leurs grosses bedaines ou leurs squelettes en arêtes de poisson. Comme tout cela est encore vivant dans cette île, où la Seine, même, a l'air de s'attarder et de rêver !

Vincent connut Guillaumin par le père Portier, le marchand de tableaux, qui habitait également au 54 de la rue Lepic, au premier étage.

Un jour, Portier avait montré à Guillaumin des dessins et des peintures de Vincent, déposés là par Théo.

Guillaumin admira ces œuvres si expressives. Portier le conduisit alors au troisième étage; et ils trouvèrent Vincent en train de peindre *Les Livres* ou *Romans parisiens*, la célèbre toile toute jaune, aux livres épars, fleurie d'une rose dans un verre.

Brave père Portier ! Il offrait en vente des tableaux de Delacroix, de Daumier, de Cézanne, de Corot, de Manet, de Renoir, de Sisley, et bien d'autres œuvres rares.

Ah ! qu'il ressemblait peu aux actuels négriers de la peinture ! Il fut un autre Saint-Vincent de Paul. Il ne se montra jamais cupide. Je le connus vers la fin de sa vie, — petit vieux qui souffrait d'une maladie chronique de l'estomac.

Vincent alla souvent au quai d'Anjou, chez Guillaumin.

Guillaumin a conservé le souvenir d'un Van Gogh

NATURE MORTE A LA BOUGIE.

s'emportant tout de suite en discutant (Il lui rappelait *Le Tasse chez les fous*, de Delacroix). Vincent se déshabillait, se mettait à genoux pour mieux s'expliquer, et rien ne le pouvait calmer. Aussi Guillaumin se tenait toujours sur le qui-vive.

Un jour, Vincent aperçoit chez Guillaumin des toiles qui représentent en divers mouvements des *Déchargeurs de sable*; tout d'un coup, il devient furieux, criant que les mouvements sont faux; et, il se met à sauter par l'atelier, à remuer une pelle imaginaire, à lever et à baisser les bras, à esquisser tous les gestes qu'il estime valables.

Et le soir, son exaltation étant rarement apaisée, son frère devenait son souffre-douleur. Pour se consoler, Théo se contentait, par lettre, de se plaindre doucement auprès de l'une de ses sœurs.

Par son emploi de vendeur chez Boussod et Valadon, dans ce magasin du boulevard Montmartre, où il pouvait tout de même faire pénétrer quelques révolutionnaires, — mais il devait parler d'eux avec la plus absolue réserve! — Théo était recherché des jeunes peintres et des plus âgés que l'art officiel empêchait de vivre; et, souvent, le dimanche, on le venait voir rue Lepic, où il recouvrait son entière liberté. Les premières fois, tout alla à peu près bien avec Vincent; mais, bientôt, il ne se contint plus, et il se disputa avec presque tous les visiteurs. En vain Théo lui recommandait le calme. Il lui disait que lui, tout le premier, Vincent, il désirait toujours connaître des peintres, au besoin travailler avec eux. Comment alors les appeler — et surtout les retenir, si les colères de Nuenen recommençaient toutes? Les débats entre les deux frères n'en finissaient plus, entamés sur ce terrain-là; et Théo, qui s'écœurait tant de vendre de mauvais tableaux, en venait à se hâter de regagner sa morne galerie, pour retrouver enfin un peu de tranquillité.

Il souffrait aussi d'une autre manière. Il se montrait ordonné; il eût aimé les choses en place, et à veiller à la propreté de son appartement. Or, Vincent avait conservé toutes ses habitudes. Dans son petit atelier, à Paris, tout était sens dessus dessous, comme cela avait été là-bas; et il apportait par surcroît, dans les autres chambres, le même goût du désordre. Théo n'osait plus le lui reprocher; et quant à abandonner ce frère aîné, si coléreux, si désordonné, et si tyrannique, cette pensée ne lui venait pas. Il admirait Vincent; et cela lui donnait tout le courage de vivre avec lui, jusqu'à la fin, jusqu'à une séparation, qui, sans brusquerie, s'accomplirait peut-être un jour.

Au printemps de 1887, Vincent avait connu le père Tanguy. Théo depuis longtemps allait chez ce marchand, qui recueillait dans sa boutique des tableaux de Cézanne, de Pissarro, de Gauguin, de Guillaumin, de Renoir et de quelques autres peintres qu'on injuriait à cette époque. Il pourrait aussi vendre des tableaux de Vincent.

Certes, on a ressassé l'histoire de ce père Tanguy, né en 1825, venu de Bretagne à Paris; et qui, employé d'abord à la Compagnie des chemins de fer de l'Ouest, en 1860, entra ensuite comme broyeur de couleurs pour artistes dans la maison Edouard.

Un jour, l'idée lui vint de quitter son emploi et de

vendre lui-même des couleurs, *sur le motif*, aux peintres qui campaient à Louveciennes, à Argenteuil, à Pontoise et à Auvers. Ainsi, il connut Cézanne, Pissarro, Monet, Cordey, Vignon, Guillaumin, Renoir, etc. En 1871, il fut dénoncé comme fédéré par un curé de Montmartre qu'il avait recueilli ; et, sur le point d'être fusillé à Satory, il ne dut son salut qu'à l'intervention d'Henri Rouart, ancien officier d'artillerie, clairvoyant collectionneur et opulent industriel.

A peine assagi, il s'installa alors, à Paris, marchand de couleurs, dans la petite rue Clauzel, vers le haut de la rue des Martyrs. C'est là que se présenta Vincent, dans cette boutique peinte en bleu, où Tanguy avait réuni les peintres de l'*Ecole*. Il appelait ainsi le groupe des peintres qu'il admirait, et Cézanne en était le chef.

Vincent, chez Tanguy, connut encore les peintres Emile Bernard et Paul Signac. De temps en temps, Tanguy mettait en montre des toiles de ces deux jeunes peintres. Bientôt, Vincent se vit exposé à son tour.

Honorable père Tanguy ! Le succès ne lui vint pas ; mais, aussi bien, il se contentait de peu. Gardant de toutes ses forces ses idées humanitaires, et homme robuste, il n'avait pas de besoins.

« Un homme, répétait-il, qui vit avec plus de cinquante centimes par jour, c'est une canaille ! »

Et lui-même ne vivait que de pain trempé dans du lait.

A sa mort, en février 1894, une vente organisée à l'Hôtel Drouot rapporta à peine dix mille francs à sa veuve et à ses enfants. La spéculation opère mieux depuis !

Vincent fit plusieurs fois le portrait du père Tanguy. L'un de ces portraits (sur un fond d'estampes japonaises) appartient au Musée Rodin. Ce sculpteur l'acheta sur les vives objurgations de Mirbeau ; mais il ne l'estima jamais. Rodin ne comprenait rien à la peinture. Un autre portrait du père Tanguy figura dans une vente de la collection Mirbeau.

Par les beaux jours, Vincent travaillait en plein air ; et souvent il s'en allait avec Paul Signac. Celui-ci a un jour fixé pour ce livre ce bref souvenir :

« Oui, j'ai connu, écrit Signac, Van Gogh chez le père Tanguy. Je le rencontrai d'autres fois à Asnières et à Saint-Ouen ; on peignait sur les berges ; on déjeunait à la guinguette et on revenait à pied à Paris, par les avenues de Saint-Ouen et de Clichy. Van Gogh, vêtu d'une cotte bleue de zingueur, avait peint sur les manches des petits points de couleur. Collé tout près de moi, il criait, il gesticulait, brandissant sa grande toile de 3o toute fraîche : et il en polychromait lui-même et les passants. »

Au chapitre d'Arles, je donnerai la suite de cette lettre, qui montrera quel estimable ami fut pour Vincent Paul Signac.

Vincent admirait Georges Seurat. Il fut à un moment subjugué par la division du ton ; et c'est ainsi qu'il peignit *Le pont d'Asnières* et quelques autres toiles.

Pour placer ici Vincent au milieu des deux peintres jeunes qu'il préféra, Gauguin et Seurat, j'ai interrogé, parmi les peintres et les littérateurs, ceux qui ont bien connu Seurat. J'ai choisi dans les réponses qui me furent adressées ; et en voici deux, en commençant par une amusante lettre de Maurice Beaubourg :

« J'ai connu Seurat, écrit-il, à la Grande-Jatte, à l'époque où je faisais du canot (*Les âmes de verre des Nouvelles Passionnées*). J'allais même entre cette Grande-Jatte et Joinville-le-Pont, ce qui me faisait traverser Paris la nuit.

« Mon canot était garé à cette Grande-Jatte, ce qui fait que je m'y rendais souvent.

« En venant de Paris, on tournait à droite dans l'île, et à peu près à l'endroit où on a pied, et où l'on se baigne le dimanche, à mi-chemin entre le pont Bineau et la pointe Nord de l'île, sur le grand bras regardant Courbevoie et Asnières, on voyait souvent Seurat peignant.

« C'était un grand garçon, plutôt brun, coloré, hâlé, aux cheveux presque en brosse.

« Il me confiait avec tristesse que tous les gamins qui se baignaient ou rôdaient par là, après avoir regardé sa peinture « pointilliste » (*Pardon, Signac ! Beaubourg eût dû dire « divisionniste » n'est-ce pas ?*) prenaient des pierres, n'y comprenant rien, et lui crevaient ses toiles. Il eut ainsi plusieurs toiles crevées. Il recommençait et on les recrevait.

« Parfois, nous revenions à Paris ensemble hélant un passeur, et allant prendre le train à Asnières. Là nous montions sur l'impériale du train, et il m'exposait ses théories, purement scientifiques, sur l'art de la peinture. Ce fut le plus grand technicien de l'art pointilliste. Je ne sais ce qu'il aurait donné comme peintre s'il avait vécu. Mais je sais très bien ce que des gens comme Signac et Luce, et je crois bien même Claude Monet, doivent à ses études et à ses théories. Un précurseur !

« Nous descendions à la gare Saint-Lazare ensemble, et il me semble que je l'accompagnais jusque vers la rue de Chabrol, où il devait demeurer.

« Très digne, modeste et simple. Mais imbu à un tel point de la nécessité et de la suffisance de la science et de la chimie dans l'art, que j'en restais ébaubi.

« Si vous faites jamais un livre sur Yvette Guilbert, j'ai d'autres souvenirs sur elle datant également de la Grande-

Jatte. On ne lui crevait pas ses toiles, mais mon gareur-constructeur d'embarcations, l'arrosait avec une pompe, comme involontairement, ainsi que deux de ses amies.

« Elle était aussi indignée que Seurat.

« Ils ont fondé à eux deux « l'Ecole de la Grande-Jatte » remarquable par ses procédés scientifiques (chimiques ou mécaniques) dans la peinture et dans la chanson. »

Le peintre Charles Angrand, un des membres fondateurs de la Société des Artistes Indépendants, un admirable peintre de la vie rustique, retiré maintenant si sagement à Rouen, m'a adressé, lui, une lettre plus grave. La voici tout entière :

« Sur Seurat, mes souvenirs sont copieux et vivants. Je ne fus pas longtemps sans faire sa connaissance après 1884, par Signac, je pense. Tout cela est loin et sous la grisaille du temps. Cependant je me rappelle l'avoir accompagné chez sa mère et vu alors sur son mur nombre de ces dessins noirs — *Le dîneur* par exemple — qui furent ses premières études.

« Je le trouvais régulièrement aux soirées de Signac, 20, avenue de Clichy, avec Kahn, Ajalbert, Adam, Dubois-Pillet, Régnier, etc. Je l'ai fréquenté ensuite dans son atelier du boulevard de Clichy, atelier tout voisin de celui qu'occupa un instant Signac avant de s'en aller au Castel Bérenger. Il s'y plaignait d'un éclairage qui avait les variations mêmes du ciel. Au mur, en des cadres rapprochés, quantité de ces petites études de boîte à pouce, qui étaient surtout sa joie, disait-il. Et sur le parquet cette banquette qu'on voit dans *Les Poseuses*, qui d'ailleurs furent peintes en ce décor presque nu, — de même que *La Femme qui se poudre.*

« En 1888, souvent je suis descendu travailler à la Grande-Jatte à côté de lui. Comme l'herbe d'été vigoureuse devenait haute sur la berge et l'empêchait de voir une barque qu'il avait mise au tout premier plan — et qu'il se plaignait de ce contre-temps — je fus lui rendre ce service de couper cette herbe ; car je ne suis pas loin de penser qu'il allait sacrifier sa barque. Cependant il n'était pas esclave de la nature, oh ! non ; mais il en était respectueux, n'étant point imaginatif. Son souci portait surtout sur les tons, les teintes et leurs réactions.

« C'est à cette époque aussi que fut peint — et à deux pas — le motif au soleil, toile de 25 également, — où un arbre en clair hausse son feuillage en éventail, eau bleue, ciel bleu, dont j'ai l'esquisse.

« Seurat fumait en travaillant une pipette que je qualifiais de pipette de premier communiant. Elle était mignonne et en bois. En m'apercevant venir, il ne lâchait l'outil que pour me tendre la main.

« Et silencieux comme à l'accoutumée, il se remettait à travailler l'œil mi-clos.

« Sur sa palette un ordre toujours observé : trois bâtons de blanc près du pouce séparément affectés aux mélanges avec les trois colorations primaires.

« La journée faite nous quittions le bout de l'île par le bac de l'Artilleur qui pour deux sous nous mettait sur le boulevard de Courbevoie, récemment créé le long du fleuve. On venait d'y planter des arbres. Et Seurat se complaisait à me faire bien voir que leur tête verte sur le ciel gris s'auréolait de rose. Nous rentrions, je crois, par la porte Champerret, l'avenue de Villiers et il me quittait devant Chaptal, ou j'étais suppléant. Nous savons que couramment — et légitimement d'ailleurs — il disait : ma méthode. Nous en causions souvent vous le devinez. Il m'ajoutait : Ils — c'étaient les littérateurs et critiques — ils voient de la poésie dans ce que je fais. Non, j'applique ma méthode et c'est tout. Son point de vue n'était-il pas sensé ? La poésie — n'est-ce pas l'impondérable ?

« J'ai conservé mémoire encore d'un après-midi de causerie en son atelier du Passage. Il travaillait au *Cirque*. Poussé je ne sais pourquoi — j'objectais devant ses raffinements théoriques — car des harmonies binaires on passait aux ternaires — et les lignes suivaient les couleurs, quand saisissant son escabeau — comme pièce démonstrative —

cet homme plutôt silencieux et embarrassé devint tout de suite éloquent — de l'éloquence des convaincus. Ce mouvement me frappa singulièrement.

« Hélas, notre dernière entrevue eut lieu le lundi ou même le mardi — devant Pàques 1891 — semaine qui lui fut fatale. Nous étions au Pavillon de la ville de Paris dans la salle du fond — sur un banc quand Puvis avec une femme entra. Il regarda au voisinage de la porte d'entrée — les dessins de Denis pour *Sagesse* — fit le tour lentement. — Il va s'apercevoir me dit Seurat de la faute que j'ai faite dans mon cheval — tableau du *Cirque* — mais Puvis passa sans s'arrêter. — Et ce lui fut une déception cruelle.

« Le jeudi je partais pour Criquetot-en-Caux. Le mardi le facteur mettait un faire-part sur la table. — J'ouvris — Seurat — je pensai à quelqu'un des siens — mais non — il y avait artiste-peintre... Je demandai à nos invités la permission de les quitter un instant. — Il était trois heures et je courus à la gare de Motteville dans l'espoir d'un journal — la bibliothèque était close. — Je revins presque dans la nuit fort triste et ne sachant qu'imaginer. — Je sus d'ailleurs en rentrant à Paris que sa mort n'avait point été commentée dans la presse.

« Voilà ce que je puis vous dire. C'est peut-être peu. Mais qu'ajouteraient une information dans sa façon matérielle de peindre, des réflexions sur le discord relatif de ses paysages et de ses tableaux composés — où il fut démonstratif. Il ne le serait certainement pas resté. Conservant sa méthode, sa très limpide et féconde méthode, il eût reconquis sa liberté — grâce à laquelle déjà il avait réalisé d'absolument beaux paysages — de belle matière et de haute expression. »

J'ai fait parler, avec détails, de Seurat parce que Vincent garda pour lui sa vive admiration. Dans ses lettres à son frère, étant à Arles, il parlera souvent des toiles de Seurat. Théo, sur sa prière pressante, achètera même un tableau de ce peintre ; et Vincent

PHOTO DRUET

LE RESTAURANT DE LA SIRÈNE, A ASNIÈRES.

en désirera un autre. Enfin, en 1905, au Salon des Indépendants, n'organisa-t-on pas ensemble les deux rétrospectives Georges Seurat et Vincent Van Gogh ?

Asnières, la Grande-Jatte ! C'était, en 1886, la florissante époque du canotage. Vincent alla donc dans la grande île, attiré comme Seurat et les autres peintres ; et il peignit les restaurants des dimanches, des bateaux et des guinguettes pavoisées de drapeaux.

A ce moment, pris de frénésie maritime, on baptisait de paisibles « embarcations » de toute nature : l'*Ariel*, l'*Amphitrite*, le *Météore,* le *Véloce,* le *Triton,* le *Dard,* le *Marsouin,* le *Flambard,* l'*Éclair,* le *Neptune,* le *Redoutable*, le *Duc de Framboisie.*

On avait fondé le cercle nautique d'Asnières, en copiant l'organisation du canotage en Angleterre. On portait le maillot blanc, le pantalon de flanelle et le chapeau de paille bordé de bleu clair. Le dimanche, nagaient des « embarcations sérieuses », des yoles-gigs, des outriggers et des skiffs.

Mais, naturellement, c'étaient les « chicards » et les « frituriers », les canotiers rigoleurs, qui ravageaient surtout Asnières de leurs cris. Ils embarquaient avec des fanfares, avec des canotières en vareuse, à béret anglais, aux jupes bouffantes, aux faux-culs de l'époque ; et toute cette flottille tout le jour hurlait, en attendant d'aller gigoter au bal de la Sirène. Toute la soirée, les cafés regorgeaient de ces grenouillards. Mais, lui, Vincent, il devait se contenter de peindre ou de dessiner de l'extérieur ces temples de la turbulente bamboche, qui battait surtout son plein sous les tonnelles de Gratiot. Il ne se glissait guère que chez le père Perruchot, qui tenait un restaurant modeste, où l'on sifflait, à prix très abordable, un petit reginglard des coteaux de Suresnes.

Aujourd'hui, tout cela ne vit plus. Il ne reste que le maigre feu d'artifice que tirent dominicalement quelques canotiers. La Grande-Jatte est une île misérable, envahie par des hangars d'aviation, par des cabanes et des cabarets. Asnières est mort; morts aussi les flambards de la Seine qui secouaient de longs frissons de joie les rives!

Vincent, en cet été de 1887, réalisa beaucoup de tableaux de la Seine, à Suresnes, à Bougival et à Chatou. Il portait tout son matériel sur lui; et il revenait avec une ou deux toiles — ou encore avec une série de petits paysages peints sur une seule toile. Il avait déjà renoncé à la division du ton instaurée par Seurat. Sa hâte de travail, son besoin de foncer dans la toile et de la terminer vite, n'auraient pu s'accommoder longtemps de cette manière de peindre qui nécessitait, en somme, beaucoup de patience et de minutie.

Vincent, quelquefois, après avoir peint un portrait de lui-même ou des fleurs, partait pour visiter de nouveau des peintres. Un jour, il apporta ainsi dans l'atelier de Lautrec une de ses toiles, et l'ayant placée en vue, dans un coin de l'atelier, il ne dit pas un mot. Il attendait. Lautrec tout de suite s'intéressa à la toile; mais d'autres peintres venus en visite ne la regardèrent pas. Il est vrai que c'était une œuvre nettement « pointilliste ». Vincent l'avait prise chez lui, dans l'amas de ses études, au hasard.

Par Théo, qui cherchait sans cesse à le faire connaître davantage, Vincent alla également chez les marchands de tableaux Martin et Thomas.

Le premier était un ancien maçon de Louveciennes devenu marchand de tableaux, parce qu'il avait connu Jongkind et Corot, en quête de « motifs » dans son pays. S'il se contentait d'un petit bénéfice, il n'était pas scrupuleux; car il lui arrivait souvent de faire repeindre les toiles qu'il achetait. Ainsi Guillaumin fut appelé un jour par lui pour « resigner » deux de ses paysages si complètement repeints qu'on ne voyait plus la signature; et Guillaumin, ayant refusé de signer le travail d'un autre, le père Martin ne lui acheta plus rien. Le pauvre Vignon, plus faible, dont le père Martin faisait régulièrement retoucher les toiles par un nommé Bataille, répétait tristement : « C'est ennuyeux, j'ai encore vu des tableaux de moi, signés par moi, et peints par Bataille ! »

Le père Martin avait débuté rue Mogador, à l'angle de la rue de Provence. Il vint ensuite rue Laffitte, puis rue Saint-Georges où il prit un entresol. Il possédait une seule pièce et une cuisine, et, très souvent, des tableaux superbes là-dedans. C'est lui qui disait à Rouart, son principal acheteur : « Attendez! j'ai quelque chose de beau pour vous! » et frottant, de sa manche sale, la toile promise, il l'étalait contre un meuble ou contre son poêle — éteint — qui encombrait tout un coin de la pièce. Vincent n'eût sans doute pas à se plaindre de ce marchand; car il peignit un jour le portrait de sa fille, portrait qui rappelle un Renoir ancien.

Le père Thomas tenait, lui, boutique plus confortable. Autre origine inattendue : c'était un ancien marchand de vins à Bercy. Il avait naturellement dans sa clientèle les négociants de l'Entrepôt. Il débuta boulevard Malesherbes. Il se révéla clairvoyant et audacieux. Il aimait à mettre dans sa vitrine d'extraordinaires tableaux qui figeaient de stupeur les passants; et il s'en égayait.

Vincent exposa chez tous ces marchands; chez Martin, Thomas, Tanguy et Portier. Il envoya même un ou deux tableaux dans la salle de la location au Théâtre-Libre. Il exposa enfin, nous l'avons dit, chez la Segattori et, plus tard, dans un restaurant populaire de l'avenue de Clichy. Comme suite aux « grands Impressionnistes du grand boulevard » (boulevard Montmartre, chez son frère Théo), il appelait grands Impressionnistes : Monet, Degas, Renoir, Sisley, Pissarro, Guillaumin, — il voulut réunir, dans le dit restaurant, les peintres du « petit boulevard », c'est-à-dire Emile Bernard, Anquetin, Lautrec et lui, Vincent. Mais partout son caractère ombrageux fit que ses expositions tournèrent mal.

Un goût qu'il manifesta bientôt, ce fut le goût des « échanges ». Échanger un tableau de lui contre un tableau qu'il aimait; et il parlait de cela à tous les peintres qu'il connaissait.

« J'ai depuis longtemps été touché, écrivait-il à Emile Bernard, de ce que les artistes Japonais ont pratiqué très souvent l'échange entre eux. Cela prouve bien qu'ils s'aimaient et se tenaient, et qu'il régnait une certaine harmonie entre eux; qu'ils vivaient justement dans une sorte de vie fraternelle, naturellement, et non pas dans les intrigues. Plus nous leur ressemblerons sous cet aspect-là, mieux l'on s'en trouvera. »

A ce propos, Charles Angrand me disait un jour :

« Sur Van Gogh j'ai très peu de souvenirs. Sans doute, nous nous sommes trouvés parfois chez le père Tanguy ; mais ce qui m'est resté le mieux en mémoire, c'est la visite qu'il me fit certaine fin de novembre au Collège Chaptal. Je ne pouvais que le recevoir au café. Je me souviens qu'il ne voulut rien boire. Il venait surtout m'entretenir d'échange. Ce fut je crois un instant sa manie, j'avais chez le père Tanguy à l'époque une toile fort empâtée : *Une femme suivie de poules;* est-ce cette lourdeur de pâte qui l'avait séduit ? Il dut quitter Paris un peu après. En tous cas nous n'avons pas donné suite. J'ai mieux connu son frère que lui-même. »

Ces échanges, cette « manie » donc, si l'on veut, restèrent une des préoccupations de Vincent. Mais autre chose comptera davantage : son violent désir d'augmenter sans cesse sa collection d'estampes japonaises.

Pour la première fois, il les avait découvertes chez Bing, rue de Provence. Mais c'est à Théodore Duret et à Cernuschi, que revient l'honneur d'avoir, au cours d'un voyage au Japon en 1871-1872, rapporté en France les premiers livres illustrés par les Japonais et leurs premières estampes. Puis MM. Bing et Hayashi, ayant voulu, à leur tour, faire connaître cet art japonais si étrange et si neuf, avaient acheté au Japon en grand nombre les fameux crépons qui devaient fouailler Vincent.

Figures, intérieurs, paysages, scènes de mœurs, batailles, marines, animaux, fleurs, acteurs, etc., tout était représenté d'une manière aisée, vivante, —

extraordinaire pinceau qui jamais ne se reprenait, — par une pléiade d'admirables dessinateurs.

C'était Ishigawa Moronobou, illustrant des *poésies comiques, le quartier du Yoshiwara* ou quartier des courtisanes à Yédo, dessinant *les mœurs et coutumes du Japon*, des *albums de fleurs et d'oiseaux*, des *rochers et des arbres, les beaux hommes et les belles femmes du Japon*; et il illustrait encore, d'une manière intensément pittoresque : *Cent femmes du Japon, l'histoire de la famille Soga* ou bien encore *la jeunesse de la courtisane Tora d'Oïso*; — c'était Okomoura Massanobou, représentant avec humour des personnages gonflés de leur dignité, des femmes .d'un savoureux style et d'un charme précieux; c'était Nishigawa Soukénobou, se cantonnant dans les livres illustrés, mais dessinant *figures, paysages, costumes, jeux et romans historiques*; puis venaient Tsoukioka Tanghé, avec ses illustrations de *scènes historiques guerrières*; Souzouki Haronobou, un artiste raffiné qui illustra toutes *les merveilles du monde, les adorables femmes ingénues*; et Torii Kyonaga, dont les figures sont des arabesques robustes et souples.

Mais il fallait un dessinateur pour la représentation des *acteurs* et des *scènes de théâtre* que le peuple japonais adorait. Katsougawa Shounshô vint; et il multiplia les livres illustrés et les estampes. Ses *éventails du théâtre illustré (portraits de comédiens de Yédo)* sont célèbres et d'un attrait unique.

Avec Kitagawa Outamaro, nous eûmes un des maîtres de l'estampe en couleur. Celui-là a été le dessinateur et le peintre de la Femme. Il l'a adorée plastiquement et charnellement. Aussi, les femmes qu'il a représentées sont-elles d'ardentes amoureuses ou de languissantes chattes. Le goût de la luxure est exaspéré ici jusqu'à l'épuisement. Son *Annuaire des Maisons vertes* (vie complète des courtisanes du Yoshiwara) est un total développement de l'amour par un dessinateur d'une magnifique puissance et d'une incroyable séduction.

Mais également Outagawa Toyokouni, l'autre dessinateur des *figures d'acteurs* et des *scènes de théâtre*, attira Vincent. Il garda longtemps des estampes de cet imagier de Yédo, qui illustra aussi des romans et des poésies.

Kitao Massayoshi, lui, dessina, tout ce qui vit sur la terre : et, s'il se contentait de la manière la plus sommaire, il cherchait toujours le « caractère » dans la plus extrême simplicité. Ce fut encore un artiste de Yédo.

Puis, pêle-mêle, on remuait, chez Bing, d'autres estampes de Kounissada, de Keisaï Yesen et de Kounioshi.

Sur le dessus de la corbeille, s'offrait toutefois Hiroshighé, le merveilleux maître du paysage. Celui-ci avait déjà aiguillé sur ses découvertes picturales le groupe impressionniste, Claude Monet, surtout, qui ne devait plus cesser de l'admirer.

Enfin, après tant d'autres artistes japonais, la large porte du triomphe s'ouvrait devant Hokousaï, « le vieillard fou de dessin », le dieu de l'art japonais. Celui-là a vraiment tout interprété et tout marqué de son impériale griffe ; et, cependant, il ne fut guère honoré de son vivant. Comme Rembrandt, il mourut pauvre, sans « honneurs officiels » ; tant la bêtise domine le monde !

Vincent délira devant toutes ces estampes et tous ces livres illustrés si originaux.

Sa sensibilité s'imprégna de ce dessin qui suit toute forme, qui représente avec la même éloquente arabesque des figures, des paysages et les mille choses de la Terre. Et quel dessin impératif, qui répond à ce que voulait, déjà, à Nuenen, Vincent : chaque objet bien détaché d'un autre, et bien à sa place. Les couleurs, enfin, ne se mélangeaient pas ; les bleus restaient bleus, nettement ; et les verts, et les jaunes, et les rouges. Et quel enchantement de décors variés ; et quels précieux ajustements des robes — et les massives chevelures tombantes que lui, Vincent, placera dans son tableau si plein : *Le bal à Arles.*

Les paysages s'offraient non moins splendides, d'une originalité flagrante, d'une saveur décorative unique. Montagnes, mers bleues, voiles blanches, arbres en fleur et les branches sous la neige qui tombe d'un ciel noir. Arbres parasols aussi, troncs d'arbres se dressant devant un mont, pagodes au bord d'un lac, barques qui se balancent et qui rêvent...

Vincent subira de tout cela une forte emprise. De même qu'il prendra à Shounsho quelques idées pour les décors de ses portraits ; — de même qu'il disposera comme fond au *Portrait du père Tanguy* des estampes japonaises dont deux sont prises à Outamaro (Portraits de courtisanes, reconnaissables aux baguettes placées dans les cheveux) ; — de même qu'il recherchera encore chez Outamaro les *raies* dont il parera les vêtements masculins ou féminins de ses

PORTRAIT DU PÈRE TANGUY

portraits peints à Arles et à Saint-Rémy ; — de même qu'il puisera çà et là d'autres idées ; — c'est surtout Hokousaï, qui, par les *Cent vues du volcan Fouji* et ses *Scènes de mœurs,* lui imposera, d'une façon caractéristique et décisive, les *points* si vivants qu'il transportera, lui, Vincent, sur ses propres dessins exécutés en Provence.

Il cherchera alors durant toute sa vie à posséder de nouveaux crépons ; il engagera son frère à en acheter sans cesse : il donnerait tous ses tableaux pour des estampes qu'il ne connaît pas d'Outamaro ou d'Hokousaï. Quand il partira pour Arles, il pensera intensément au Japon.

Est-ce la révélation de cet art japonais qui fait que Paris maintenant le fatigue ? Il est tout d'un coup las de cette ville ; il est las également des peintres. Son état physique est mauvais ; et il a soif de soleil. Il a goûté à cette joie de peindre la lumière ; il veut une plus brûlante lumière encore. Il veut partir pour le Midi de la France : c'est là que Monticelli a peint des fleurs comme des féeries de couleur.

Théo ne s'oppose pas à ce départ. Il ne songe pas qu'il retrouvera enfin le calme. Tout ce que désire Vincent, il l'approuve. Mais, dans le Midi, quelle ville Vincent choisira-t-il ?

Arles fut la ville élue ; et il y arriva au mois de février de l'année 1888.

SOUS LES FLÈCHES DU SOLEIL

Vincent, avant de choisir Arles, avait certainement
songé à Marseille. Là, Monticelli qu'il admirait tant
avait vécu ; là, Monticelli venait de mourir, en 1886.
Mais la vie à Marseille était coûteuse. Et avec quelles
ressources Vincent s'en allait-il? Il ne pouvait compter que sur son frère, employé dont la situation ne
devenait pas autrement brillante. Il convenait donc
de choisir une ville moins importante, une sorte de
grand village où il serait possible, étroitement, de
vivre.

Les conversations des uns et des autres peintres
l'éclairèrent sans doute. Là-bas, dans le département
des Bouches-du-Rhône, près de cette ville de Marseille, un instant convoitée, se trouvaient Aix et
Arles. Mais Aix appartenait à Cézanne ; il fallait lui
laisser ce fief sur lequel s'était posée, vigoureusement,
sa main glorieuse. Restait donc Arles ; et Arles,
tête de la Camargue et de la Crau, n'était qu'à
quelques heures de Marseille, où il pourrait, lui,
Vincent, aller à son gré.

Lui-même a dit pourquoi il partit pour la Provence :

« Je me suis rendu dans le Midi pour mille raisons. Vouloir voir une autre lumière, croire que regarder la nature sous un ciel plus clair peut nous donner une idée plus juste de la façon de sentir et de dessiner des Japonais. Vouloir enfin voir ce soleil plus fort parce que l'on sent que sans le connaître on ne saurait comprendre au point de vue de l'exécution, de la technique, les tableaux de Delacroix et parce que l'on sent que les couleurs du prisme sont voilées dans de la brume dans le Nord. »

Ce voyage de Paris à Arles, Vincent l'attendait avec impatience. Il fut pour lui — il l'a crié! — un enchantement; et, plus tard, quand, cédant à ses pressantes prières, Gauguin viendra enfin le rejoindre, Vincent l'enviera d'accomplir « ce voyage merveilleux ».

C'est tout plein de ce souvenir que, après bien d'autres voyages, sur la même route, j'ai un jour noté mes impressions, penché à une portière, et tout secoué de la vitesse du rapide, qui court à toutes roues vers Marseille.

Vincent fit, toutefois, lui, ce voyage à la fin du mois de février; et je me trouve, moi, aux premiers jours du mois de mai, dans un printemps, il est vrai, froid et brumeux.

C'est le matin. La sortie de Paris, les faubourgs, toujours sales, en déchets: puis voici des jardins, des maisonnettes, des carrés de maraîchers, et même des villas où tout se lézarde et s'écaille. Vers l'horizon, sur les coteaux, brillent des maisons blanches aux toits rouges.

Voici Brunoy, si coquet, avec tant de nuances dans les arbres. De jolies fermes, et des arbres en fleur. Parfois des feuillages si tendres; et, maintenant, des champs de pommiers et de poiriers, des pêchers à la neige rose et blanche, — tout ce que Vincent peindra avec tant de bonheur, dès qu'il sera en Provence.

Comme tout passe et repasse, un peu les mêmes choses : des prairies, des saules têtards, des peupliers argentés, — et aussi des cheminées d'usines.

On voit des hommes dans les champs. On retrouve Millet; mais ces petites choses actives travaillent sans lever les yeux au ciel.

Ce que l'on aperçoit de chantant, dans cette brume que dissipe le soleil, c'est le vert chaud, tendre et jeune, les prairies du printemps; puis le jaune doux de certains peupliers et le vert lourd des sapins.

Les coteaux sont bleus là-bas; et des châteaux aux toits d'ardoises s'étalent dans des frondaisons rousses. Puis voici de l'eau, des chalands, des remorqueurs, des vieux toits moussus.

Montereau, et le train roule. Je songe toujours à Vincent en voyant des meules dans les champs et d'autres arbres fleuris dans les vergers.

La campagne est plate. Les douces collines, à l'horizon, s'enflent et offrent leurs champs de verdure délicate, leurs tapis de labour et le hérissement de quelques haies rousses, vertes et bleues.

Au ciel, des nuages blancs en volute, sur un fond bleu tendre, se balancent comme de mols édredons.

Une rivière suit paresseusement le train. Elle reflète des villages, des clochers — et des vaches sont immobiles dans les champs. Paysages de France et aussi de Hollande; mais surtout quand j'ai aperçu Laroche, son port, ses chalands et ses bois de cons-

truction, j'ai pensé plus fortement à la Hollande et
à Vincent.

Le soleil brûle maintenant; on entend des sirènes
de bateaux, des wagons roulent, des locomotives
reniflent, glapissent, se vident en fracas de vapeur.

A Tonnerre, j'ai vu des roulottes vertes sur la
route. Vincent les dessinera, plus tard, à Arles et à
Saint-Rémy.

Puis voici des villages qui dorment au pied des
collines; du linge étendu qui sèche; des paysans qui
passent en carriole sur la route.

Je revois les champs jaunes, rouges et mauves
de tant de tableaux que Vincent également nous
accorda. Et voici les montagnes de la Côte-d'Or,
des villes grimpées sur des collines, des beaux
toits de tuiles qui jettent un cri de vermillon dans
les arbres épais et lourdement endormis.

Comme il faut aimer aussi ces choses qui reviennent dans les villages ou les villes près des gares :
*Café de la Poste, Hôtel du Cheval blanc, Restaurant
de la Gare;* et les jolis jardins à tonnelles.

Mais la terre se gonfle; les montagnes bombent
le dos; et Vincent, en entrant dans l'interminable
tunnel de Blaisy-Bas, dut se croire dans l'Erèbe. Je
pensais à la Hollande si plate, avec ses rares collines
qui ne dépassent pas cent dix mètres: mais les
vignes, ici, les savoureuses vignes d'où l'on tire le
bataillon sacré des vins de Bourgogne, le puissant
Pommard, le haut Chambertin et la savoureuse
Romanée, comme moi, Bourguignon, je les considé-
rais, jouissant de les voir caressées, étreintes, possé-
dées par le divin soleil!

Voici, sur la route, d'autres noms capiteux : Beaune, Meursault ! Et, là-bas, mûrissent encore des crus délectables, le meilleur arôme de la terre dans le vin des dieux !

Le rapide m'arrache à mes souvenirs pantagruéliques ; j'entre dans une contrée moins illustre. Une paysanne répand du fumier, un vieux paysan laboure avec deux vaches ; ce sont *les Heures des champs*, de Millet, que Vincent dessina à maintes reprises quand il usait sa vie au Borinage.

A Lyon, j'ai retrouvé les faubourgs orduriers, toutes les saletés que vomissent les villes capitales. Façades aux couleurs flétries, saumonnées, lézardées et branlantes.

Le Rhône est peut-être « un taureau qui court vers la mer », ainsi le vit Michelet ; mais ici sa course se ralentit, ne fait point penser à un taureau mais à une génisse qui s'amuse. Vincent fuyait Paris ; il retrouvait une autre grosse ville aux monuments laids et bêtes.

Et comme les usines fument ! Comme la crasse est sale dans un tel soleil, irradiant et superbe !

Nous dévorons Estressin, Vienne ; et, bientôt apparaissent les premiers villages gris, aux tuiles cuites, roses et cendrées. La Provence se signale par cette brûlure des choses. Les stations se précipitent : Saint-Rambert, Andancette. Voilà, dans un cimetière, un cyprès.

Voici aussi Valence ; et là, les faubourgs sont souillons, d'une malpropreté savoureusement méridionale. Les maisons s'enorgueillissent de loggias où s'étirent des linges sales, et où grouillent des marmailles. Comme tout est plus blanc et plus grillé!

Mais, certes, quelle joie éprouve-t-on de ces paysages du soleil! On voit ici des blancs purs, des roux de clochers, des montagnes bleues et mauves; et, sur les routes, on aperçoit parfois des chevaux blancs et des roues de carriole jaune-citron!

Puis, ce village si adorable, Livron, étalé face au soleil sur sa montagne. Loriol, au contraire, si intime, si chaud, dans son creux.

Pour mieux étrangler la vallée, les montagnes maintenant se rapprochent; et, le long du Rhône, fidèle compagnon de route, les roches durcissent le paysage pelé.

Les maisons de la campagne ont toutes leurs corniches à la gênoise; elles sont cuites; elles s'endorment; elles sont blanches éperdument, certaines jaunes et poussiéreuses. Montélimar, Pierrelatte, La Palud, Mondragon. Des montagnes comme des cimiers. Des villages comme des ruines sur des rocs géants. Rocs d'or sur un ciel bleu de cobalt. Les premiers oliviers, qui firent hurler Vincent.

Oh! ce sol rouge et ces vieux arbres de pierre! Et des pins magnifiques; et des champs à présent d'oliviers. Un large cri de joie tandis que défilent, sous la flamme du soleil, Piolenc, Orange, Courthézon, Bédarrides, Sorgues et le Pontet. Oh! ces petites maisons peintes dans les arbres!

En arrivant à Avignon, le soir tombait; et le soleil dorait les murs de la gare. Il régnait doux comme pour une jeune fête. On entendait des grillons — et des cloches lointaines. Un couvent, sans doute, se couchait dans la belle ville blanche.

Nous avons quitté ici le rapide, dont la locomotive geignait, haletait, suait et vibrait de tous ses cylindres. Elle nous a assez secoué tripes et cervelle. Nous allons trotter lentement vers Arles.

La campagne s'assoupit, elle dort. Mais elle garde sa parure, que le noir-bleu du ciel stylise. Des champs de cyprès forment une armée noire; et des saules répandent là-bas comme des fumées qui se traînent.

Première station, je crois, Barbentane! Comme nous sommes ici en vraie Provence! Un merle siffle tant qu'il peut dans les acacias en fleur. On l'entend seul; car notre petit train, déjà essoufflé, s'arrête longuement, pour rien, dans cet amour de pays : Barbentane!

Enfin le petit train cloporte repart, poussif, les reins cassés, les genoux déboîtés. Graveson. Tarascon. Ici, on a mis plus d'une heure à charger les malles et les panoplies de Tartarin. Mais la nuit était si efféminée, si enchantée, que les employés de la gare rêvaient aux étoiles. Et j'ai été récompensé si exquisement de ce retard. Près de Ségonnaux, sur une route, des romanichels campaient, une lanterne allumée. J'arrivais à Arles, en voyant un tableau de Vincent.

Débarqué à Arles, Vincent ne s'aventura pas loin. Il descendit à l'hôtel-restaurant Carrel, situé tout près des tours rondes de l'entrée de la ville. Mais quand il donna à son frère Théo son adresse, il fut excusable d'écrire : Restaurant Carrel, 3o, rue Cavalerie. Il ne pouvait pas savoir qu'une année avant son arrivée, M. Pierre Amédée-Pichot, ayant offert à la ville d'Arles une fontaine, s'était vu octroyer l'hon-

PHOTO DRUET

CAFÉ DE NUIT, A ARLES.

neur du nom de la rue qui partait de la dite fontaine, et où se trouvait le restaurant Carrel. Vincent eût donc dû écrire : 3o, rue Amédée-Pichot.

Vincent avait choisi un hôtel sommaire. J'ai retrouvé la propriétaire — en 1888 — de cet hôtel. Vincent eut des démêlés avec elle ; il les raconte dans ses lettres à Théo. Je n'ai pas écouté les explications de cette tenancière. Mais la patronne de l'hôtel où je suis descendu, a tenu aussi, il y a vingt-cinq ans environ, cet hôtel Carrel ; et elle me donne, non sur Vincent, mais sur les gens qui venaient ici, depuis toujours, d'ingénus renseignements :

« Vous voyez, me dit-elle, cette maison à deux étages, petite terrasse au-dessus et balcon au premier, quand je l'ai prise, elle était fréquentée surtout par les bergers camarguais, si familiers, les bougres ! qu'ils m'interpellaient : « pelote ! pelote ! » (pelote ou fermière de la Camargue). Moi, ça me révoltait ! Et puis ils amenaient leurs chiens, des tas de sonnailles. Je ne pouvais pas m'habituer à leurs façons ; mais, enfin, peu à peu, comme ils jouaient beaucoup, dépensant ici tout leur argent et m'offrant des cadeaux, je me suis faite à eux. Ah ! ils ne se montraient pas exigeants ! Souvent, la nuit, quand tous les lits étaient pleins et qu'un nouveau berger survenait, pour ne pas le renvoyer je montais secouer un dormeur, et j'arrachais de dessous lui un matelas que je donnais à l'arrivant. Tous les deux, le dormeur et l'autre, trouvaient ça tout naturel. Et, pour les ablutions, ah bien ! je leur accordais à peine un verre d'eau et une cuvette petite comme un bol ; et ils n'y touchaient même pas ; chacun s'en allait en disant : « Je laisse ça, ce sera pour le camarade après moi » Ah ! oui, c'étaient de bons bougres ! Pendant tout le temps qu'ils restaient là, pourvu qu'ils eussent la facilité de manger, de boire, et de jouer, ils ne réclamaient rien. On gagnait bien sur eux ! »

Dès le premier jour, Vincent exprime son contentement d'être à Arles ; et il ne prend même pas garde qu'on le trouve déjà, à l'hôtel Carrel, encombrant avec son « attirail », ses toiles, son chevalet et sa boîte à couleurs.

Le tome troisième des Lettres qu'il envoya d'Arles à son frère Théo et les autres lettres qu'il adressa à son ami le peintre Emile Bernard, toutes écrites en français, donnent sur son séjour en Provence des détails si précis, si éloquents, si incomparablement lyriques ou douloureux, qu'il conviendra d'écrire, en quelque sorte, *autour* de ces admirables confessions. Je tâcherai d'y réussir.

Pour ce Hollandais du Noord-Brabant, où le soleil n'a point les tendresses qu'il réserve à la Haye ou à Amsterdam, la Provence fut certes un émerveillement. Dès que le soleil parut, fleurissant de neige rose et blanche les arbres fruitiers, son admiration éclata ; il jura que c'était « aussi beau que le Japon ! »

Arles ne présente plus, il faut le dire, que les ruines de ce qui fut sa grandeur ancienne. Les Félibres ont beau s'accompagner de la lyre pour nous raconter des histoires en poèmes provençaux ; ils peuvent chanter Arles « Rome des Gaules ou la plus belle des cités découronnées ! » Arles n'est plus qu'un grand village ; Arles n'est plus qu'une *terre cuite*, cassée, et hélas ! trop effritée.

J'aime la Provence : elle possède les oliviers, elle possède les cyprès qui sont des arbres augustes. J'aime ses platanes dorés, ses micocouliers, ses pins qui sont, à première vue, de louables motifs pour aquarelles. J'aime ses mas aux façades blanches ou jaunes, les toits de tuiles passées au feu du soleil. On suit des routes où l'on aperçoit des villages desséchés ; les cigales grincent ; et, tout à coup, il se dresse une tour en ruine, qui retourne à la terre. Le ciel est bleu ; et il vous verse la joie de tout aimer.

Vincent vit peut-être la Provence merveilleuse ; aujourd'hui elle s'est donnée aux viticulteurs et aux marchands d'olives ; Vincent vit peut-être Arles dans son majestueux souvenir ; aujourd'hui ce n'est plus qu'un village plébéien, livré aux 3.000 employés du P.-L.-M. et aux touristes.

Vincent aima cette ville, aux rues étroites, pavées des horribles cailloux de la Crau. Petites places où des platanes se tiennent en rond, je vous aime aussi, comme j'aime vos petits restaurants, vos chambres meublées, vos boutiques de coiffeurs, avec cette superbe : *Idéal Coiffeur*. J'aime tous les bars qui forment une garde d'honneur à l'entrée même de la ville, tout près des filles publiques ; mais, en vain, j'ai cherché des Arlésiennes ; en vain j'ai cherché le costume qu'on m'avait tant vanté, cette « chapelle », ce joli mot si tendre et si sensuel qui nommait toute la mousseline entourant les seins, par dessus la robe. Aujourd'hui, les Arlésiennes sont des Parisiennes de banlieue, des élégantes de Bois-Colombes.

Quand je suis arrivé à Arles, on attendait le Président de la République. Des petits drapeaux pendaient dans les rues ; c'était une sorte de 14 juillet tombé dans les brindezingues. Millerand vint ; et on lui offrit, aux arènes, des hontes : une farandole par douze jeunes gens d'une société orphéonique ; une course de bagues par des gardians trop émus et qui manquèrent tous les coups ; une course à la cocarde où brillèrent des pompiers et des facteurs des postes.

Mais je sais, je sais, il reste l'Arles des ruines : le Théâtre, où deux colonnes se dressent comme deux mirlitons, les Arènes mutilées, l'allée des Alyscamps avec ses auges, les Thermes de Constantin effondrés. Combien il vaut mieux louer l'église Saint-Trophime, — la place de la République de grave allure, de paix sereine, le soir, — et quelques nobles pierres du musée lapidaire !... Oui, je sais, je sais encore que Arles, vaniteuse, possède le large Rhône, le fleuve splendide, où j'ai vu tant de radieuses nuits étoilées, en souvenir des tableaux de Vincent. Mais pourquoi, pourquoi ai-je revu Arles, en l'année 1922, comme une *terre cuite* ; précieuse parfois quand le soleil couchant pousse au lilas le champ brûlé des tuiles ?

Cependant j'ajoute vite que j'aime les Arlésiens. Ils sont de bonne compagnie, obligeants, contents qu'on les vienne visiter ; et je rends hommage au bon accueil qui m'a été réservé quand je faisais appel à des souvenirs.

C'est d'abord la veuve d'un marchand de couleurs, chez qui se servit, les premiers jours, Vincent, qui me dit :

« Oh ! Vincent, un homme très original, méfiant, tout rouge, frileux, avec des yeux bleus et une petite barbe rousse. Il ne voulait pas montrer ses toiles même à mon mari qui faisait pourtant de la peinture. »

Et ceux et celles qui, à Arles, se souviennent de Vincent, me disent tous : « Il était méfiant ! » Est-ce cela qu'il conviendrait de dire ? Vincent était bourru, timide surtout. Sans ressources au delà du pire, pouvait-il se montrer d'un abord plaisant? Dès le début de son séjour à Arles, il connaîtra la vie dure; il passera des jours sans prendre de nourriture valable, mangeant du pain trempé dans du café; et, quand il aura reçu de Théo de l'argent et qu'il pourrait manger enfin, où irait-il? Dans le Midi, il n'y a pas de restaurants à bon marché qui soient acceptables. On y boit, mais on n'y mange pas.

Quand Vincent ne travaille pas, ou, du moins, quand il attend de Paris du matériel, — il court chez les antiquaires; et il mande à son frère qu'il a en vue chez l'un d'eux un tableau de Monticelli. Cela fera sourire ceux qui connaissent les antiquaires arlésiens.

Les filles aussi l'intéressent. De chez Carrel, il n'a que quelques pas à faire pour descendre aux maisons publiques.

En 1888-1889, ces hospitalières étables ne se trouvaient pas là où elles brûlent actuellement, le long du Rhône.

De chaque côté des tours rondes, cette entrée de la ville, où l'on franchissait d'abord à cette époque la Roubine du Roy, sorte de fossé d'eau empuanti, et qui est maintenant recouvert, — de chaque côté des tours rondes se dégradent des murs qui forment l'ancienne enceinte d'Arles. Or, c'était derrière le mur de gauche, en entrant dans la ville, que forniquaient les filles. Les raccrocheuses, elles, brinqueballaient le long des maisons de la rue des Glacières; — et, dans toutes les rues avoisinantes, bâillaient les maisons closes : rue des Récollets, rue du Petit-Puits, rue des Remparts, rue Terrin et dans l'impasse du Lampourdat.

Elles s'offraient, du reste, avenantes et gaies. Par les soirs d'été, les filles sortaient dans la rue ; et, ma foi, l'on s'accolait sous les étoiles, aux sons d'un accordéon ou d'un piano édenté, sur lequel un aveugle tapait des coups féroces.

Des zouaves étaient casernés à Arles. Civils et soldats se rencontraient fraternellement ; et des rixes n'éclataient que lorsque des Italiens tombaient sur ces fêtes amoureuses.

Aujourd'hui, il faut chercher les filles en face, au bord du fleuve. Ce changement fut décidé par une prudente municipalité du jour où elle installa le collège et des écoles professionnelles dans le quartier de ces demoiselles ; — et maintenant Paul Bert et Jules Ferry, gloires de la France ! baptisent respectivement et honorablement les anciennes rues chaudes : la rue des Remparts et la rue des Glacières.

Elles se trouvent très bien là, également, les sacquebuteuses.

Dans cette rue, près de la porte de la Cavalerie, dans cette rue des Vers — horrible nom ! — conduisant au Rhône, les maisons se touchent. Porte grillée, comme une porte de boucherie, avec un rideau de couleur derrière la grille, des gros numéros sur l'imposte, une lampe électrique dans une lanterne rouge, bleue ou verte.

Les filles décolletées, chemises de couleur, tête nue, chignon paré, paillons brillants sur la chemise, guettent à la porte.

Sur l'une des maisons, au-dessus de l'entrée, on a peint en énormes lettres noires ce nom : MIREILLE. A la porte d'une autre maison, de chaque côté, un as de trèfle, noir, immense, est également peint. Par tous les moyens, on attise la chair du passant. Ailleurs, un piano mécanique, en glapissant, noue des danseurs.

C'était, malgré tout, pour moi, un maigre spectacle. Et je pensais, en suivant le Rhône, escorté par deux rôdeurs la veste sur l'épaule, au temps où Arles était vraiment la Rome des Gaules. Des gladiateurs, couverts de sueur et de sang, venaient retrouver d'autres filles qui les attendaient sur les seuils fleuris. Et ils s'étreignaient avec des cris dans l'ivresse du triomphe. Arles était alors une ville splendide; tout y était somptueux : le Théâtre où l'on jouait des pièces des tragiques grecs, les Thermes où une foule encombrait les salles de repos, dans la fraîcheur parfumée des eaux courantes. Et, quand, les hommes, dans les maisons chaudes, contaient leurs prouesses sanguinaires, les filles, en les écoutant, vibraient de plaisir. Aujourd'hui, ce sont les voyous arlésiens et les soldats qui expliquent les méprisables forfanteries de bas torcros, maladroits bouchers aux vestes d'or!

Dans Arles tranquille, Vincent travailla. Il partait dès le matin avec sa toile et ses couleurs; et bientôt on le regarda avec moins de curiosité. Un peintre dans Arles, et de cette mauvaise tournure — car Vincent continuait à se vêtir de n'importe quelle défroque, — cela n'avait aucun intérêt. Il était comme un de ces colporteurs, comme un de ces vagabonds qui traînent la plupart de leur temps dans les cafés de nuit.

Souvent Vincent allait le long du Rhône, le vaste

fleuve qui attire. L'eau était verte parfois ou roulait jaune sale. Du côté du quai d'Arles, se rouillaient les ruines des anciens remparts, des aspects de vieilles maisons, dont les toits de tuiles sont d'un gris rose éteint. Oui, tout cela était des *terres cuites* ; et là-bas, de l'autre côté du Rhône, au faubourg de Trinquetaille, apparaissait un village italien, un paysage de maisons basses, barrées çà et là du noir des cyprès ; et, au-dessus, pointait un clocher.

Sur le quai d'Arles, s'ennuyaient les bains qui remplacent les Thermes de Constantin. Oh ! la pauvre petite maison en contre-bas, peinte en rouge, et si invitante pourtant avec ses volets bleus, à un étage, — et avec ses volets mauves, à l'étage au-dessous !

Le Rhône, sous la douce brise, mugissait. Entraînées par le courant, des petites vagues clapotaient. Comme cette eau était vivante ! Tout le long, des bars s'alignaient : *Auberge de la Cité, Bar des Platanes, Bar du Planet.* Et les yeux revenaient sur Trinquetaille, détachaient mieux les façades peintes en ocre jaune, les volets bleus, les toits de tuiles brûlées et le fin clocher d'une si exquise couleur rose.

Puis Vincent rentrait dans Arles, le grand village si endormi ; et il s'en allait au motif, avec des toiles de 25 et de 3o.

On le rencontrait partout dans la campagne, sur la route de Montmajour, — ou, là-bas, au pont de l'Anglais.

Ce pont, élevé sur le canal d'Arles à Bouc, je le vois encore tel que Vincent le représenta.

Les peupliers tremblent le long du canal ; et le

PAVILLON HABITÉ PAR VINCENT, A ARLES
(Place Lamartine).

pont-levis, tout blanc, dresse ses longs bras vers un ciel d'un adorable bleu.

Vous vous souvenez, dans le tableau de Vincent, de la petite maison du garde, à droite ? Elle est toujours là, mais si sèche qu'elle se crevasse. Elle regarde l'eau du canal, eau verte, sale, trouble ; elle regarde aussi les bateaux, les barques et les péniches qui attendent je ne sais quoi, en se balançant. C'était toute la Hollande pour Vincent ; aussi fit-il plusieurs fois ce tableau : *Le pont de l'Anglais.*

A bien dire, ce nom est une altération de « pont de Langlois », nom d'un garde qui fut autrefois préposé à la surveillance du pont. Comme ce garde aimait à boire avec des amis dans sa maisonnette, ceux-ci disaient, en se rencontrant : « Allons au pont de Langlois ! » Et cela devint ainsi un jour le « pont de l'Anglais ! »

Ce pont de l'Anglais, Vincent le représenta sur de grandes toiles, qui s'ajoutèrent aux autres déjà peintes. Elles demandaient toutes beaucoup de temps pour sécher un peu et être envoyées à Théo sans réel dommage ; aussi elles encombrèrent bientôt la petite chambre qu'il occupait au restaurant Carrel. Il fut contraint de chercher un autre logement.

Il le trouva place Lamartine, n° 2, en dehors de la porte de la Cavalerie. C'était un petit pavillon non meublé, qu'on lui loua à raison de 15 francs par mois. L'engagement partait du 1ᵉʳ mai 1888.

Ce logis fut loué en entier à Vincent ; et, depuis, il n'a pas changé.

Peint en ocre jaune sale, comme tant de maisons du Midi, les volets sont d'un gris-vert au premier étage et brunes la porte et la fenêtre du rez-de-chaussée.

On voit toujours le fronton triangulaire. Le n° 2 s'inscrit dans la clé de pierre de la plus grande porte, située à côté du pavillon proprement dit. Un écriteau est accroché sur la façade : *Chambres meublées à louer*.

Dans la photographie ici reproduite, la maison à côté de celle de Vincent présente un magasin de chaussures et d'épicerie ; et, en souvenir de Vincent, peut-être, on a peint en bleu de cobalt le mot *Epicerie*.

Passé ces deux pavillons, se prolonge une impasse, où les maisons à un étage s'ornent de volets verts. Enfin, toujours à l'alignement, de l'autre côté de l'impasse, sont installés un hôtel-restaurant Terminus et un café-bar Terminus.

Ici, Vincent a nettement quitté la ville. Il a franchi la porte de la Cavalerie, aux grosses tours démantelées, deux foudres de pierre ; et, au bout d'un jardin, il a loué cette maison qui lui plaît et qui est tout près de la gare du p.-l.-m.

La place Lamartine! Si le pavillon de Vincent garde le même aspect, avec ses étroites chambres au sol de larges carreaux rouges, avec son étroit escalier montant au premier étage, avec ses deux fenêtres en façade, la place Lamartine, elle, depuis 1888, a changé tout à fait de physionomie. Aujourd'hui, où s'arrondissait un jardin, s'étale une place nue, piquée de platanes et meublée de quelques bancs. Le jardin constituait un autre attrait. Vincent a décrit lui-même, d'une façon pittoresque, ces parterres ensoleillés qu'il représenta maintes fois ; et où les arbres, les buissons et les fleurs ont été remplacés par des vieux hommes qui se traînent d'un banc à un autre, comme dans les froides allées des hospices.

Mais quelle quiétude demeure!

Nul endroit n'est plus calme dans Arles ou en dehors d'Arles. Je regarde le pavillon jaune. Il me semble que Vincent habite toujours là; il est allé « au motif »; et, par prudence, il a tiré ses volets. Nulle émotion inquiète. Au contraire, d'apparence, la maison d'un peintre simple, qui accomplit sa besogne, comme l'épicier, à côté, vend ses conserves et ses paquets défraîchis de pâtes.

Parfois, on entend le halètement, le sifflet d'une locomotive, puis quelques cris. Et des ânes trottent, des chiens musardent, des gens cheminent le long de l'avenue de Montmajour, qui borde le pavillon à droite, — cette avenue qui conduit à Tarascon.

Oui, c'est l'entier repos. Sur la place, — est-ce la présence du bâtiment de la Gendarmerie, à côté de lui? — le café de l'Alcazar reste aussi sans tapage. Délicieux petit café de nuit, à un seul étage peint en ocre jaune, aux volets bleus, tandis que le rez-de-chaussée, sous une marquise où fleurissent des lauriers-roses, parade en vert Véronèse cru, rehaussé de grosses lettres d'un rouge vif. C'est près de là, le long des remparts, que les jeunes et les vieux Arlésiens jouent paisiblement au jeu de boules, « Jo dé boulo ».

Dans Arles, au contraire, que de fois, il faut injurier des pochards qui hurlent, sans peur de la maigre police, — et chasser les chats, si nombreux ici, qui, au temps des amours, n'en finissent plus de vagir. Et, vous endormez-vous, enfin, ce sont alors les carrioles, tirées par des chevaux, des ânes ou des mulets, qui, dès la pointe du jour, pilonnent de leurs roues ferrées les petits cailloux pointus!

Combien de fois j'ai voulu retrouver le silence de la place Lamartine! Que de soirs, je me suis assis ou promené sur cette place si intime, où luisaient de rares lampes électriques, que Vincent ne connut pas!

Le café Terminus était éclairé, et aussi le café de nuit, mais par des lueurs sourdes. Le pavillon jaune dormait. On entendait les voix de quelques couples sur les bancs; et, tandis que le Rhône, lunaire, courait à la mer, les sifflets des locomotives vrillaient l'air immobile, le ciel étoilé, de leurs brusques appels.

Vincent chérissait le soleil. Il cinglait de ses flèches de feu la petite maison jaune. Tout le jour, elle cuisait; et, parfois, on voyait comme des poudroiements qui fumaient au-dessus d'elle. Ah! l'été, comme Vincent l'appelle! comme il se réjouit dès que la ville d'Arles brûle, avec toute sa plaine, avec toutes ses routes de poussière épaisse!

Tout de même, comment Vincent, sans hygiène, sans propreté, sans le plus sommaire confortable, comment put-il, dans ce pavillon qui est une sorte de grande cabane, vivre? Et n'ayant pu acheter des meubles, obligé de coucher dans une maison voisine à un franc la nuit, il n'occupa d'abord que son atelier, et quel atelier! une chambre où les choses les plus nécessaires manquaient.

Cependant, pas un jour ne s'écoulera sans que Vincent termine un tableau. Souvent, en plein travail depuis le matin jusqu'à la nuit, il peindra même deux ou trois toiles, quitte à les « reprendre » plus tard. Les mois de juin, de juillet et d'août, il les passe dans les champs; il représente de toutes les manières la plaine d'Arles; et le soleil, dont il ne se défend pas, puisqu'il peint sans parasol et la tête nue, ne le terrasse pas. Mais quelquefois il rentre si exténué qu'il n'a pas la force de manger; — et, à peine couché, il s'endort d'un pesant sommeil.

Il ne se fatigue pas d'Arles et de sa campagne. Chaque fois qu'il écrit à Théo, il crie sa joie de pouvoir peindre. Il ne se décourage pas de contempler l'eau du Rhône d'un fin lilas, là-bas, et les toits comme saupoudrés de sable fin et de sel. Il chante son bonheur parce qu'il vit dans un embrasement, — parce que tout, autour de lui, vibre et danse dans l'universelle chaleur.

Le soleil ne peut l'arrêter dans ses courses au motif. Il va sans cesse à Montmajour et, de là, à Fontvieille.

Montmajour, c'est une promenade pour lui, à quatre kilomètres d'Arles. Il connaît par cœur les aspects de l'orgueilleuse abbaye qui redresse, sur une colline rocheuse, les ruines de plusieurs styles. De cette hauteur, où le vent parfumé s'alanguit et s'attarde à bercer ravenelles et pariétaires, il découvre Arles, comme une bande grise, avec ses clochers et ses tours : Saint-Trophime, les Arènes, le beffroi; et, devant, la plaine immensément verte. La montagne de Corde s'élève en face; et, autour de Vincent, s'assoupissent les roches grises et violâtres et les verdures mousseuses. Tout rayonne de soleil et d'oiseaux. Les figuiers et les alisiers s'enracinent splendides et gras dans cette terre généreuse.

Là-bas, bombent les Alpines, des bleus-violets que Vincent aimera tant à peindre, après Cézanne; mais d'une manière plus tourmentée, plus convulsive.

On peut rester des heures à Montmajour. C'est un coin heureux de la Terre. On regarde les découpures de bleu intense dans les baies vides; on regarde les arcs coupés, les pilastres ioniques et la haute tour carrée; puis l'on suit des yeux les nettes arêtes des lézards qui grimpent sur des rocs d'or. On écoute les oiseaux qui chantent sans perdre haleine. On respire fortement l'odeur des roses sauvages, du romarin et de la lavande.

Allez encore entendre les cigales à Fontvieille; les cigales qui grincent et cisaillent, — ondes sonores qui s'éparpillent aigrelettes. Vous les aimerez comme vous aimerez ce doux village, avec ses courettes devant les maisons. Mais, dans les étés torrides, vous perdrez ici tout courage. Cela reste un étonnement que Vincent criait à son frère : « Je suis ici en plein bonheur ! »

Le mistral seul, parfois, l'agace; et il l'appelle *le diable mistral*, en opposition au *soleil bon Dieu!*

Cependant toute la Provence suerait la peste, la Provence si amoureuse de l'ordure — comme tant d'autres provinces françaises! — si le mistral, en violence, ne soufflait pas.

C'est le vent généreux, c'est le vent bienfaiteur. Vent du Nord-Ouest, qui descend en trombe des Cévennes sur les plaines du Bas-Languedoc, du Rhône et de la Durance, c'est le redoutable *cers* ou *cierce* de Narbonne, mieux appelé le mistral ou le maître (*magistraou*). Elisée Reclus nous raconte, d'après Strabon, que ce « noir borée » précipitait les hommes de leurs chars et les « dépouillait de leurs vêtements et de leurs armes » (*sic*). Il est bon que la légende prête sa fantaisie à ce vent qui devient si aisément ouragan. Les Anciens lui avaient élevé des autels. Il les mérite toujours. Avignon, la première, qui maudit parfois le mistral, devrait se souvenir du dicton qu'on lui accola « Avignon la venteuse, — avec le vent fastidieuse, — sans le vent vénéneuse. »

Vincent, content à Arles, ne pouvait manquer de reprendre son idée ancienne : le dévouement à autrui. Et, cherchant autour de lui quel peintre il pourrait aider, lui, si démuni de tout, il songe brusquement à son ancien et cher camarade de Paris, à Paul Gauguin qui est si misérable à Pont-Aven, où il s'est réfugié. Il écrit vite alors à Théo que Gauguin devrait venir le rejoindre à Arles. « A deux, on se tirerait très bien de tout ! » Cette idée, implantée dans sa tête, cela devient une espèce de radotage dont il ne fera plus grâce, dans une seule lettre, à Théo. Gauguin est malheureux, c'est un autre peintre maudit. Il faut l'aider !

En attendant, Vincent emporte des toiles et il va passer toute une semaine aux Saintes-Maries de la Mer, au bord de la Méditerranée.

Il y a une trentaine d'années, on s'y rendait en diligence; aujourd'hui, on peut prendre le petit train à une voie qui part, à Trinquetaille, de la gare de la Camargue. Une quarantaine de kilomètres environ.

J'ai traversé toute la Camargue, en pensant toujours à Vincent. Géographiquement, c'est un delta de 72.000 à 75.000 hectares (les arpenteurs ne se sont pas mis d'accord), compris entre les deux branches principales du Rhône : le petit Rhône tout bordé d'arbres magnifiques — et le grand Rhône, que l'on a étranglé entre des digues assassines.

Aujourd'hui, la Camargue a un peu adouci sa dure physionomie. Vincent la vit dans son plus entier caractère.

Toutefois, l'actuelle Camargue étale encore de désertiques et vastes étendues d'herbes marines, émergeant en touffes au-dessus d'un sol blanc, salé, pelé, cela constitue les « enganes » ; — et voici les marais (ou la « marée », comme disent les paysans camarguais), où croissent des minces roseaux que l'on moissonne ; — et voici enfin la Camargue fertile, coupée de canaux et de fossés, la Camargue irriguée, fumée, qui accorde des prés, des vignes et des vergers. Par places, dans les espaces désertiques, vivent toujours des chevaux blancs (des « aigues ») et des manades de taureaux — appelés « palusins ». Et, tout cela, avec des mas, dont certains conservent un ancien et réel style, continue ainsi jusqu'à l'immense étang de Vaccarès, dont les toutes petites vagues naissent irisées, roses, bleues, vertes, et meurent aux pieds des tamaris, dont le feuillage d'une finesse arachnéenne forme le bord enchanté de cet étang de rêve, où se dressent, sous ta splendeur, ô soleil de Provence, hiératiques et ridicules, les flamants d'Egypte !

Hier, se présentait toute une rude vie à vivre ici. Des romanciers ont à l'envi conté l'histoire de la Carmague ancienne. Jean Aicard (*Roi de Camargue*),

CHAUMIÈRES AUX SAINTES-MARIES DE LA MER.

Alphonse Daudet (*Le trésor d'Arlatan*); — mais c'est, indéniablement, Madame Louis Figuier qui, dans *Le Gardian de la Camargue*, a réalisé les plus sûres et les plus nostalgiques descriptions de la Camargue sauvage. Il est touffu de décors farouches et mélancoliques, son livre; et, bien qu'il s'y dilue une tiède histoire d'amour, des détails précis et imagés de toute une flore et de toute une faune composent des paysages définitifs.

Après huit haltes, dont la première est Bouchaud et la dernière Maguelonne-le-Sauvage, on arrive aux Saintes-Maries de la Mer. La légende des Maries que l'on a ressassée n'a pas, hélas! empêché la mutilation de ce village maritime. Vincent vit un hameau de pêcheurs et de douaniers; aujourd'hui voici une espèce de Sartrouville de la mer, une odieuse banlieue de l'eau, avec des constructions neuves, — avec un *Hôtel de la Plage*, — avec, dès les premiers pas, la honte, en pleine place publique, d'une statue de *Mireille*, vomie là par feu Mercié.

Il faut vite entrer dans le centre du village pour trouver des vieilles maisons blanchies à la chaux, des toits biscornus, bombés, creusés, quelques balconnets et la mairie, étroite, haute, pressée, comme si on l'avait longtemps serrée entre deux maisons. Là, au moins, on respire, on tient un coin plaisant. Quant à la massive église, violée maintenant par tous les imbéciles des « prises de vue », elle est, comme il convient pour leur sottise, rapetassée, retapée, restaurée à en crier!

Sur la 'plage reposaient des barques; mais je ne voyais pas celles que Vincent représenta, ces jolies

barques peintes, à la petite proue fortement recourbée, à l'imitation des barques dessinées par Hokousaï, — et que je devais revoir, quelques mois plus
tard, à Amsterdam, chez le fils de Théo ; c'étaient des
barques blanches et vertes, plus sages, plus *nor-
males* peut-être ; et elles ne prenaient toute leur beauté
qu'à l'instant où le pêcheur déployait, au-dessus
des flots roses et gris et bleus de cette Méditerranée
si changeante, la souple voile latine.

La brise s'était élevée ; on aspirait toute l'odeur du
large, des voyages, les senteurs des îles, là-bas, au
bout du monde ; et le souffle des longues vagues faisait frissonner les minuscules fleurs des tamaris.

Mais, hélas ! si Vincent revenait parmi nous, par la
grâce mystérieuse d'un dieu d'outre-tombe, il ne
retrouverait pas, aux Saintes-Maries de la Mer, les
cabanes couvertes de chaume et le pauvre petit cimetière qu'il dessina. Il n'y a plus même de pêcheurs !
Les Saintins, les habitants, vivent de la fête des
romanichels ; — vivent des touristes qui viennent
ensuite, tout l'été, contempler les os de Sara, la ser-
vante des deux Maries. Car ces os-là, on peut les
prendre dans sa main, on peut les changer, on peut
ricaner en les considérant ; tandis que les sacrés os
de Marie Jacobé et de Marie Salomé, ils sont ceux-là,
à l'abri, je pense, dans une sorte de châsse que l'on
ne descend du haut de l'église, que les 24 et 25 mai,
à la bonne occasion de la fête bohémienne !

A Arles, si Vincent « n'avance pas, dit-il, d'un
pouce dans le cœur des habitants », il trouve des camarades peintres, de passage, dont la société toutefois ne

semble pas l'intéresser. Aussi, il parle beaucoup à son frère de sa solitude. Il voudrait peindre des portraits; mais il n'a pas de modèles. Personne ne veut poser pour lui. Ah! s'il connaissait seulement un ami simple, qu'il pourrait voir de temps en temps!

Il va au café de la Gare, chez Joseph Ginoux. C'est tout à côté de son pavillon. Il y boit de nombreuses tasses de café. Cela le réconforte.

Un soir, il se décide à interpeller un facteur des postes, nommé Roulin, qui vient régulièrement au café Ginoux. C'est un brave homme, âgé de quarante-cinq ans environ; et qui veut échapper un peu à sa femme, à sa fille et à ses deux garçons. Vincent boit avec lui; et des confidences s'échangent.

Vincent reprend ses plaintes de ne pouvoir faire de portraits. Il n'a pas terminé que déjà le facteur offre sa tête. C'est celle d'un bon lion de ménagerie. Elle est curieuse, « socratique », dira Vincent, — et elle s'agrémente d'une barbe florissante. Vincent voit tout de suite le portrait à faire : Roulin en grande tenue de facteur; l'habit bleu à boutons jaunes et le mot : POSTES, flamboyant sur la casquette. Et Vincent ne s'arrêtera pas en si bon chemin; car Roulin fera poser sa femme, sa fille Marcelle et ses deux garçons Armand et Camille.

Ce bonheur en amène un autre. Vincent connaît un dimanche chez les « bonnes petites femmes » un sous-lieutenant de zouaves, nommé Milliet. Il lui demande aussitôt de poser. Milliet accepte. Vincent alors installe son atelier, c'est-à-dire qu'il achète un chevalet solide et un fauteuil de rotin. Et, en même temps qu'il fait tous ces portraits, il va, avec son ami

Milliet, au bal des Folies-Arlésiennes, où il peint *Le Bal à Arles*.

Mais il nourrit toujours un grave ennui. Il ne peut coucher dans son pavillon. Les meubles même ordinaires sont trop chers ; et il n'a pas aussi le plus léger trousseau. Pourtant, il se raccroche aux meubles qu'il projette : des meubles en bois à peine dégrossis, des meubles de bois jaune sur son carrelage rouge. Et comme son idée d'appeler Gauguin auprès de lui le tenaille sans répit, il faut qu'il achève de s'installer. Théo accomplit encore un miracle. Et Vincent nous apprend qu'il couche enfin, le 18 septembre, dans sa maison.

A ce moment-là, il entreprend toute une série de nuits étoilées sur le Rhône. Il peint grâce à des bougies qu'il a accrochées au-dessus de sa tête, ou en se plaçant sous un bec de gaz. Des Arlésiens le voient occupé ainsi, et le considèrent comme un fou. Lui, il ne s'en inquiète pas ; et il travaille des nuits entières, descendant les escaliers à pic des digues, considérant gravement l'eau qui fait, avec ses remous, d'admirables dessins en mouvement. Il s'exalte : avec le ciel, cela compose des paysages japonais ; il faut qu'il donne lui aussi la sensation d'étoiles tourbillonnantes, à la façon des « soleils » d'un feu d'artifice !

Tout ce labeur le surmène, l'épuise. Son état physique redevient aussi mauvais qu'à Paris. Sa solitude, sans doute, est cause de tout. Il ne peut se tirer d'affaire tout seul. Il supplie Gauguin de venir à Arles ; et Théo joint ses prières à celles de son frère.

Vincent, en attendant, décore sa chambre. Il l'orne

de tournesols. Il prépare la chambre de Gauguin, à côté de la sienne. Il attend, brûlé d'impatience ; il ne travaille plus. Enfin Gauguin vient à Arles. Et voici le propre récit de son arrivée et de sa cohabitation avec Vincent :

» Je travaillais en ce temps à Pont-Aven, en Bretagne, dit Gauguin, et soit que mes études commencées m'attachaient à cet endroit, soit que par un vague instinct je prévoyais quelque chose d'anormal, je résistai longtemps aux prières de Vincent, jusqu'au jour où, vaincu par ses élans sincères d'amitié, je me mis en route.

« J'arrivai à Arles fin de nuit et j'attendis le petit jour dans un café de nuit. Le patron me regarda et s'écria : « C'est vous le copain ; je vous reconnais ».

« Un portrait de moi que j'avais envoyé à Vincent est suffisant pour expliquer l'exclamation de ce patron. Lui faisant voir mon portrait, Vincent lui avait expliqué que c'était un copain qui devait venir prochainement.

« Ni trop tôt, ni trop tard, j'allai réveiller Vincent. La journée fut consacrée à mon installation, à beaucoup de bavardages, à de la promenade pour admirer les beautés d'Arles et des Arlésiennes, dont, entre parenthèse, je n'ai pu me décider à être enthousiaste.

« Dès le lendemain, nous étions à l'ouvrage ; lui, en continuation, et moi, à nouveau. Il faut vous dire que je n'ai jamais eu les facilités cérébrales que les autres, sans tourment, trouvent au bout de leur pinceau. Ceux-là débarquent du chemin de fer, prennent leur palette et, en rien de temps, vous campent un effet de soleil. Quand c'est sec, cela va au Luxembourg et c'est signé : Carolus Duran.

« Je n'admire pas le tableau, mais j'admire l'homme : — lui, si sûr, si tranquille ! — moi, si incertain, si inquiet !

« Dans chaque pays, il me faut une période d'incubation, apprendre chaque fois l'essence des plantes, des arbres, de toute la nature, enfin, si variée et si capricieuse, ne voulant jamais se faire deviner et se livrer.

« Je restai donc quelques semaines avant de saisir clairement la saveur âpre d'Arles et des environs. N'empêche qu'on travaillait ferme, surtout Vincent. Entre deux êtres, lui et moi, l'un était tout volcan et l'autre, bouillant aussi, mais en dedans; il y avait en quelque sorte une lutte qui se préparait.

« Tout d'abord je trouvai en tout et pour tout un désordre qui me choquait. — La boîte de couleurs suffisait à peine à contenir tous ces tubes pressés, jamais refermés, et malgré tout ce désordre, tout ce gâchis, un tout rutilait sur la toile; dans ses paroles aussi. Daudet, de Goncourt, la Bible brûlaient ce cerveau de Hollandais. A Arles, les quais, les ponts, les bateaux, tout le Midi devenait pour lui la Hollande. Il oubliait même d'écrire le hollandais et, comme on a pu voir par la publication d'un certain nombre de ses lettres à son frère, dans le *Mercure de France*, il n'écrivait jamais qu'en français, et cela admirablement, avec des *Tant qu'à, quant à*, à n'en plus finir.

« Malgré tous mes efforts pour débrouiller dans ce cerveau désordonné une raison logique dans ses opinions critiques, je n'ai pu m'expliquer tout ce qu'il y avait de contradictoire entre sa peinture et ses opinions. Ainsi, par exemple, il avait une admiration sans bornes pour Meissonier et une haine profonde pour Ingres. Degas faisait son désespoir, et Cézanne n'était qu'un fumiste. (*Moi. — Inexact. Des lettres de Vincent à son frère Théo témoignent au contraire de toute son admiration pour le génie de Cézanne*). Songeant à Monticelli, il pleurait.

« Une de ses colères, c'était d'être forcé de me reconnaître une grande intelligence, tandis que j'avais le front trop petit, signe d'imbécillité. Au milieu de tout cela, une grande tendresse, ou plutôt un altruisme d'évangile.

« Dès le premier mois, je vis nos finances en commun prendre les mêmes allures de désordre. Comment faire? La situation était délicate, la caisse étant remplie, modestement, par son frère Théo; pour ma part, en combinaison d'échanges de tableaux. Parler : il le fallait, et se heurter contre une susceptibilité très grande. Ce n'est donc qu'avec beaucoup de précautions et bien des manières câlines peu compatibles avec mon caractère, que j'abordai la question. Il faut l'avouer, je réussis plus facilement que je ne l'avais supposé.

« Dans une boîte, tant pour promenades nocturnes et hygiéniques, tant pour le tabac, tant aussi pour dépenses imprévues, y compris le loyer. Sur tout cela, un morceau de papier et un crayon pour inscrire honnêtement ce que chacun prenait dans cette caisse. Dans une autre boîte, le restant de la somme divisé en quatre parties pour la dépense de nourriture, chaque semaine. Notre petit restaurant fut supprimé et, un petit fourneau à gaz aidant, je fis la cuisine tandis que Vincent faisait les provisions, sans aller bien loin de la maison. Une fois, pourtant, Vincent voulut faire une soupe, mais je ne sais comment il fit ses mélanges — sans doute comme les couleurs sur ses tableaux — (*Moi. — Gauguin était-il donc venu dans le secret dessein d'apprendre l'art de peindre à Vincent?*) — toujours est-il que nous ne pûmes la manger. Et mon Vincent de rire en s'écriant : « Tarascon! la casquette au père Daudet! »

Sur le mur, avec de la craie, il écrivit :

Je suis Saint-Esprit
Je suis sain d'esprit!

« Combien de temps sommes-nous restés ensemble? Je ne saurais le dire, l'ayant totalement oublié. Malgré la rapidité avec laquelle la catastrophe arriva, malgré la fièvre du travail qui m'avait gagné, tout ce temps me parut un siècle.

« Sans que le public s'en doute, deux hommes ont fait là un travail colossal, utile à tous les deux — peut-être à d'autres. Certaines choses portent leur fruit.

« Vincent, au moment où je suis arrivé à Arles, était en plein dans l'école néo-impressionniste, et il pataugeait considérablement, ce qui le faisait souffrir; non point que cette école, comme toutes les écoles, soit mauvaise, mais parce qu'elle ne correspondait pas à sa nature si peu patiente et si indépendante. (*Moi — Ici le sens critique de*

Gauguin défaille. Le « Portrait du père Tanguy » *et le* « Portrait de Vincent devant le chevalet » *n'ont absolument rien à voir avec le néo-impressionnisme*).

« Avec tous ses jaunes sur violets, tout ce travail en complémentaires, travail désordonné de sa part, il n'arrivait qu'à de douces harmonies incomplètes et monotones ; le son du clairon.

« J'entrepris la tâche de l'éclairer, ce qui me fut facile, car je trouvai un terrain riche et fécond. Comme toutes les natures originales et marquées au sceau de la personnalité, Vincent n'avait aucune crainte du voisin et aucun entêtement.

« Dès ce jour, mon Van Gogh fit des progrès étonnants ; il semblait entrevoir tout ce qui était en lui, et de là toute cette série de soleils sur soleils en plein soleil. (*Moi. — Ici l'orgueil de Gauguin éclate. Vincent ne doit absolument rien au peintre de Tahiti*).

« Il serait oiseux d'entrer ici dans des détails de technique. Ceci dit pour vous informer que Van Gogh, sans perdre un pouce de son originalité, a trouvé de moi un enseignement fécond. Et chaque jour il m'en était reconnaissant. Et c'est ce qu'il veut dire quand il écrit à Albert Aurier qu'il doit beaucoup à Paul Gauguin.

« Quand je suis arrivé à Arles, Vincent se cherchait, tandis que moi, beaucoup plus vieux, j'étais un homme fait. A Vincent je dois quelque chose, c'est avec la conscience de lui avoir été utile, l'*affermissement* de mes idées picturales antérieures ; puis, dans les moments difficiles, je me souviens, grâce à lui, qu'on trouve plus malheureux que soi.

« Quand je lis ce passage ! « Le dessin de Gauguin rappelle un peu celui de Van Gogh » je souris.

« Dans les derniers temps de mon séjour, Vincent devint excessivement brusque et bruyant, puis silencieux. Quelques soirs je surpris Vincent qui, levé, s'approchait de mon lit.

« A quoi attribuer mon réveil, en ce moment ?

« Toujours est-il qu'il suffisait de lui dire très gravement :

« Qu'avez-vous, Vincent? pour que sans mot dire il se remît au lit, pour dormir d'un sommeil de plomb.

« J'eus l'idée de faire son portrait en train de peindre la nature morte qu'il aimait tant — des tournesols. — Et le portrait terminé, il me dit : « C'est bien moi, mais moi devenu « fou » !

« Le soir même, nous allâmes au café : il prit une légère absinthe.

« Soudainement, il me jeta à la tête le verre et son contenu. J'évitai le coup, et, le prenant à bras le corps, je sortis du café, traversai la place Victor-Hugo (*Moi. — place Lamartine*), et, quelques minutes après, Vincent se trouvait sur son lit où, en quelques secondes, il s'endormit pour ne se réveiller que le matin.

« A son réveil, très calme, il me dit :

« — Mon cher Gauguin, j'ai un vague souvenir que je vous ai offensé hier soir.

« — Je vous pardonne volontiers et d'un grand cœur, mais la scène d'hier pourrait se produire à nouveau et si j'étais frappé je pourrais ne pas être maître de moi et vous étrangler. Permettez-moi donc d'écrire à votre frère pour lui annoncer ma rentrée. »

« Quelle journée, mon Dieu !

« Le soir arrivé, j'avais ébauché mon dîner et j'éprouvai le besoin d'aller seul prendre l'air aux senteurs des lauriers en fleur. J'avais déjà traversé presque entièrement la place Victor-Hugo (*Moi — place Lamartine*), lorsque j'entendis derrière moi un petit pas rapide et saccadé, que je connaissais bien. Je me retournai au moment même où Vincent se précipitait sur moi, un rasoir à la main. Mon regard dut à ce moment être bien puissant, car il s'arrêta et, baissant la tête, il reprit en courant le chemin de la maison.

« Ai-je été lâche en ce moment et n'aurais-je pas dû le désarmer et chercher à l'apaiser? Souvent j'ai interrogé ma conscience, et je ne me fais aucun reproche.

« Me jette la pierre qui voudra.

« D'une seule traite, je fus à un hôtel d'Arles où, après

avoir demandé l'heure, je retins ma chambre et je me couchai.

« Très agité, je ne pus m'endormir que vers trois heures du matin et je me réveillai assez tard, vers sept heures et demie.

« En arrivant sur la place, je vis rassemblée une grande foule. Près de notre maison, des gendarmes et un petit monsieur au chapeau melon, qui était le commissaire de police.

« Voici ce qui s'était passé.

« Van Gogh rentra à la maison et, immédiatement, se coupa l'oreille juste au ras de la tête. Il dut mettre un certain temps à arrêter l'hémorragie, car le lendemain de nombreuses serviettes mouillées s'étalaient sur les dalles des deux pièces du bas.

« Le sang avait sali les deux pièces et le petit escalier qui menait à notre chambre à coucher.

« Lorsqu'il fut en état de sortir, la tête enveloppée, un béret basque tout à fait enfoncé, il alla tout droit dans une maison où, à défaut de payse, on trouve une connaissance, et donna au « fonctionnaire » son oreille bien nettoyée et renfermée dans une enveloppe. « Voici, dit-il en souvenir de moi ! » Puis il s'enfuit et rentra chez lui où il se coucha et s'endormit. Il eut soin, toutefois, de fermer les volets et de mettre, sur une table, près de la fenêtre, une lampe allumée.

« Dix minutes après, toute la rue accordée aux filles de joie était en mouvement et on jasait sur l'événement.

« J'étais loin de me douter de tout cela lorsque je me présentai sur le seuil de notre maison et lorsque le monsieur au chapeau melon me dit à brûle-pourpoint, d'un ton plus que sévère :

« Qu'avez-vous fait, Monsieur, de votre camarade ? »

— « Je ne sais. » — « Que si... vous le savez bien... Il est mort ! »

« Je ne souhaite à personne un pareil moment, et il me fallut quelques longues minutes pour être apte à penser et comprimer les battements de mon cœur.

« La colère, l'indignation, et la douleur aussi, et la honte de tous ces regards, qui déchiraient toute ma personne, m'étouffaient et c'est en balbutiant que je dis : « C'est bien, Monsieur, montons et nous nous expliquerons là-haut. » Dans le lit, Vincent gisait complètement enveloppé par les draps, blotti en chien de fusil : il semblait inanimé. Doucement, bien doucement, je tâtai le corps dont la chaleur annonçait la vie assurément. Ce fut pour moi comme une reprise de toute mon intelligence et de mon énergie.

« Presque à voix basse, je dis au commissaire de police : « Veuillez, Monsieur, réveiller cet homme avec beaucoup de ménagements et, s'il demande après moi, dites-lui que je suis parti pour Paris, ma vue pourrait lui être funeste. »

« Je dois avouer qu'à partir de ce moment ce commissaire de police fut aussi convenable que possible et, intelligemment, il envoya chercher un médecin et une voiture.

« Une fois réveillé, Vincent demanda après son camarade, puis sa pipe et son tabac, songea même à demander la boîte qui était en bas et contenait notre argent. Un soupçon, sans doute ! qui m'effleura, étant déjà armé contre toute souffrance.

« Vincent fut conduit à l'hôpital où, aussitôt arrivé, son cerveau commença à battre la campagne. »

Gauguin s'appesantit sur le drame qui motiva son brusque départ d'Arles; mais il ne parle pas des bons jours qu'il y vécut avec Vincent. Ils allèrent pourtant ensemble à Montpellier pour visiter le musée Bruyas, où les tableaux de Delacroix, de Courbet, de Giotto, de Paul Potter, de Botticelli, les retinrent. Enfin, n'organisèrent-ils pas tous les deux une mise en scène pour obliger Mme Ginoux à poser, en l'invitant à prendre le café; et, Mme Ginoux assise, Vincent avait « sabré », comme il disait, ce portrait en une heure ! alors que Gauguin répétait : « Madame Ginoux, Madame Ginoux, votre

portrait sera placé au musée du Louvre, à Paris ! »
Puis ils furent dans les environs d'Arles : à Saint-
Gilles, à Raphèle, à Eyguières, à Beaucaire et à
Tarascon, où on leur permit de monter sur la ter-
rasse du château du roi René, et où Vincent s'amusa
tellement d'y rencontrer un nègre.

Mais Gauguin, qui avait le sens de l'emphase et du
théâtral, ce qui apparaît si nettement dans le récit de
sa cohabitation avec Vincent, ne pouvait, dans une
page livrée au public, s'arrêter à de tels « enfantillages ». Gauguin, une fois de plus, voulut poser
devant la galerie.

Toutefois il fut si maudit également, ce haut peintre,
il fut si malmené par le sort, qu'on doit l'associer à
tous les hommages que l'on rendra à Vincent, à
Arles. Ils vécurent là tous les deux et ensemble,
comme l'a dit Gauguin lui-même, un beau moment
de la vie...

Vincent, transporté à l'hôpital, fut reçu par l'interne
Félix Rey et placé en observation dans un cabanon.

J'ai vu ce cabanon où Vincent a été enfermé trois
jours. Oh! l'horrible chambre d'isolement, cellule
plutôt, peinte à la chaux, ne recevant du jour que
d'une petite fenêtre grillée, là-haut, hors d'atteinte!

Je suis descendu en hâte dans le jardin; jardin
d'Espagne, peut-on dire, si gai, si bien entretenu, où
des palmiers et trois robustes vernis du Japon
épandent de l'ombre sur les fleurs. Le soleil l'inon-
dait quand même, tout glorieux de ses rayons. J'ai
retrouvé toutes les choses que Vincent a dessinées,
les arcades du rez-de-chaussée tournant autour d'une

petite grille de fer — et les terrasses couvertes du premier étage où l'on voit des malades qui viennent y boire le soleil. Un beau ciel bleu se reposait au-dessus des toits de tuiles grises. Vincent avait donc vécu là. J'attachais mes yeux aux arbres, aux fleurs et aux luisantes bordures de buis, qui enserrent les parterres. Rien n'a été changé depuis trente-trois ans. On a seulement badigeonné de blanc les murs et enlevé aux lits des malades les rideaux qu'une thérapeutique nouvelle condamne.

Au bout de ces trois longs jours et de ces trois longues nuits, l'interne vint chercher Vincent; et il le mit dans la salle commune. Tous les malades regardèrent le « fou ». On lui fit place. Il se tenait tranquille.

Prévenu par Gauguin, Théo accourut à l'hospice.

Les deux frères s'embrassèrent tendrement. Vincent était calme. L'interne l'avait déjà installé dans son cabinet, pour qu'il pût écrire et dessiner à son aise.

De là, on voit le beau jardin. J'en ai emporté le durable souvenir, comme je me souviendrai de la plus grande salle des malades, puisque Vincent a peint tout cela.

Le 2 janvier 1889, Théo étant rentré à Paris, Vincent lui écrivit pour le tranquilliser tout à fait; et l'interne Rey, de son côté, ajouta :

« Je joins quelques mots à la lettre de M. votre frère pour vous rassurer à mon tour, sur son compte. Je suis heureux de vous annoncer que mes prédictions se sont réalisées et que cette surexcitation n'a été que passagère. Je crois fort qu'il sera remis dans quelques jours. J'ai tenu à ce qu'il vous écrivît lui-même, pour vous rendre mieux compte de son état. Je l'ai fait descendre à mon cabinet. Cela me distraira et lui fera du bien à lui. »

O vive gratitude de Vincent! A dater de ce jour, il ne cessera plus de parler affectueusement de l'interne ; il sera tout à fait vivifié quand il viendra de causer avec lui.

A Arles, j'ai, naturellement, connu l'interne Rey, devenu le « considérable » docteur Rey, puisqu'il dirige tous les services médicaux de la ville. Il a gardé le souvenir de Vincent. Dès mes premières questions, tout ce moment de sa vie a brillé en facettes devant ses yeux ; et de tous ceux que j'ai vus, à Arles, ayant connu Vincent, c'est le docteur Rey qui certainement m'a secoué des plus vifs et des plus caractéristiques souvenirs.

Vincent fit le portrait de l'interne. Il le fit admirable, comme presque tous ses portraits sont admirables. Qui voulait poser avait son portrait. L'interne posa pour être agréable à Vincent. Vincent offrit ce portrait à l'interne ; et l'interne qui ne « comprit » pas ce portrait, le vendit, une dizaine d'années plus tard, à un marchand de tableaux de Marseille, un sieur Molinard, grâce à la complicité d'un peintre, né brocanteur.

Or, de temps en temps, des jeunes niais et des tenaces macrobes reprochent au docteur Rey, avec des cris véhéments, cette faute. Soit! je ne suis pas curieux, je suis arrivé même à une indifférence qui m'assure d'inexprimables joies ; mais je voudrais bien connaître par le détail les noms des fins connaisseurs, des clairvoyants critiques, qui, de l'année 1890 (date de la mort de Vincent) à 1900, prônèrent et surtout achetèrent ses tableaux. Si l'on peut en compter une dizaine, c'est bien le bout du monde. Alors, M. Rey, tout occupé par ses études spéciales qui sont très éloignées de la peinture, aurait dû être un de ces dix super-lamas! C'est vraiment affirmer cela, se montrer d'une bêtise rare; et je puis engager, une fois pour toutes, les suiveurs de caravanes à nous f..... décisivement la paix!

Vincent peignit la grande salle de l'hôpital, le jardin et des portraits de malades. Il s'était posément installé dans le cabinet de l'interne, que celui-ci lui abandonnait. C'est là qu'il reçut la visite du pasteur Salles, prévenu par une notice déposée chez le concierge, dans la boîte spéciale qu'on réservait aux malades protestants. Le facteur Roulin vint également voir son « copain Vincent »; et il obtint la permission de l'emmener au pavillon de la place Lamartine.

De temps en temps, Vincent revenait se faire panser, à l'hospice : et toujours il trouvait l'interne qui s'appliquait à le délivrer de son long ennui. Quelquefois même, ils sortaient tous deux ensemble; et, cependant, Vincent, avec son bandeau rouge appliqué sur son oreille coupée, et sa toque de fourrure pelée, vêtu d'un pardessus sans nom, suscitait un étonnement scandalisé au jardin public, au boulevard des Lices ou à travers les petites rues de la ville. Mais l'interne ne voyait pas les rires; il prenait Vincent à son bras et il lui parlait de tout; et Vincent, à son tour, parlait; et il faisait de grands gestes, des grimaces qui plissaient toute sa figure douloureuse.

Vincent souffrait tous les jours davantage. Sa pauvre tête était assaillie parfois par des idées de suicide; et il écrivait à son frère Théo, dont le cœur se brisait :

« Tu auras été pauvre tout le temps pour me nourrir, mais moi je rendrai l'argent ou je rendrai l'âme. »

Il ne gardait que ses trois amis : l'interne Rey, le pasteur Salles et le bon Roulin. Il n'osait pas, chaque fois, à l'hospice, appeler l'interne ; il voyait le pasteur Salles un jour dans la semaine ; seul, Roulin s'attardait des heures avec lui au café. Quand le café des Ginoux fermait, ils allaient au café de nuit, à côté ; et ils restaient là à parler, tandis que des rôdeurs entraient et sortaient ; et que des rouliers, fatigués, s'endormaient de tous leurs poings sur les petites tables, rangées autour du billard. Et quand enfin Roulin reconduisait Vincent chez lui, Vincent tremblait ; — et il allumait près de son lit une bougie qui brûlait le reste de la nuit.

Ce drame de l'oreille coupée avait couru la ville. La ville possédait un « fou » ; elle se reconnaissait le droit de s'en amuser ; et quand les gamins grimpaient après les fenêtres du petit pavillon, on les laissait faire : ils voulaient contempler le « fou » !

Vincent ne sortait plus. Partout il voyait des menaces, des groupes hostiles. La douce maison jaune où il avait été si heureux autrefois, se transformait en un cabanon. Le « fou » était là qui dansait ou qui dormait. Des gens s'impatientaient de ne plus l'apercevoir dans la misère de ses vêtements, peureux, rasant les murs, méfiant ; oui, *méfiant*, comme ils avaient tous dit, dès les premiers jours.

Et Roulin allait, lui, son bon chien, l'abandonner. On venait de le désigner pour Marseille, dans un

LE FACTEUR ROULIN.

emploi de courrier-convoyeur des postes. Il quitterait Arles vers la fin de janvier.

La miséreuse figure de Vincent devint affreuse. Il guettait quelquefois sur la place Lamartine si personne ne passait; et il s'échappait pour aller boire un peu de café. A force de travailler au soleil, il avait brûlé ses yeux; ses paupières n'étaient plus que des bourrelets rouges. Sa barbe, il ne la taillait pas; et ses gestes devenaient de plus en plus saccadés ou furieux. Chez les Ginoux, qui s'intéressaient à lui, il arrivait avec des souliers sans lacets; et il gardait toujours son air frileux, sous son manteau déchiré ou sous son veston empâté de couleurs. Toutefois, bien Hollandais, il fumait tout le temps la pipe.

A ce moment, il put croire qu'on le laisserait enfin tranquille.

Mais il avait compté sans la cruauté renouvelée de quelques Arlésiens. Vers le milieu du mois de mars, ceux-là réclamèrent celui qu'ils appelaient le « fou ». Ils somnolaient, chérissaient leur fainéantise; et, en outre de leurs médiocres courses de taureaux, qu'ils allaient bientôt retrouver, ils voulaient une « distraction ». Et Vincent était cette distraction. Quand on ne le vit plus sortir, on pensa à l'irriter, à le piquer, comme dans une arène; et un Arlésien ayant trouvé le bon moyen d'une pétition pour enfermer de nouveau le « dangereux peintre », fit éclater un enthousiasme collectif. Une centaine d'Arlésiens, le maire en tête, signèrent; — et, un jour miraculeux, on vit enfin Vincent, entre deux agents, traîné vers l'hospice. On respira, joyeusement.

Lui, il se laissa traiter comme une bête mauvaise.

A l'hospice, il retrouva l'interne Rey; et il passa d'interminables journées en recommandant le calme à Théo, à tous ceux qui voulaient intervenir en sa faveur. Et, répétait-il, « que personne ne mette la main dans ce guêpier! »

Cependant Paul Signac bravement vint le voir. Voici le récit de cette visite :

« J'ai revu Vincent, nous a-t-il dit, la dernière fois à Arles, au printemps de 1889. Il était déjà à l'hospice de cette ville. Quelques jours auparavant il s'était coupé le lobe de l'oreille (et non l'oreille) dans les circonstances que vous savez. (*M*^me *J. Van Gogh-Bonger affirme, elle aussi, que le lobe seul de l'oreille fut coupé*). Mais le jour de ma visite il était plein de raison et l'interne me permit de sortir avec lui. Il avait le fameux bandeau et la casquette de fourrure. Il me mena à son logis de la place Lamartine où je vis les merveilleux tableaux, ses chefs-d'œuvre : *Les Alyscamps*, *Le Café de nuit*, *La Berceuse*, *L'Ecluse*, *Les Saintes-Maries*, *La Nuit étoilée*, etc. Imaginez la splendeur de ces murs blanchis à la chaux, sur quoi se détachaient ces colorations alors dans toute leur fraîcheur.

« Toute la journée il me parla peinture, littérature, socialisme. Le soir il était un peu fatigué. Il faisait un coup de mistral effroyable qui a pu l'énerver. Il voulut boire à même un litre d'essence de térébenthine qui se trouvait sur la table de la chambre. Il était temps de rentrer à l'hospice.

« Le lendemain j'allai lui dire adieu; je partais pour Cassis; là il m'adressa une bonne lettre d'art et d'amitié, où il me disait le plaisir que lui avait procuré ma visite et qu'il illustra d'un beau dessin (*Deux, exactement*). Je ne l'ai plus revu. »

Cependant les mauvais jours se pressent. On interdit à Vincent sa maison; on veut l'obliger à partir. Lui, il pense qu'il pourrait peut-être loger dans un autre quartier de la ville. Mais, à force d'angoisses, sa peur s'étrangle. Il en arrive à considérer qu'il serait mieux interné; et puisqu'on ne veut plus le tolérer à Arles, c'est lui-même qui demande son isolement; et il réclame cela à son frère, à M. Rey et à M. Salles.

On lui a déjà parlé d'un asile à Saint-Rémy. Oui, là ou ailleurs, pourvu qu'il soit enfermé. Il ne veut plus supporter sa solitude; et c'en est fini de son beau rêve de communisme artistique.

Prié par Théo, le pasteur Salles alla donc traiter avec le Directeur de l'asile de Saint-Rémy les conditions de l'internement de Vincent.

Et voilà que cette idée de quitter Arles le calme tout à coup. Il ose même peindre dans le jardin public; et les Arlésiens, qui savent qu'il va partir, ne le regardent plus. C'est un « fou » qui n'a pas tenu ce qu'il promettait. C'est un « fou » paisible. Il est le « fou » qui fait de la peinture. Les gamins eux-mêmes n'ont pas envie de crever ses toiles. Vincent peint dans le jardin public d'Arles des chefs-d'œuvre; et les Arlésiens passent devant sans s'arrêter. C'est le « fou »; c'est le peintre! Bah! il n'est pas intéressant; il ne se révolte pas.

Quand il arrive à Saint-Rémy, le concierge ouvre la porte de l'asile; et il se remet à fumer tranquillement sa pipe. Lui, non plus, il a à peine regardé Vincent. C'est un « fou » paisible.

DANS LA GEOLE DES FOUS

Saint-Rémy de Provence! Avec une curiosité
inquiète je prononçais ce nom. J'avais hâte de voir
la petite ville heureuse et, ensuite, l'asile.

La route est splendide d'Arles aux Baux, en passant
par Mont-Pavon, et des Baux à Saint-Rémy. Nous
sommes sortis d'Arles par la route de Montmajour à
Tarascon; nous avons revu Montmajour et la montagne de Corde et Fontvieille, ce village aux volets
verts. Les Alpines reposaient là-bas, rocs et plaques
d'herbes, d'un dessin aigu, très dentelé. Puis nous
avons trouvé les terres rouges, les oliviers, ces vieillards gris de poussière, vieillards en bataille, bossués,
tordus, crevassés. Des cyprès bordaient la route;
l'automobile qui roulait doucement nous laissait
voir les fleurettes rouges et jaunes, et les édicules
qui sont placés comme des poteries, au milieu des
champs.

Tous les verts se nuançaient, des verts délicats,
jaunes, bleus, rosés, jusqu'au vert intense des cyprès.
Sous le beau ciel s'offrait une admirable route de
Provence; et rien ne resplendissait comme les Alpines
que l'on apercevait toujours, et qui, par leurs

hautes murailles déchiquetées, installaient des ruines de temples assyriens.

Comme il faisait bon rouler sur cette route, où des prairies s'étiraient au pied des petites maisons tapies dans des cratères de pierre!

Tout à coup, nous aperçûmes les Baux. Quel étonnement, cet amoncellement de rocs fantastiques, fendus, creusés par on ne sait quelle colère des éléments!

Les Baux! Anciens nids d'aigles bâtis sur les rocs; les Baux, des ruines, des trous, des abîmes!

Comme tout apparaît déchiré, rompu, découpé. Ici la ruine s'ajoute à la ruine dans ces anciennes villas. C'est Pompéï sur le haut des rocs géants; tout s'est changé en un désert de pierre où poussent les figuiers à la feuille amère.

Quand le mistral autrefois soufflait ici en trombe, il ébranlait les cimiers de ces altières demeures de pirates. Les Comtes là-haut frémissaient et puisaient dans le vent de redoutables énergies. Il fallut l'âpreté des rois de France et la rancune de leurs ministres pour dompter ces aventuriers de l'air; et si le temps, cet inlassable destructeur, n'était pas venu au secours des rois et des ministres, là-haut, en pleine nue, le manoir féodal des Comtes de Provence se dresserait encore de tout son orgueil; car la foudre même avait tremblé devant lui. Pas une pierre, avant le pic de Louis XIII, ne fut touchée.

Le soleil luit, allume un pilastre, une fenêtre Renaissance; et tout d'un coup ce n'est plus tourmenté, même plus des ruines d'hôtels ou de chapelles; c'est du roc friable, souvent creusé de vermiculures, qui s'est transformé comme tout seul en des séductions de pierre, en des caresses de forme, en des reliefs d'architecture.

Voici l'église Saint-Vincent, si attirante avec son portail roman. Sa croix de fer se rouille de plus en plus au milieu des alisiers.

Monté sur le plateau des champs dévastés, on découvre les villages : Le Paradou, Maussane, Fontvieille — et l'abbaye de Montmajour. Ils sont blottis, ensoleillés, confiants en l'immense vallée, bossuée çà et là de monts, hérissée de petits bois, de champs d'oliviers ; — et où se dessinent les routes toutes blanches.

Et nous repartons en nous demandant dans quel pays chimérique nous sommes, dans quelle contrée d'inaccessibles murailles, dans quel chaos de rocs et de convulsions terrestres, et pourquoi, dans ces effroyables gouffres, nous retrouvons la douceur des champs de blé vert et le douillet frémissement des saules ?

Voici Saint-Rémy de Provence. Chef-lieu de canton (6.150 habitants), à la lisière Sud de la plaine de la Durance, au pied Nord des Alpines, disent les géographies. La petite ville se présente tout de suite avenante. Elle s'offre blanche et ocreuse, comme toutes les villes de Provence. Mais celle-ci a été gâtée : elle se pare, véritablement, de charme ; et nous faisons le tour de ses larges « boulevards » circulaires, plantés de platanes, de marronniers et de micocouliers. Et comme, dans ce soleil et dans cette chaleur, elles se font voir plaisantes les fontaines, aux dauphins de bronze, qui vomissent une luisante eau fraîche, ombragée par des palmiers !

Oh! Saint-Rémy, petite ville adorable! A cette heure de l'après-midi, tout y sommeillait. On sentait que personne ne s'empresserait de sortir, de travailler; car pourquoi travaillerait-on dans une telle petite ville fortunée, où l'on ne demande rien, où l'on ne réclame rien. Les palmiers dattiers eux-mêmes y croissent en orgueil sans produire de dattes; et les tomates et les aubergines, les oignons et les raisins suffisent bien pour rendre le ventre peu exigeant ici; tellement il luit, le soleil, tellement il prodigue sa chaleur et son énergie à tous les viscères; et puis, par dessus le marché, n'est-ce pas lui qui endort les pauvres peines de rien du tout qu'ils ont tous en Provence?

J'arrivai à Saint-Rémy avec humeur. N'a-t-on pas donné, en effet, aux boulevards et aux rues de la jolie petite ville, des noms bêtes de personnages politiques? Je pensai à Baudelaire, en lisant ces noms : Gambetta, Mirabeau, Carnot, Sergent Bobillot (*sic*), Thiers, etc... Quelle sottise!

Je me hâte de dire que le maire actuel, un homme actif et vibrant, dont l'accueil est chaleureux, n'est pour rien dans ces appellations niaises qui effacèrent Dieu sait quels noms anciens et évocateurs! Toutefois, on a bien voulu laisser le nom de Nostradamus à l'une des rues de Saint-Rémy. Un autre « grand homme » politique fut sans doute impossible à trouver. Nostradamus, né à Saint-Rémy, mérite, d'ailleurs, cet hommage. Car il fut un savoureux astrologue. Après avoir écrit les *Centuries*, un recueil de prédictions rares, il eut le toupet de vaticiner, en présence de l'Italienne et féroce Catherine de Médicis et de Charles IX, son fils, ce benêt!

Mais je ne pensais plus qu'à l'asile Saint-Paul (c'est ainsi qu'on le nomme aujourd'hui) où Vincent fut torturé une longue année, du mois de mai 1889 au mois de mai 1890.

L'asile se trouve là-bas, à 1.200 mètres environ au midi de Saint-Rémy, sur la route de Maussane, et à 400 mètres de la chaîne des Alpines. On accède à l'asile, de la route de Maussane, par une courte allée de pins. C'est, en face, précisément, que se conservent encore, malgré le temps, les deux monuments romains, tout moussus, tout frappés par la foudre, tout desséchés par le soleil, tout gris, tout rouges et tout verdâtres, où la lumière s'accroche et fait sortir de l'ombre des détails de visages et des reliefs d'armures : *L'Arc de triomphe de Marius* et *Le Mausolée des Jules.*

Vincent vivra donc dans cet asile, qui fut un monastère d'Augustins, remplacés ensuite par des religieux de l'ordre de Saint François ; — et dont le principal ornement consiste en un cloître du XIIe siècle.

Comme détails plus modernes, je crois utile de donner tout au long, la description et le fonctionnement de cette maison dite de santé. On saisira mieux l'horreur et le comique funèbre de tout ce qui fut imposé à Vincent.

C'est une brochure rarissime que je vais recopier pour ce livre. Elle fut publiée, à Paris, en 1866, par Victor Masson et fils.

Sur la couverture on a représenté une vignette puérile qui donne, au juger, l'aspect d'ensemble de l'asile. On voit des arbres au premier plan, une plaine, puis la maison de santé, avec la tour de la chapelle, et, dans le fond, les Alpines.

Si l'on veut bien lire toutes les pages suivantes, on verra avec quel soin, avec quelle séduction on cherchait à plaire aux aliénés et à leurs familles. Cela ressemble presque à une invitation pour les vacances, s'adressant à des gens qui vont habituellement à la mer ou à la campagne. On ne pouvait pas être plus persuasif!

Voici, dans toute sa saveur, l'exposé de la brochure :

MAISON DE SANTÉ
DE
SAINT-RÉMY DE PROVENCE
(Bouches-du-Rhône.)

« Ce vaste Etablissement fut fondé au commencement du siècle (*le 19ᵉ*) par le docteur Mercurin, chevalier de la Légion d'honneur, aliéniste et praticien remarquable, élève et émule des grands maîtres qui surent imprimer à cette époque une si heureuse impulsion aux études psychologiques.

« Le choix qu'il sut faire du local est on ne peut plus favorable à sa destination par sa position topographique.

« La maison, construite sur le versant nord d'un coteau de la chaîne des Alpines, se composait seulement alors d'une chapelle, d'un cloître gracieux, dans le genre de celui de Saint-Trophime à Arles, construction du douzième ou du commencement du treizième siècle, comme l'attestent diverses inscriptions, et d'un petit bâtiment annexé. Tour à tour occupé par des moines de l'ordre de Saint-Augustin, érigé en prévôté, sécularisé, et, en dernier lieu, habité par des prêtres observantins, cette partie a constitué le centre ou le noyau de l'Établissement.

« Depuis sa destination actuelle, par des efforts incessants d'agrandissement et d'améliorations successives, l'Etablissement est parvenu, en suivant les progrès de la science, à un état sinon parfait, du moins des mieux appropriés au service et au bien-être des malades.

« L'Etablissement, qui couvre une superficie d'environ 54.000 mètres carrés, dont 8.500 sont couverts par les bâtiments, est entièrement consacré aux malades; il est borné sur trois de ses côtés par les terrains d'une ferme appartenant au même propriétaire; les Alpines, qui le surmontent au Midi, se terminent par des crêtes bizarres qui laissent entre elles et la maison un sol très accidenté, parsemé de vallons riants et pittoresques, dans lesquels les malades sont souvent conduits en promenade. A l'Ouest, aux portes de l'Etablissement, se voient un arc de triomphe et un mausolée, monuments antiques assez bien conservés, glorieux restes de la grandeur romaine.

« La maison domine une contrée riche, spacieuse, d'un riant aspect; au Nord, à un kilomètre plus bas, est la ville de Saint-Rémy, ancienne *Glanum,* bien connue pour la salubrité et la pureté de son climat, qui l'a préservée des maladies et des influences épidémiques qui ont régné tour à tour dans le Midi de la France. Au delà est une vaste plaine d'une grande richesse, dans laquelle se voient les petites villes d'Eragues, de Château-Renard, de Maillane, etc. La vue est bornée par un horizon qui s'étend jusqu'aux montagnes du Gard et de Vaucluse, et forme un panorama magnifique qui permet de distinguer Avignon d'un côté et Tarascon de l'autre. Des services réguliers de voitures publiques et particulières mettent en communication, plusieurs fois par jour, les stations de chemins de fer de ces villes avec Saint-Rémy.

« Air, lumière, espace, grands et beaux arbres, eaux potables, fraîches, abondantes, de bonne qualité, provenant des sources dans les montagnes, et l'éloignement suffisant de tout grand centre de population; telles sont les principales causes qui justifient le choix du savant fondateur.

« Au centre est une chapelle richement ornée, où la plus digne satisfaction est donnée aux cérémonies religieuses.

A côté, est le cloître antique autour duquel sont groupés les services généraux, cuisine, magasins et dépendances, réfectoires des Sœurs et des Dames, et parloir pour les visites des familles; au-dessus, est le logement des Sœurs, la lingerie, les vestiaires et quelques appartements consacrés aux grands pensionnaires. De chaque côté de ces points partent, en sens inverse l'un de l'autre, des bâtiments élevés d'un étage seulement, recourbés plus loin à angle droit, qui constituent le quartier des Messieurs, en tête duquel est le pavillon du Directeur, et celui des Dames, complètement séparés l'un de l'autre et permettant aux malades de se rendre à couvert à la chapelle en toute saison.

« Ces quartiers, bien éclairés, sont chauffés en hiver, dans la plus grande partie, par des calorifères qui donnent une chaleur douce et uniforme, toujours sans danger pour les pensionnaires. Ils comprennent plusieurs divisions avec salles et cabinets de bains pourvus de divers systèmes de douche, des dortoirs spacieux, une longue série de chambres et d'appartements particuliers, des salons communs; toutes ces parties plus ou moins meublées et ornées suivant les classes de pensionnaires. Les salons des Dames sont pourvus d'ouvroirs latéraux, ceux des Messieurs, de salles de billard, de musique et d'un bureau pour écrire ou dessiner. Des journaux illustrés, des livres et des jeux divers, propres à récréer, sont à leur disposition. Des jardins et des parcs ombreux, bien plantés, pourvus d'eau jaillissante et entretenus avec soin, entourent les bâtiments et sollicitent d'agréables distractions. Les mouvements du terrain y donnent lieu à une grande variété de sites.

« Ces détails doivent suffire pour faire apprécier les avantages de ce bel établissement dans lequel les malades ne sont jamais admis qu'en nombre restreint, proportionnellement à son étendue. Nous devons cependant dire, surtout pour les médecins, quelques mots des soins spéciaux dont les malades sont l'objet, et du personnel affecté à leur service.

« Nous ne pouvons relater ici, au sujet des soins médicaux ou du traitement, que des généralités applicables seulement à une partie des maladies comprises sous le noms d'*aliénations mentales*. Elles offrent entre elles de telles différences qu'il serait bien difficile d'en rapprocher les traitements ; disons seulement que les sentiments d'humanité ont été substitués, depuis la fondation de l'Etablissement, à la cruauté avec laquelle on traitait autrefois les aliénés ; mieux encore, l'incomparable supériorité des traitements, sans contrainte, par les voies de douceur et de bienveillance, ont été mis en pratique dans cette maison bien avant la publication des beaux résultats auxquels ils ont donné lieu. en y joignant, bien entendu, l'emploi et l'usage des médications dont l'expérience a démontré l'efficacité ; la variété dans les travaux d'esprit comme dans les travaux manuels et les distractions : tels sont le plus ordinairement les moyens auxquels on a recours.

« Mais, nous devons le dire, le plus souvent dans les maladies mentales, le traitement physique et moral est personnel. Ce n'est plus une maladie que le médecin a à traiter, mais bien un malade dont le traitement complexe doit varier suivant une foule de circonstances diverses qui ont amené la maladie.

« Toujours une bonne hygiène, même un confort auquel souvent beaucoup de personnes pensent à tort que ces malades ne sont pas sensibles, ajoutent au traitement une grande puissance ; un chef de cuisine habile est chargé de la préparation des aliments, toujours de premier choix. Les malades sont sûrs de recevoir une nourriture saine, abondante, choisie, variée et même recherchée, suivant la classe à laquelle ils appartiennent comme pensionnaires. Une vacherie suisse, dans l'intérieur de l'Etablissement, fournit un laitage abondant et naturel. C'est par ces moyens que l'on a si souvent obtenu des résultats satisfaisants.

« D'après la statistique officielle, publiée par le Ministère pour la période décennale de 1843 à 1853, les guérisons obtenues ont atteint une bonne moyenne (*le tiers par rap-*

port au nombre des malades admis), et pour la mortalité, la maison de santé de Saint-Rémy était comptée parmi les cinq, sur cent onze asiles, qui avaient eu le moins de décès. La statistique pour la période de 1854 à 1864 n'a pas été publiée, mais l'Etablissement est resté dans les mêmes conditions.

« La direction de l'Etablissement est confiée à M. Arnoux, médecin de première classe de la marine, en non activité, officier de la Légion d'honneur, etc., qui est en même temps le médecin adjoint; aucune partie du service ne lui est étrangère, et il correspond directement et fréquemment avec les familles des malades.

« Le médecin en chef, M. le docteur Blain, qui a consacré toute sa vie à l'étude de la spécialité des maladies mentales, aliéniste d'une grande réputation, remplit ces fonctions dans la maison depuis environ vingt-cinq ans.

« Un aumônier réside aussi dans l'Etablissement et assure aux malades, à toute heure du jour et de la nuit, les secours et les consolations de son ministère.

« Un surveillant en chef du quartier des Messieurs imprime à de nombreux domestiques les vues et les désirs exprimés par les médecins à l'égard de chaque malade; il impose aux serviteurs les égards et les considérations qu'ils doivent avoir. En cas d'agitation d'un malade, ils doivent seulement le maîtriser sans brusquerie, et se borner à le mettre dans l'impossibilité de nuire à lui-même et à autrui, toujours conserver un calme respectueux et se souvenir qu'ils doivent avoir de la raison pour deux.

« L'action de l'ordre, de la tenue, de la propreté et du calme est assurée par une surveillance assidue et toujours pratiquée de manière à éloigner toute défiance mêlée de pénibles sentiments et à faire oublier aux malades la perte de leur liberté.

« Le médecin en chef et le Directeur qui les voient plusieurs fois par jour, le surveillant en chef qui est presque toujours au milieu d'eux, causent avec chacun des malades sur les objets, les personnes ou les sujets qui paraissent retenir plus spécialement leur attention, sur les espérances qu'ils peuvent avoir de retrouver leur famille aussitôt qu'ils auront donné des garanties et des chances suffisantes pour n'avoir pas à redouter une rechute infaillible; allant au-devant de leurs désirs pour tout ce qui peut ajouter à leur bien-être physique et moral. En un mot, tendance de tous les employés à remplacer auprès des malades la famille absente et à les maintenir en état d'y rentrer sans variation trop brusque dans leur vie usuelle.

« Dans chaque quartier il y a plusieurs infirmeries où sont placés les pensionnaires atteints de maladies incidentes et ceux qui nécessitent des soins spéciaux.

« Enfin des religieuses, à l'exemple de leur supérieure dont le dévouement égale l'intelligence, administrent lingerie, buanderie, vestiaires, menus détails d'approvisionnement et de distribution de nourriture; mais c'est surtout dans le service des Dames, dont elles sont plus spécialement chargées sous les ordres du Directeur et du médecin, qu'elles déploient les qualités spéciales qui les distinguent : point d'étalage ni de mystère, l'amour de leurs malades, la vie de famille, des attentions maternelles, une source inépuisable de patience et de bons procédés, de consolation et d'espérance. Dans l'ouvroir, elles dirigent et surveillent les petits travaux de broderie, de crochet, d'aiguille, de tapisserie, de tricot qu'elles savent allier et entremêler de narrations agréables, de récréations, voire même de chants au piano du salon voisin. Une ou deux fois par semaine, suivant le temps et la saison, les Dames comme les Messieurs sont conduits et accompagnés à la promenade hors de la maison, soit à pied, soit dans la voiture de l'Etablissement. D'autres Sœurs sont tout entières au service des malades dans les infirmeries.

« Par leur coopération et leur douceur elles ont une large part aux succès et aux guérisons qui s'obtiennent.

« En un mot, le service de l'Etablissement fonctionne à souhait dans toutes ses parties, ordre, tenue, propreté, dévouement des employés aux malades qui leur sont confiés.

« Disons, enfin, que l'asile privé de Saint-Rémy de Provence répond à un besoin social, en ce qu'il est le seul Etablissement de cette nature dans tout le Midi de la France. Tous les départements autour de lui en sont dépourvus jusqu'à la frontière d'Italie, de même que toute l'Algérie.

« Par la modicité de ses prix de pension, ce bel Etablissement est une ressource pour les familles si nombreuses dont l'état de fortune ne permet pas le placement de leurs malades dans des asiles privés d'un prix trop élevé, et qui manifestent cependant une grande répugnance pour les asiles publics.

« Emettons seulement le regret de voir cette classe de la société dominée encore par les préjugés dont les affections mentales sont l'objet ; trop souvent les familles ne se décident à conduire leurs aliénés dans un Etablissement spécial, que lorsque la maladie a fait assez de progrès pour qu'on ne puisse se promettre un heureux effet des soins qu'elle réclame.

CONDITIONS D'ADMISSION

Un malade ne peut être admis sans la production des pièces suivantes (*loi de 1838*) :

« 1° Une demande d'admission adressée au Directeur, contenant les noms, prénoms, âge, profession, lieu de naissance et domicile tant de la personne qui forme la demande que de celle dont l'admission est réclamée, et l'indication du degré de parenté ou, à défaut, de la nature des relations qui existent entre elles.

« La demande doit être écrite et signée par celui qui l'a formée ; s'il ne sait pas écrire, elle sera faite par le maire ou le commissaire de police ; si elle est faite par le tuteur d'un interdit, il devra fournir, à l'appui, un extrait du jugement d'interdiction.

« La demande est rédigée conformément au modèle ci-après :

« Je soussigné   âgé de   profession d
demeurant à   canton de   demande
l'admission à l'asile privé d'aliénés de Saint-Rémy de
Provence,
de M.   né à   le
demeurant à   canton de   département
de   profession d'   célibataire ou marié
à   (*degré de parenté*), atteint d'aliénation
mentale, d'après le certificat de M. le docteur ....
                    Fait   le   18
                    Signature *lisible et adresse.*

« 2° Un certificat du médecin, constatant l'état mental
de la personne à placer et indiquant les particularités de
sa maladie, ainsi que la nécessité de la faire traiter dans
un asile d'aliénés et de l'y tenir enfermée.

« Ce certificat ne sera pas admis, s'il a été délivré plus
de quinze jours avant sa remise au Directeur de l'asile, ou
si le médecin signataire est parent ou allié au second degré
inclusivement de la personne à placer, de celle qui
demande le placement, ou des chefs de l'Etablissement.

« 3° Un acte de naissance ou passe-port propre à constater l'individualité de la personne à placer.

« Les signatures de ces pièces faites sur papier timbré
devront être légalisées.

CONDITIONS PÉCUNIAIRES

« Tous les malades reçoivent les mêmes soins médicaux,
mais il n'en saurait être ainsi du logement, de la nourriture et du confort dont les familles désirent les voir entourés.

« De là la division des pensionnaires en plusieurs classes
distinctes.

Troisième classe, 800 francs par an :

« Logement en dortoir et salons communs à moins de
nécessité d'isolement ou de maladie incidente. Table
suffisante, convenable.

JEUNE MOISSONNEUR.

Deuxième classe, 1.200 francs par an :

« Chambre particulière meublée modestement. Nourriture saine, abondante, comme à la troisième classe, mais plus variée; salons communs plus confortables, souvent en rapport de société avec la première classe, à moins d'agitation.

Première classe, 1.600 francs par an :

« Chambre particulière meublée avec une certaine élégance et table très complète bien servie.

« Enfin, sous le titre de *grands pensionnaires*, sont admis des malades avec appartements de plusieurs pièces meublés avec un certain luxe, dont la nourriture est, non-seulement complète et variée, mais, même recherchée, jouissant en outre de quelques priviléges spéciaux, quelques-uns ont un ou une domestique affecté spécialement à leur service, qui couche à côté du malade; le prix de pension se traite, dans ces cas, de gré à gré avec le Directeur.

« La pension se paye d'avance, par trimestre ou par mois, le mois commencé est dû en entier à l'Etablissement. *(Règlement du Ministre de l'Intérieur).*

TROUSSEAU

dont les malades doivent être pourvus.

L'Etablissement peut fournir tous les objets de literie et le gros linge, par abonnement au prix de 60 francs par an.

1 Sache pour paillasse ou un sommier;
2 Matelas, 1 traversin, 1 oreiller;
1 Edredon, 6 taies d'oreiller;
2 Couvertures de laine, 1 de coton, 1 dessus de lit blanc;
8 Draps de lit, 12 serviettes de table, 6 de toilette, 6 essuie-mains;

12 Chemises de jour, 6 de nuit;
12 Mouchoirs de poche;
2 Peignoirs pour bain;
Peignes et brosses;
Pantoufles (une paire);
1 Timbale argent ou ruolz;
1 Couvert et petite cuiller en argent ou ruolz.

<table>
<tr><td colspan="2">HOMMES</td><td colspan="2">FEMMES</td></tr>
<tr><td>Paires de bas ou chaussettes .</td><td>12</td><td>Paires de bas . . . .</td><td>12</td></tr>
<tr><td>Vêtements { d'hiver. . . . .</td><td>2</td><td>Camisoles de nuit. . . . . .</td><td>6</td></tr>
<tr><td>   { d'été . . . . . .</td><td>2</td><td>Cols. . . . .</td><td>6</td></tr>
</table>

HOMMES

Paires de bas ou chaussettes . 12

Vêtements { d'hiver. . . . . 2 / d'été 2

Pardessus, caban ou manteau. 1

Pantalons { d'hiver . . . . . 3 / d'été 3

Gilets { d'hiver . . . . . 2 / d'été. 2

Caleçons 4

Cravates { d'hiver . . . . 4 / d'été. 2

Chaussures suffisantes *pour chaque saison.*

Coiffure : casquettes ou chapeaux dont un en paille . . 3

Bonnets de nuit *ou mouchoirs de tête.* 6

Gilets de flanelle ou de laine, facultatif, en nombre suffisant.

FEMMES

Paires de bas 12

Camisoles de nuit. 6

Cols. 6

Jupons { d'hiver . . . . . . 2 / d'été. 4

Bonnets de nuit. 6

Facultatif pour qualité et quantité {
Bonnet de jour.
Chapeau d'été et d'hiver.
Robes d'été et d'hiver.
Pèlerine,
Fichus, châles, manteau,
Confection, ombrelle,
Chaussures suffisantes pour été et hiver,
Gilets de flanelle ou de laine, etc.

SUPPLÉMENT NÉCESSAIRE

si le malade était ou devenait gâteux.

HOMMES

Draps de lit 2

Chemises de jour 4

— de nuit 4

Pantalons d'hiver. 2

— d'été 2

FEMMES

Draps de lit 2

Chemises de jour. 4

— de nuit 4

Paires de bas, susceptibles de lavage fréquent 4

Jupons et robes 4

« Avec le prix de pension, la maison se charge du blanchissage et du repassage, mais les frais d'entretien et de réparation sont à la charge des parents; avis des besoins leur est donné au changement de saison, et le renouvellement des objets de trousseau est opéré par eux ou avec leur autorisation, l'Établissement se charge des fournitures nécessaires et en porte le coût au compte du pensionnaire *à titre d'avances remboursables.*

« A la sortie ou au décès du pensionnaire, le trousseau

est rendu dans l'état où il se trouve; il devient la propriété de l'Etablissement, s'il n'est pas retiré dans les quatre mois suivants.

« Les parents seront reçus tous les jours et à toute heure, mais personne autre ne peut voir un pensionnaire s'il n'est pourvu d'une autorisation écrite délivrée par la personne qui a opéré le placement.

« Les heureux résultats obtenus par le passé et les conditions avantageuses dans lesquelles se trouve la maison de santé de Saint-Rémy de Provence, autorisent à espérer la continuation de la confiance des familles. »

Après cet exposé charmant, plein de séduction — il convient de le répéter! — on avait commis seulement l'imprudence de reproduire (par une gravure) *La façade d'une partie du quartier des Messieurs (sic)*. Cette gravure se présentait, en effet, purement et simplement effrayante. Quand on considérait cette longue façade aux fenêtres étroites, en aspect de prison, pire : de maison de torture, on se secouait du frisson de l'épouvante. Jamais aucune force humaine n'aurait pu, semble-t-il, vous pousser là-dedans. Oui, cette gravure, c'était la faute, la sottise cruelle; elle détruisait inexorablement les mielleux encouragements du texte. Elle les fondait, elle les répandait à plat. Pour mon propre compte, après avoir vu la malheureuse gravure, j'aurais préféré, si j'avais dû être enfermé derrière ce mur, me jeter au fond d'un gouffre. Ah! la fâcheuse gravure!

Vincent vint là, comme un enfant. Le pasteur Salles, avait fait connaître à Théo toutes les dispositions pour l'internement. Le voyage et l'arrivée de Vincent à l'asile se passèrent sans incident ni accident, ainsi qu'en témoigne ce fragment de lettre du pasteur Salles à Théo :

« Notre voyage, dit-il, à Saint-Rémy s'est effectué dans d'excellentes conditions. M. Vincent était parfaitement calme et a expliqué lui-même son cas au Directeur, comme un homme qui a pleine conscience de sa situation. Il est resté avec moi jusqu'à mon départ, et quand j'ai pris congé de lui, il m'a chaleureusement remercié et a paru quelque peu ému à la pensée de la vie toute nouvelle qu'il allait mener dans cette maison. M. Peyron, le Directeur, m'a assuré qu'il aurait pour lui toute la bienveillance et tous les égards que comporte son état ».

Vincent gardait toute confiance. M. Salles et Théo étaient tout dévoués pour lui ; et Vincent voulait tout ce qu'ils voulaient. Il demandait sa guérison, et que son travail lui fût de nouveau possible.

Auparavant, Théo avait écrit à Vincent :

« Je ne considère pas ton aller à Saint-Rémy comme une retraite comme tu dis, mais simplement comme un repos d'un moment pour revenir bientôt avec des forces nouvelles. Pour moi j'attribue une grande partie de ta maladie à ce que ton existence matérielle a été trop négligée. Dans un établissement comme à Saint-Rémy, il y a une grande régularité dans les heures de repas, etc. — et je crois que cette régularité ne te fera pas de mal, au contraire. »

Entre temps, Théo avait épousé en Hollande Mlle Johanna Bonger. Et Vincent pensait à ce frère marié, qui, maintenant, ne pourrait peut-être plus l'aider comme il l'avait fait jusqu'à ce jour, sans un reproche. Mais si la guérison venait ; si, en usant de courage et de patience, il pouvait, lui, Vincent, reprendre ses forces, il finirait bien par « gagner enfin sa vie » lui-même et dédommager Théo de toutes les sommes d'argent qu'il avait reçues.

Quand on a sonné à la porte d'entrée de l'asile, une petite porte à côté d'une porte charretière, on se sent bien accueilli par le décor.

On a devant soi une longue allée bordée d'iris, d'acacias et de lauriers-thyms à petits fruits bleus. Au fond, on aperçoit la chapelle à la façade jaune.

La Supérieure de l'asile, prévenue, s'est avancée à notre rencontre. C'est une femme âgée, dont la vivacité et l'intelligence rayonnent bien au delà de la coiffe blanche. Voilà plus de quarante ans que Madame Deschanel (c'est le nom de la Supérieure), vit dans cet asile, où elle fut simple sœur d'abord. Je la regardais, cette femme de tous les dévouements les plus ingrats. Ses yeux brillaient; et elle accordait à mes questions des réponses qui dépassaient toujours mon attente. Elle devinait ma curiosité; et elle l'apaisait; car sa mémoire est restée celle de la jeune sœur qu'elle fût.

— On ne reçoit plus les Messieurs à présent à l'asile de Saint-Rémy, me dit-elle. Je vais donc pouvoir vous montrer complètement leur ancien quartier. Nous n'accueillons plus que les Dames. Pendant la guerre, le quartier des Messieurs fut réquisitionné pour garder des prisonniers allemands. »

Et nous visitons d'abord le cloître, avec ses chapiteaux abondamment sculptés, avec son petit jardin qu'encadrent des arcades peintes à la chaux. Dans ce soleil, le décor s'offre plaisant. Des hirondelles ont niché sous les voûtes; et des magnolias et des roses rouges, des roses roses s'épanouissent. Puis, nous avons suivi des couloirs, revu la chapelle, où, tout auprès, toute blanche, pleine de fleurs, mais si singulièrement silencieuse, somnole la maison du Docteur.

Oui, tout est sérénité. Et, tandis que Madame Deschanel me parle, j'apaise mon inquiétude; c'est bien! je ne verrai pas, puisqu'il n'y a plus d'aliénés à l'asile, un aliéné qui eût pu ressembler à Vincent!

Nous voici dans l'ancien quartier des hommes. C'est un parc délaissé, avec de hautes herbes, des arbres chevelus et des pins énormes.

Au fond, la longue bâtisse jaune a un étage et des fenêtres rondes. Un toit qui n'en finit plus de tuiles roussies. Un morne abandon!

C'est donc là que Vincent a vécu toute une année!

Je revois tous les tableaux qu'il a peints ici : la porte d'entrée avec ses colonnes doriques et son balcon; les hauts arbres aux pieds mangés par le lierre. Les volets sont clos. Tout est revenu au silence, à la détresse. Il n'y a plus sur cette façade lugubre que le soleil de vivant.

Comme Madame Deschanel entrait dans cette effrayante bâtisse, j'ai osé la suivre. J'ai vu un long couloir sombre avec des grilles de fer et des chambres qui sont des cellules. J'étouffais; tout cela sentait le moisi, et comme d'anciennes sueurs des tortures que les aliénés avaient hurlées. Alors, j'ai couru d'un trait vers l'aile droite de la longue façade, où pénétrait la lumière du jour; et, là, j'ai aspiré de toutes mes forces l'odeur de la campagne, l'odeur des bois de pins, des luzernes; et j'ai contemplé les Alpines grises et les blés mouvants.

Ainsi, Vincent fut là! Madame Deschanel me montre sa cellule. C'est derrière ces grilles qu'il regardait la vie ; et, tout autour de lui, sans trêve, les agités aboyaient.

— Il endurait courageusement son mal! me dit Madame Deschanel. Ce qui lui pesait le plus, c'était la promiscuité. Le Directeur lui avait permis de peindre dans la grande salle qui est à gauche de l'entrée. Mais souvent il mangeait ses couleurs ; et il fallait vite lui administrer un contre-poison... Quand il s'était calmé, il nous demandait pardon ; et il se remettait vite à travailler...

« Je me souviens bien de lui, continue la Supérieure. Il faisait des tableaux qui ressemblaient pour moi à des « pompons de peinture ». Nous n'avons rien gardé de lui, sans quoi, Monsieur, je m'empresserais de vous donner un de ses tableaux, puisque vous semblez conserver un tel souvenir de M. Vincent!... Nous l'appelions toutes ainsi... »

Elle m'a jeté cela en plein visage, cette extraordinaire religieuse. Je reste interdit, ne sachant quoi dire! Je ne peux choisir entre le détachement de cette sainte femme ou son ignorance des prix que valent maintenant les toiles de Vincent ; et comme je l'en informe en protestant que ce serait, si j'avais à accepter, de ma part, une mauvaise action, elle me dit : « Le désintéressement, Monsieur, est la principale vertu de ce monde... Je regrette de n'avoir rien de M. Vincent à vous donner!.. »

Et comme j'allais prendre congé, Madame Deschanel, en me reconduisant, m'a montré la cour herbue où l'on plaçait les agités. Derrière un mur, des pins, des peupliers, des cyprès se berçaient et chantaient la détresse humaine, malgré le soleil, le soleil qui restait celui que Vincent avait vu si souvent, la face sur les barreaux de fer, quand il s'obstinait à peindre les moissonneurs.

J'avais visité l'asile par le soleil, dans l'incomparable lumière de Provence, alors que le ciel se déploie comme une fragile écharpe du plus beau bleu posée mollement au-dessus des monts, des prés et des bois. Mais l'hiver, ou par les jours de pluie, comme la douleur devait enfoncer ses griffes dans le cerveau de ceux qui sentent venir les alarmes des crises ! Vincent était de ceux-là...

En 1889, cet asile Saint-Paul était dirigé par le docteur Peyron. Vincent le décrit comme « un petit homme goutteux, veuf depuis quelques années, et qui portait des lunettes très noires ».

En réalité, l'asile se dirigeait lui-même. Dans ce temps-là, sous le bénéfice de cette honteuse loi de 1838, et qui n'est pas encore tout à fait abrogée, à la honte des Chambres successives, — et c'est d'autant plus bête que la plupart des députés et des ministres finissent dans le gâtisme ! — on ne redoutait aucune visite inquisitoriale... L'asile se dirigeant donc lui-même, le docteur Peyron était une sorte de médecin paternel, de bons sentiments, mais à qui les maladies nerveuses et mentales, sous toutes leurs formes, se révélaient absolument mystérieuses.

Il se contentait de visiter ses pensionnaires, comme on essayerait de parler avec des habitants de la Lune. Un économe s'occupait de la cuisine, du payement des pensions, etc. ; et, si l'on s'en rapporte aux lettres de Vincent envoyées de Saint-Rémy, l'asile était une vaste pension de famille où l'on mangeait mal et où on laissait les malades dans la plus complète oisiveté.

BOULEVARD A SAINT-RÉMY DE PROVENCE.

Aussi bien, les médecins aliénistes actuels sont-ils entrés décisivement dans le complexe labyrinthe des maladies du cerveau? Il n'est peut-être pas aisé de répondre. Le docteur Peyron attendait du ciel toutes les guérisons; et ainsi il se montrait sage.

Vincent, placé à Saint-Paul, le docteur Peyron ne compta donc avec lui qu'un malade de plus. Une nourriture à des heures fixes, une surveillance véritable par les gardiens et les gardiens-chefs; des bains et des douches. Le programme était rempli.

A vivre avec les déments, Vincent s'habitua à leurs gestes, à leurs cris; et, tout d'abord, son horreur de a folie s'adoucit. Il continua d'écrire à son frère; il parla de ses nouveaux tableaux peints dans le parc, et de ceux qu'il entreprendrait bientôt au dehors... Il n'attend plus pour cela que la bonne autorisation de sortir; et il parle très simplement de ses camarades d'asile :

« Ces malheureux ne faisant absolument rien (pas un livre, rien pour les distraire qu'un jeu de boules et un jeu de dames) n'ont, dit-il, d'autre distraction journalière que de se bourrer de pois chiches, d'haricots et de lentilles et autres épiceries et denrées coloniales par des quantités réglées et à des heures fixes. La digestion de ces marchandises offrant de certaines difficultés, ils remplissent ainsi leurs journées d'une façon aussi inoffensive que peu coûteuse. »

Et, plus loin, il donne cette note d'humour noire :

« La salle où l'on se tient les jours de pluie est comme une salle d'attente troisième classe dans quelque village stagnant, d'autant plus qu'il y en a d'honorables aliénés qui portent toujours un chapeau, des lunettes, une canne et une tenue de voyage, comme aux bains de mer à peu près, et qui y figurent les passagers. »

Mais, Vincent, malgré toute sa fermeté, malgré ses longs moments de lucidité parfaite, est assailli de cauchemars et d'hallucinations de la vue et de l'ouïe. Des prostrations complètes suivent, des mélancolies profondes, un dégoût de la vie. Pourtant il se reprend vite. Il s'analyse avec une complète lucidité; il cherche d'où viennent ses crises, ce qui peut les déterminer. Comme il redoute ce qu'il appelle la « folie religieuse », il en arrive à se demander si la vue du cloître et des « bonnes sœurs » n'est pas la véritable cause de tout? Ne serait-il pas mieux dans un asile laïque, par exemple?... Et il se reproche d'avoir été lâche à Arles, de n'avoir pas défendu son atelier et sa personne contre tous ces gens qui se liguaient en face de lui. Mais, tout de suite, il en appelle à toute son énergie; il travaille avec emportement. Il dit : « Je laboure comme un vrai possédé, j'ai une fureur sourde de travail plus que jamais. »

Et cela demeure un étonnement qu'il puisse, dans son état, peindre. Il le fait avec une hâte dévorante de beaucoup produire pendant qu'il en est temps encore; car, il a beau se remonter, il croit que la folie approche, et qu'il ne sera bientôt qu'une chose misérable ainsi que les pires malades de l'asile.

En plein travail, son mal, en effet, le garrotte et il tremble d'effroi. Il se débat; il tente d'échapper à ses hallucinations; il s'enfuit, il court dans le parc; il bute contre les arbres; il hurle sa peur; puis, soudainement, il retrouve le calme; et il se remet à écrire et il se remet à peindre. C'est comme un homme nouveau qui raisonne avec toute sa rare intelligence et qui a chassé de lui-même une chose mauvaise. Il se croit reparti vers la guérison. Il est très vite en confiance; il s'est persuadé qu'il ne sera sauvé que par son travail. Et, redevenu tranquille, il écrit vite à son frère que cette fois c'est fini, — qu'il est bien improbable que les crises reparaissent.

Comme on lui a accordé la permission de sortir, il va deux ou trois fois, sous la conduite d'un gardien, à Arles; et, à Saint-Rémy, il parcourt toute la campagne; il s'épuise à peindre et à marcher. Il est attiré par les Alpines; et il décrit toujours abondamment les tableaux qu'il a en train, avec la parure de cette lyrique et si descriptive poésie dont ses lettres se fleurissent.

Ces pathétiques lettres de Saint-Rémy, ces lettres qui témoignent de la plus merveilleuse énergie devant le mal, nous demandons quel homme de lettres eût pu les écrire plus cruellement, plus douloureusement — et avec un plus notoire courage? Oui, Vincent, dans sa lutte quotidienne, allait jusqu'à se crucifier de toutes ses épouvantes; — et certaines de ces épouvantes montent des enfers, — hurlent comme des cris de sang dans des nuits de hideux cauchemars. Jamais, sans doute, il n'exista un homme plus brave! Celui-là, quand il porte encore sur lui la sueur de ses terreurs, quand il garde encore son pauvre corps tout meurtri, s'il écrit à Théo, à sa belle-sœur, à sa mère, c'est pour les consoler tous, leur parler de son travail et des peintres qu'il estime, étant demeuré candide et toujours capable d'admiration.

Comment put-il traîner son martyre toute une longue année au milieu des déments? Souvent, il s'entretenait des heures avec eux, « parce que, dit-il, il ne leur faisait pas peur »; et il les plaignait quand il les voyait, dans la cour des agités, se lancer la tête en avant contre les murs. Le gardien n'intervenait pas toujours à temps; et cela accablait Vincent.

Il fit de nombreux portraits à Saint-Paul : des portraits de malades et de surveillants. Le docteur Peyron n'ayant jamais voulu poser, il le plaça, cependant, dans son tableau qui représente l'*Entrée du quartier des hommes.*

Il peignit, dehors, beaucoup de paysages. Des vignes, des champs d'oliviers. Quand il restait dans sa chambre, il travaillait d'après des gravures de Delacroix et de Millet. Il tendait ses forces; et, brusquement, la peur d'une nouvelle crise l'étouffait. Poussé à bout, sortant d'un long abattement, il écrivit un jour, malgré lui, à Théo :

« Durant bien des jours j'ai été *absolument égaré* comme à Arles, tout autant sinon pire, et il est à présumer que ces crises reviendront encore dans la suite, c'est *abominable...* »

Il eut l'autre courage de faire deux portraits de lui, « faute de modèle ». Et il dit, habitué maintenant à se considérer en face :

« L'un de ces portraits je l'ai commencé le premier jour que je me suis levé, j'étais maigre, pâle comme un diable. C'est bleu violet foncé et la tête blanchâtre avec des cheveux jaunes, donc un effet de couleur. »

En même temps qu'il écrivait à Théo, Vincent n'oubliait pas ses amis d'Arles, l'interne Rey, le pasteur Salles, Roulin et les Ginoux.

Voici, en témoignage, une lette *inédite* que Vincent envoya de Saint-Rémy à ses amis Ginoux :

Mon cher Monsieur Ginoux,
Certes je préférerais venir en
personne vous demander comment
va votre malade ainsi que
j'avais espéré revenir vous revoir
de ces jours ci. Mais ayant été
indisposé moi même cette
dernière semaine je dois
par lettre vous demander
de ses nouvelles.
Ne manquez pas je vous en
prie de me faire savoir comment
elle va. car serais inquiet
si je n'eusse pas de vos nouvelles
par retour du courrier.
J'ai des bonnes intentions assez
pour venir néanmoins semaine
prochaine pourtant
J'ai eu des nouvelles de M. Paul
encore l'autre jour et il se pourrait
que j'aille bientôt le voir surtout
parceque j'ai grand désir aussi.

d'aller faire connaissance avec
le petit de mon frère qui
vient de naître sains et sauf.
heureusement —

Donc pour moi je suis bien
content que cela marche
bien à plus forte raisons
parceque le travail ne va pas
trop mal non plus ayant
eu des articles sur mes tableaux
à la fois en Belgique et à
Paris où je les avais exposés
et qu'on en dit beaucoup plus
de bien que moi même n'en
désirais. —

De ces jours ci j'attends la visite
d'un peintre de marseille cela
est donc encore une raison pourquoi
je ne sais pas au juste le jour où
je pourrai venir vous voir
Sans cela pour moi l'attaque
que j'ai encore eu est tout

Cette lettre est une des lettres *inédites* que j'ai eu
la joie de retrouver dans un mas de la Crau.

Je me souviens de cette matinée de bonheur; je me
souviendrai toujours de ce mas tout blanc, tout plein
de tilleuls, de rosiers et de vignes. Avec ma femme
qui a écrit tout ce livre avec moi, à mes côtés, tout
près de moi, nous touchions, tous deux, avec un respect infini, ces lettres jaunies, décolorées, tachées,
quelquefois même déchirées. Depuis trente-deux ans,
elles dormaient là dans leurs pauvres enveloppes.
Nous les ouvrîmes; et voici ce qu'elles sont : l'écriture

en est régulière, presque sans ponctuation, très lisible,
sur du papier écolier. Instinctivement, sur les murs
blanchis à la chaux et si propres, nous cherchions des
tableaux de Vincent... Le portrait de l'*Arlésienne à
l'ombrelle*, là, tout seul, sur le plâtre si blanc, quel
émoi cela nous eût causé! Mais il n'y a plus de
tableaux de Vincent en Arles et même dans les mas de
la Crau!... Puis, on nous montra le fauteuil de rotin
sur lequel Vincent s'asseyait dans son atelier; et
ces gens nous parlèrent longuement de « Monsieur
Vincent ». C'était leur tante, Mme Ginoux, qui leur
avait dit tout ce qu'ils nous racontaient. Et nous
écoutions; et, pourquoi, à ce moment-là, précisément, cette phrase écrite par Vincent à Théo chanta-
t-elle à nos oreilles : « Sous peu tu vas faire connaissance avec le sieur Patience Escalier, espèce d'homme
à la houe, vieux bouvier camarguais, actuellement
jardinier dans un mas de la Crau »?.... Et l'on nous
versa dans de grands verres le carthagène, le vin d'or
qui raccroche le cœur à sa bonne place.

Et voici la seconde lettre que nous avons recopiée;
seconde lettre inédite adressée encore de Saint-Rémy
aux Ginoux :

« Mes chers amis Monsieur et Madame Ginoux, je ne sais
si vous vous en rappelez, je le trouve assez étrange, qu'il
y a un an à peu près Mme Ginoux a été malade en même
temps que moi; et à présent cela a encore été comme cela
puisque juste vers Noël — pendant quelques jours j'ai été
cette année encore assez mal pris, cependant cela a été très
vite fini; je n'en ai pas eu pour une semaine. Puisque
donc, mes chers amis, nous souffrons quelquefois ensemble,
cela me fait penser à ce que dit Madame Ginoux, —
« quand on est amis on l'est pour longtemps... » Je crois

L'ARLÉSIENNE A L'OMBRELLE.

moi que les contrariétés qu'on éprouve dans le train
train ordinaire de la vie nous font au moins autant de
bien que de mal. Ce dont on tombe malade accablé de
découragement aujourd'hui, cela même nous rend l'énergie, la maladie accomplie, de nous lever et de vouloir
guérir le lendemain.

« Je vous l'assure que l'autre année cela m'a presque
contrarié de guérir — d'aller mieux pour un temps plus
ou moins long — continuant à redouter toujours les
rechutes — presque contrarié — vous dis-je — tellement
j'avais peu envie de recommencer. Je me suis bien souvent dit que je préférais qu'il n'y eût plus rien et que cela
fût fini. Mais oui — nous n'en sommes pas le maître — de
notre existence et il s'agit paraît-il d'apprendre à vouloir
vivre encore, même en souffrant. Eh, je me sens si lâche
là-dedans, la santé revenant même, je redoute encore. Alors
qui suis-je pour encourager les autres, me direz-vous,
comme de juste cela ne me sied guère. — Enfin c'est seulement pour vous dire, mes chers amis, que j'espère si
ardemment et d'ailleurs que j'ose croire que la maladie de
Mme Ginoux soit très passagère et qu'elle en remontera
tout à fait regaillardie mais elle n'ignore pas combien
nous tenons tous à elle et désirons la voir bien portante.
Pour moi la maladie m'a fait du bien — ce serait ingrat
de ne pas en convenir. Cela m'a calmé et très différent de
ce que je m'étais figuré cette année j'ai eu plus de chance
que je n'avais osé l'espérer.

« Mais si je n'avais pas été si bien soigné, si les gens
n'avaient pas été pour moi aussi bons qu'ils l'ont été, je
crois que j'aurais claqué ou que j'aurais perdu complètement la raison. Les affaires sont les affaires puis aussi le
devoir est le devoir ce n'est donc que comme de juste que
je retourne bientôt pour voir mon frère, mais il me sera
pénible de quitter le Midi je vous l'assure à vous tous qui
êtes devenus des amis pour moi — des amis pour longtemps.

« J'ai encore oublié de vous remercier des olives que
vous m'avez envoyées l'autre fois et qui étaient excellentes,
prochainement je vous rapporte les boîtes...

« Je vous écris donc, chers amis, pour essayer de distraire pour un moment notre chère malade, pour qu'elle reprenne son sourire habituel pour nous faire plaisir à tous qui la connaissons. Ainsi que je vous l'ai dit, dans une quinzaine j'espère venir vous revoir bien guéri.

« Les maladies sont là pour nous en faire ressouvenir que nous ne sommes pas en bois, voilà ce qui me paraît le bon côté de tout cela. — Puis après on s'en reva à son travail de tous les jours redoutant moins les contrariétés avec une nouvelle provision de sérénité et même en se séparant ce sera en se disant pourtant encore : « et lorsqu'on est amis on l'est pour longtemps » — car voilà le moyen pour pouvoir se quitter.

« Allons, à bientôt et mes meilleurs souhaits pour la prompte guérison de Mme Ginoux.

Croyez moi   bien à vous,
Vincent.

Il vint un moment où Vincent ne put supporter les pensionnaires de l'asile. Cette promiscuité qu'on imposait à tous, sans distinction, comme à des soldats de tous pays et de toutes classes parqués dans une même salle, lui devint tout à coup odieuse. Et puis il se rendait compte que le docteur Peyron ne déterminait aucune guérison valable; c'était le train-train d'une foule de gens abandonnés à leur manie, qu'on douchait tous ensemble, au commandement. Alors, ne croyant plus à la possibilité d'une guérison à Saint-Paul, Vincent vit, nettement, tout le comique insupportable et tout le tragique énervant de l'asile.

Ici, un aliéné, ancien comptable sans doute, passait toute sa journée à compter sur ses doigts; un autre, coiffé d'une casserole et une lèche-frite retenue par sa ceinture, marchait continuellement, et criait des ordres de caserne; un troisième aliéné vous regardait

les yeux fixes, puis il se mettait à rire, à rire interminablement. Un quatrième se figurait être une soupière
et, aux repas, on ne pouvait pas l'empêcher de
répandre la soupe sur son corps; un cinquième,
gravement assis sur la plus haute chaise du réfec-
toire, restait là comme sur un trône; et il tenait,
en forme de sceptre, sur ses genoux, un chapeau
gibus. Il y avait aussi des mélancoliques qui
demeuraient prostrés, accablés, la figure dans les
poings; des excités, qui hurlaient des mots incohérents; un autre courait à quatre pattes comme un
jeune chien, dont il imitait les glapissements. Mais
les hallucinés se montraient les plus irritants; car
ceux-là, brusquement, ils partaient à crier, à sauter
sur les tables, à s'élancer vers les fenêtres pour échapper à leurs ennemis. Un dément, dans un coin, coiffé
d'un chapeau haut de forme gondolé, vêtu d'un veston
de velours et drapé dans un plaid écossais, chantait
une douce complainte.

Et les nuits approchaient souvent terribles. Quand
un dément vociférait, toute la ménagerie, debout
soudainement, aboyait à la peur. On entendait la
galopade des gardiens, des cris, des sanglots, des
supplications; puis tout, comme sous la chute d'une
trombe d'eau, retombait aussi vite, au calme; et,
seuls, des gémissements râlaient longtemps.

Vincent se trouvait de nouveau étranglé par ses
crises. Il écrivait pour conserver son courage : « Cela,
mon cher frère, me pousse au travail et au sérieux
comme un charbonnier toujours en danger se dépêche
dans ce qu'il fait. » Mais, ses peurs apaisées, il revenait immanquablement sur ceci, qu'il croyait de

moins en moins qu'on pût le guérir à Saint-Paul. Est-ce que le docteur Peyron ne passait pas quelquefois toute une semaine sans le voir; et, d'ailleurs, qu'aurait-il pu faire?

« Car, écrivait Vincent, je dois aussi dire que M. Peyron ne me donne pas beaucoup d'espoir pour l'avenir, ce que je trouve juste, il me fait bien sentir que *tout* est douteux, que rien ne peut être assuré d'avance. »

L'asile, c'était simplement ce qu'il avait dit déjà, une sorte d'hôtel détestable où l'on paye une chambre et une pension; — et, fort de cela, nettement, Vin·cent écrit à son frère qu'il veut quitter cette maison de santé, où il deviendra tout à fait fou si on l'y abandonne. Il est certain, du reste, que le changement comme toujours lui fera du bien!... et, puisque Théo lui a parlé longuement des peintres installés à Pontoise et à Auvers, entre autres de Pissarro et de Vignon, pourquoi n'irait-il pas en pension chez l'un d'eux? « Mieux vaut, dit-il, que l'argent aille pour nourrir des peintres qu'à les excellentes sœurs. » Enfin, lui-même a eu souvent cette idée-là. A présent, « il a horreur de toutes les exagérations religieuses »; et, alors, il ne pense qu'à la tournure que prend sa maladie mentale :

« J'ai des crises, dit-il, comme en aurait un superstitieux et qu'il me vient des idées religieuses embrouillées et atroces telles que jamais je n'en ai eu dans ma tête dans le Nord. »

Théo est prêt à vouloir ce que veut son frère. Aussi bien, toujours alarmé, il s'attendait depuis longtemps à un changement de pays qu'exigerait Vincent. Et au bon Pissarro il a déjà demandé un conseil; et,

Pissarro, tout de suite, lui a parlé du docteur Gachet, son ami, qui habite à Auvers, près Pontoise. Si Vincent veut revenir autour de Paris, nulle chose n'est préférable. Le docteur Gachet ne prendra certainement point Vincent en pension ; mais il le surveillera, il vivra tout de même en quelque sorte avec lui.

Mais rien ne se précipite. Vincent tient à sa « chère Provence », aux amis qu'il y a connus ; il ne pourrait partir ainsi, brusquement, en s'arrachant à tous ses souvenirs.

En attendant, tenant à lui montrer que tout le monde ne méprise pas sa peinture, comme il le croit, Théo lui envoie un article qui vient de paraître, sous la signature d'Albert Aurier, dans le *Mercure de France* du mois de janvier 1890 L'article est emphatique, redondant, il se gonfle de cette outrance appelée justement par Emile Bernard « tout le tape-à-l'œil du romantisme » ; mais Vincent ne s'en grise pas et il répond à Albert Aurier par cette lettre modeste :

Cher Monsieur Aurier,

« Merci beaucoup de votre article dans le *Mercure de France*, lequel m'a beaucoup surpris. Je l'aime beaucoup comme œuvre d'art en soi, je trouve que vous faites de la couleur avec vos paroles ; enfin, dans votre article, je retrouve mes toiles, mais meilleures qu'elles ne le sont en réalité, plus riches, plus significatives. — Pourtant, je me sens mal à l'aise lorsque je songe que plutôt qu'à moi ce que vous dites reviendrait à d'autres. — Par exemple, à Monticelli surtout. Parlant de « il est — que je sache — le seul peintre qui perçoive le chromatisme des choses avec cette intensité, avec cette qualité métallique, gemmique », — s'il vous plaît d'aller voir, chez mon frère, certain bouquet de Monticelli — bouquet en blanc-bleu myosotis et orangé ; alors vous sentirez ce que je veux dire. Mais depuis longtemps les meilleurs, les plus étonnants Monticelli sont en Ecosse, en Angleterre. Dans un musée du Nord, celui de Lille, je crois, il doit cependant encore y avoir une merveille de lui, autrement riche et certes non moins français que le départ pour Cythère, de Watteau. Actuellement, M. Lauzet est en train de reproduire une trentaine de Monticelli. Voici, à ce que je sache, il n'y a pas de coloriste venant aussi droit et directement de Delacroix ; et pourtant est-il probable, à mon avis, que Monticelli ne tenait que de seconde main les théories de la couleur de Delacroix ; notamment il les tenait de Diaz et de Ziem. Son tempérament d'artiste, à lui, Monticelli, cela me semble être juste celui de l'auteur du Decamerone — Boccace — un mélancolique, un malheureux assez résigné, voyant passer la noce du beau monde, les amoureux de son temps, les peignant, les analysant, lui le mis de côté. Oh ! il *n'imite* pas Boccace, pas davantage que Henri Leys n'imita les Primitifs. — Eh bien, c'était donc pour dire que sur mon nom paraissent s'égarer des choses que vous feriez mieux de dire de Monticelli, auquel je dois beaucoup. Ensuite, je dois beaucoup à Paul Gauguin, avec lequel j'ai travaillé durant quelques mois à Arles, et que, d'ailleurs, je connaissais déjà à Paris.

« Gauguin, cet artiste curieux, cet étranger duquel l'allure et le regard rappellent vaguement le portrait d'homme de Rembrandt à la galerie Lacaze, cet ami qui aime à faire sentir qu'un bon tableau doit être l'équivalent d'une bonne action, non pas qu'il le dise, mais enfin il est difficile de le fréquenter sans songer à une certaine responsabilité morale. — Quelques jours avant de nous séparer, alors que la maladie m'a forcé d'entrer dans une maison de santé, j'ai essayé de peindre « sa place vide. »

« C'est une étude de son fauteuil en bois brun rouge sombre, le siège en paille verdâtre, et, à la place de l'absent, un flambeau allumé et des romans modernes. Veuillez, à l'occasion, en souvenir de lui, un peu revoir cette étude, laquelle est toute entière dans des tons rompus verts et rouges. Vous vous apercevrez donc peut-être que votre article eût été plus juste et — il me semblerait — en conséquence plus puissant — si, traitant la question d'avenir « peinture des tropiques » et la question de couleur, vous y eussiez — avant de parler de moi — fait justice pour Gauguin et pour Monticelli. *Car la part qui m'en revient, ou reviendra, demeurera, je vous l'assure — fort secondaire.* — Et puis, j'aurais encore autre chose à vous demander. Mettons que les deux toiles de tournesols qui, actuellement, sont aux Vingtistes aient certaines qualités de couleur, et puis aussi que ça exprime une idée symbolisant « la gratitude ». Est-ce autre chose que tant de tableaux de fleurs plus habilement peints et qu'on n'apprécie pas encore assez, les Roses trémières, les Iris jaunes du père Quost? Les magnifiques bouquets de pivoines dont est prodigue Jeannin? — Voyez-vous, il me semble si difficile de faire la séparation entre l'impressionnisme et autre chose; je ne vois pas l'utilité d'autant d'esprit sectaire que nous en avons vu ces dernières années, *mais j'en redoute le ridicule.*

« Et, en terminant, je déclare ne pas comprendre que *vous* parliez d'infamies de Meissonier. C'est peut-être de cet excellent Mauve que j'ai hérité pour Meissonier une admiration sans bornes aucunes; Mauve était intarissable sur l'éloge de Troyon et de Meissonier — combinaison étrange. — Ceci pour attirer votre attention jusqu'à quel point à l'étranger on admire sans faire le moindre cas de ce qui divise si souvent malencontreusement les artistes en France. Ce que Mauve répétait souvent était à peu près ceci : « Si l'on veut faire de la couleur, il faut aussi savoir dessiner un coin de cheminée ou d'intérieur comme Meissonier.

« Au prochain envoi que je ferai à mon frère, j'ajouterai une étude de cyprès pour vous, si vous voulez bien me faire le plaisir de l'accepter en souvenir de votre article. J'y travaille encore dans ce moment, désirant y mettre une figurine. — Le cyprès est caractéristique au paysage de

Provence, et vous le sentiez en disant : « même la couleur noire ». Jusqu'à présent, je n'ai pu le faire comme je le sens ; les émotions qui me prennent devant la nature vont chez moi jusqu'à l'évanouissement, et alors il en résulte une quinzaine de jours pendant lesquels je suis incapable de travailler. Pourtant, avant de partir d'ici, je compte encore une fois revenir à la charge, pour attaquer les cyprès. L'étude que je vous ai destinée en représente un groupe au coin d'un champ de blé par une journée de mistral d'été. C'est donc la note d'un certain noir enveloppé dans du bleu mouvant par le grand air qui circule, et opposition fait à la note noire le vermillon des coquelicots. Vous verrez que cela constitue à peu près l'assemblage de tons de ces jolis tissus écossais carrelés vert, bleu, rouge, jaune, noir, qui, à vous comme à moi, dans le temps, ont paru si charmants et qu'hélas, aujourd'hui on ne voit plus guère.

« Recevez, en attendant, cher Monsieur, l'expression de ma gratitude pour votre article. Si je venais à Paris, au printemps, je ne manquerais certes pas de venir vous remercier en personne. »

Vincent Van Gogh.

Mais, les crises le reprenant, Vincent songeait de plus en plus à Auvers. Il écrivit à son frère :

« Oui il faudra en finir ici, je ne peux plus faire les deux choses à la fois, travailler et me donner mille peines pour vivre avec les drôles de malades d'ici — ça détraque.

« En vain je voudrais m'efforcer de descendre. Et voilà pourtant près de deux mois que je n'ai pas été en plein air.

« A la longue ici je perdrais la faculté de travailler, or là commence mon halte-là et je les envoie alors — si tu es d'accord — promener. »

Aussi il eut un vif espoir quand son départ pour Auvers fut décidé. Mais il se fâcha en apprenant que son frère voulait le faire accompagner jusqu'à Paris.

QUARTIER DES HOMMES A L'ASILE SAINT-PAUL
(Saint-Rémy de Provence).

Alors Théo y renonça ; et il lui écrivit qu'il l'attendrait à l'arrivée du train, à la gare de Lyon.

Théo, marié, et ayant un enfant, s'était installé dans un appartement plus confortable, 8, cité Pigalle.

Large et courte impasse comme de province, ouverte dans la rue Pigalle. Des maisons calmes, des jardins et d'amples arbres noirs dont les branches recueillent les oiseaux du quartier.

Vincent revint du Midi le 17 mai 1890.

Ici, je vais laisser Mme Johanna Van Gogh-Bonger raconter elle-même l'arrivée de Vincent et son court séjour à Paris. Elle a vécu *ardemment* tous ces instants-là ; car elle n'avait pas encore *vu* Vincent. Mais depuis la première heure de ses fiançailles avec Théo, pas un jour il n'avait cessé de lui parler de son frère.

—Un télégramme de Tarascon, dit Mme J. Van Gogh-Bonger, nous avertit tout d'abord que Vincent voyageait la nuit et qu'il arriverait le matin vers 10 heures. Théo ne dormit pas de la nuit, dans la peur qu'il n'arrivât quelque chose à Vincent qui venait à peine de se relever d'une nouvelle crise. Combien nous fûmes heureux lorsque vint l'heure pour Théo d'aller à la rencontre de son frère ! La distance de la cité Pigalle à la gare de Lyon est assez grande ! — ils restèrent bien longtemps en route et je commençais déjà à trembler, lorsque je vis enfin une voiture découverte entrer dans la cité Pigalle. Deux visages souriants me firent signe et deux mains s'agitèrent ; et, un instant après, Vincent était près de moi.

« J'avais pensé voir un malade ; et, devant moi, se trouvait un homme solide, large d'épaules, qui avait de saines couleurs, une expression de visage joyeux, et, dans tout son être, quelque chose de ferme. Le portrait fait par lui-même rend la plus fidèle expression de son physique en ce temps-là. Apparemment un changement subit et curieux s'était produit dans son état, comme déjà le pasteur Salles l'avait remarqué à Arles, à son vif étonnement. « Il est tout à fait en bonne santé ; il paraît plus solide que Théo », fut ma première pensée. Théo alla avec lui dans la chambre à coucher où se trouvait le petit berceau. Silencieux, les larmes dans les yeux, les frères regardèrent l'enfant endormi. Alors Vincent se tourna en riant vers moi, et dit en me montrant la simple couverture du berceau : « Ma petite sœur, tu ne dois pas le mettre ainsi dans des dentelles ».

« Il resta trois jours avec nous, et fut pendant tout ce temps gai et tranquille — il ne fut pas question de Saint-Rémy. Il sortit pour aller chercher les olives qu'il était habitué à manger tous les jours, et me pria absolument d'en goûter une fois. Ce premier matin, il se trouva de très bonne heure, en bras de chemise, en contemplation devant ses tableaux, dont les murs de l'appartement étaient couverts. Dans la chambre à coucher, étaient les *Jardins fleuris*, dans la salle à manger, au-dessus de la cheminée, *Les mangeurs de pommes de terre*, et, dans la petite chambre que nous nommions salon se trouvait le *Grand paysage d'Arles avec la vue sur le Rhône.*

« Mais, au grand désespoir de la femme de ménage, il y avait encore des peintures partout, sous le lit, sous le canapé, sous les armoires et dans la chambre d'ami, elles furent toutes étendues à terre et contemplées avec recueillement. Il vint beaucoup de visites, et Vincent sentit bientôt que le trouble de Paris ne lui allait pas. Comme il désirait aussi reprendre le travail, il partit le 21 mai, pour Auvers, avec des recommandations auprès du docteur Gachet.

« Nous lui avions promis de le visiter bientôt, comme il devait lui-même revenir auprès de nous dans quelques semaines pour faire nos portraits. »

LA DÉLIVRANCE

Les Parisiens sont décidément encombrants. Leur signale-t-on un village plaisant, près de Paris, vite ils y accourent avec l'ignominie de leurs villas, avec l'insupportable sottise de leurs mœurs. Auvers-sur-Oise s'offrait comme un village élu; ils l'ont rendu en s'y tassant, en y étalant la cocasserie de leur orgueil, odieux.

Pourtant, quel admirable pays était Auvers, il y a trente-deux ans !

Tout en suivant les bords de l'Oise, sur une longueur de plus de quatre kilomètres, le village se montrait peuplé de maisons de cultivateurs, aux toits de chaume, tout parés de ravenelles et des fleurettes du vent; et de rares maisons d'artistes se cachaient dans les arbres. Puis on tombait sur des fermes vastes ou étroites, car la grande et la petite culture s'étendaient là-haut sur l'immense plateau où repose le cimetière.

Quand on venait de la charmante ville de Pontoise, perchée sur sa colline, à 6 kilomètres de là commençait peut-être la commune d'Auvers; mais tout le long de l'Oise, des maisons depuis Pontoise s'étaient installées ; et ces groupes de maisons s'appelaient : Le Château-Berger, Valhermay, Epluches, Chaponval, Le Gré, Les Remys, pour arriver à Auvers, qui se continuait par Cordeville, Butry, Valmondois et la merveilleuse forêt de l'Isle-Adam.

Que de souvenirs ! Ce fut le père Daubigny qui découvrit et mit à la mode chez les peintres Auvers. Il possédait sur l'Oise un bateau pourvu d'un petit pont ; et de là il peignit les innombrables et conventionnels tableaux qui ravissent encore d'aise les amateurs recrutés dans les affaires. O verdures enchantées, eau courante, reflets des branches frissonnantes et légères ! La municipalité a su apprécier tout le lustre que Daubigny jeta sur l'Oise et sur le village. Elle lui offrit un jour, sur un socle entouré d'une grille, son buste en bronze ; et elle lui posa sur la tète, en guise de béret, le « rond » qu'utilisent dans les cabinets les personnes délicates.

Daubigny fut notoire ; des peintres le suivirent. Jules Dupré barbota aussi dans l'Oise, et il y ajouta des canards. Ah ! la face des amateurs quand ils contemplent des canards sur une toile de Jules Dupré ! Le recueillement, l'extase, les mains jointes devant ces apparitions quasi célestes ! Les magistrats, les notaires et les officiers supérieurs montent en broche ce maître-peintre des canards.

Puis Piette apparut, un bon peintre de second ordre, qui aquarella *La sente du Chou*, les chaumes fleuris, les oies et les paysannes, peut-être un peu avant Camille Pissarro ; mais Pissarro fut tout de même un autre peintre, un autre inventeur de choses rustiques. Et il fut, incontestablement, titre que personne ne lui dispute, le barnum de Pontoise et des environs.

Pourtant, il venait de loin! Né, en 1830, aux Antilles danoises, de parents français, il tomba un beau jour à Paris, d'où il s'enfuit rapidement pour faire de la peinture. On le vit alors tout autour de Paris, espèce de juif-errant (et il était juif!) de la boîte à couleurs. On l'aperçut ainsi à Montmorency, à la Varenne-Saint-Hilaire, à l'Ermitage, à Louveciennes, etc. Mais, au début, ce fut surtout à l'Ermitage, un quartier de Pontoise, qu'il se tint. On sait que, plus tard, il reprit sa besace pour planter son chevalet à Rouen, à Dieppe, au Havre, et terminer sa belle et glorieuse vie, à Paris, en l'année 1903.

Ce fut lui, certes, — et pas un autre — qui entraîna, en 1873, à Pontoise, ses camarades Cézanne et Guillaumin, qu'il avait connus à l'Académie Suisse, quai des Orfèvres, à Paris.

L'admirable homme! Avec quel respect je le connus! A Pontoise, on ne l'aimait guère parce qu'il était juif; mais il l'était si peu, si « pas du tout! » Ah! le bon maître des champs et des villes, aux bons yeux bruns, à la voix douce, au nez en bec de corbin, au beau front chauve, à la barbe blanche des patriarches! Comme il aima tous les peintres, comme il était généreux!

Avec lui, d'autres peintres peignaient à Auvers, quand Vincent y arriva.

On nommait ainsi Frédéric Cordey, le peintre au petit métier virgulé, le paysagiste minutieux et étroit. Il habitait en réalité à Eragny, près Pontoise, une maison en briques le long du chemin de fer; mais, à tout propos, il allait à Auvers retrouver ses amis. Il était né en 1854; il mourut en 1911. On voyait un grand et gros diable vigoureux, chauve, porteur d'une longue barbe, et qui, avec la peinture, adorait la pêche et surtout la cuisine. On aperçevait encore Cordey ou poussant la brouette sur laquelle il avait placé tout son attirail de peintre ou rapportant du marché de Pontoise, tous les samedis, d'énormes paquets de victuailles. Il fut un ami de Renoir, du poète Léon Dierx et de Murer-Protée : pâtissier, littérateur et peintre, dont nous parlerons plus loin.

Victor Vignon, mort en 1909, fut également un peintre de Pontoise. Il peignit des paysages, des chaumières, des sentes, des villages, à la manière d'une sorte de Pissarro rétréci. Mince, souffreteux, ce gentil garçon aimait la nature : mais il se révélait de plus en plus impuissant à se défendre contre les canailleries de son marchand : le père Martin.

Renoir, Sisley vinrent aux bords de l'Oise; mais ce furent des intermittents. Norbert Goeneutte eut sa maison dans le quartier des Vessenots.

Des poètes, des littérateurs ajoutèrent encore de la renommée à cette « École de Pontoise ».

Nous avons déjà nommé Léon Dierx, le poète parnassien, si détaché du « mouvement » que, d'accord avec les bourgeois, il méprisait Rodin. Que de fois, au café Victor, boulevard des Batignolles, où il vint, aigre, morose, sur la fin de sa vie, déguster interminablement sa tasse de café, que de fois nous nous injuriâmes à ce sujet. Il n'admirait que la sculpture de Phidias, qu'il n'avait jamais vue; et, seule, la cuisine pouvait le rapprocher de Cordey et de Renoir.

De temps en temps, apparaissait aussi aux bords de l'Oise Paul Alexis, le disciple de Zola, qui, sous le pseudonyme de *Trublot*, écrivait, dans le *Cri du Peuple*, de fantaisistes chroniques sur Auvers et ses plus notoires habitants. Puis, roulait le gras, l'imposant Hoschedé, que nous connûmes au *Tambourin*; et qui, après des repas pantagruéliques, embrassa la sèche et laide Mort en la fatale année 1891. Ensuite, voici Eugène Meunier, dit Murer, qui resterait la plus considérable illustration d'Auvers si le docteur Gachet n'avait pas existé.

Murer fut élevé à la pension Chevalier, à Moulins, avec Guillaumin.

Il se plaça d'abord garçon pâtissier à Troyes, puis à Paris. Il était hanté de gloire littéraire. Tout en accomplissant son service de gâte-crème, il écrivait, faisant des extras le soir pour avoir des jours libres. Il gagnait ainsi en deux ou trois jours toute sa semaine.

A Paris, il tomba chez un pâtissier nommé Gru, 8, faubourg Montmartre, qui écrivait aussi. Le patron et le garçon tinrent alors d'interminables discussions autour des babas et des meringues; car Gru venait de publier : *Les morts violentes.*

Puis Murer s'installa à son compte boulevard Voltaire. Il était encore très jeune; mais il se révélait actif et retors. Vint la guerre de 1870; il fit fortune dans des fournitures de pâtés.

Vers 1875, Guillaumin le retrouva. Il lui parla peinture; il le lança sur les Impressionnistes. Et Murer s'exalta; il devint très vite un apôtre de la peinture nouvelle. C'était un homme très maigre, anguleux. Il prit tout à coup une humeur sombre, affecta l'impassibilité, nourrit des idées bizarres, joua l'homme fatal et le beau ténébreux. Il continua, à Auvers, où il s'était retiré, de recevoir ses visiteurs du boulevard Voltaire : Renoir, Lestringuès, Bresdin, Monet, Pissarro, Sisley, Guillaumin, Hoschedé, le docteur Gachet et ce bon Cabaner, qui, poète, philosophe, se croyait surtout un extraordinaire musicien.

Plus tard, Murer eut une autre cour de plus jeunes peintres et de plus jeunes littérateurs et journalistes. C'est qu'il tenait à sa gloriole, et que, très vaniteux, il recevait tout de suite à sa table qui le louait. Il publia plusieurs livres : *Les Bâtards; Les Fils du siècle; Pauline Lavinia* et *La mère Nom de Dieu!* C'était, cette dernière, une vieille femme forte en gueule qui vendait, au marché de Pontoise, des pantalons, avec des cris comme celui-ci : « Tiens, toi, le Frisé, achète-moi ce culbutant. C'est du velours, tu pèteras dedans, nom de Dieu! » et toujours les *Nom de Dieu!* ponctuaient ses cris. Murer fut transporté; il lui consacra un livre. Il en fit bien un autre sur la *Brûleuse.* Celle-là, dit la légende, flambait tous les chaumes du pays, pour tâcher de brûler vif son père (qui était pompier) dans l'incendie. Mais un cantonnier de là-bas m'a affirmé, de son côté, que c'était exactement pour voir, en *uniforme de pompier,* l'homme qu'elle aimait.

Tout en habitant à Auvers, Murer gardait un atelier à Paris, vis-à-vis du bal Tabarin, dans une de ces petites maisons basses où logèrent aussi Degas et Michel, le marchand de châssis. Des immeubles dits

PORTRAIT DU DOCTEUR GACHET

de rapport ont remplacé aujourd'hui ces maisons.

Murer, peintre, organisa plusieurs expositions de ses œuvres ; la plus mémorable fut dans son atelier. Pour endiguer la foule des visiteurs, on avait placé un agent à la porte. Il ne vint que Cordey, qui, s'étant trompé de jour (Murer lui prêtait son atelier), accrocha ses propres tableaux pour les montrer à *ses* amateurs.

Murer attendit toute sa vie la croix : mais il reçut les palmes académiques à une distribution de prix à Enghien. Il monta sur l'estrade ; et Marty, le sous-préfet de Pontoise, lui donna, devant les enfants ahuris, l'accolade. On couronna le tout, bien entendu, par un magnifique banquet chez Genlis, à Pontoise, —banquet payé par Murer ; et là, le sous-préfet Marty et le député Cornudet prononcèrent d'éloquentes et larmoyantes paroles. Murer mourut à Auvers-sur-Oise le 22 avril 1906 (il était né en 1846) ; — et sa tombe, au cimetière, porte, en attendant son médaillon, ces mots simples et définitifs : *Hic Jacet Murer, ouvrier, littérateur, peintre.*

J'ai parlé un peu longuement peut-être de ce pâtissier ; mais il convient de dire qu'il acheta des tableaux de Renoir, de Cézanne, de Sisley, de Pissarro, etc. — et que, par lui, Vincent Van Gogh est entré au musée du Louvre (un tableau de fleurs qu'il vendit à Camondo) ; et, enfin, Auvers sans Murer ne serait pas, pour les initiés, tout à fait Auvers.

Et, pourtant, la vraie figure à esquisser ici — je l'ai conservée exprès pour la fin, — c'est la figure du docteur Gachet.

Celle-là domine tout Auvers. Le docteur Gachet !

Ah! Qui ne se souvient de ce vieillard singulier, maigre, de taille moyenne que l'âge avait un peu voûtée. Il était né en 1828, à Lille. Il avait perdu sa femme en 1875. Ses enfants, un fils, Paul, et une fille, Clémentine, étaient élevés par une gouvernante, Madame Chevalier.

Il habitait à Auvers, rue des Vessenots, une grande maison carrée, sur le coteau, qui avait servi autrefois de pension de famille. Devant la maison s'étalait un jardin en terrasse ; et, derrière, une cour contenait une troupe de chats, de poules, une vieille paonne et une chèvre qu'on appelait Henriette.

En hiver, le docteur Gachet (le docteur Safran, comme le surnommait Goeneutte, à cause de ses cheveux violemment jaunes), portait de hautes bottes qui lui venaient au-dessus des genoux, une petite fourrure de martre (tête et pattes) autour du cou, une redingote et un bonnet de fourrure.

En été, tout cela se remplaçait par un vaste chapeau aux bords ballants, une ombrelle blanche doublée de vert, une redingote en alpaga et des bottines à élastiques.

Chez lui, enfin, une large robe de chambre l'enfouissait.

Après avoir été externe des hôpitaux de Paris, Paul Gachet s'était fait recevoir, par amour pour Rabelais, docteur de la faculté de Montpellier ; et, tout de suite, encyclopédiste et éclectique, il s'était consacré, tour à tour, au traitement des maladies mentales et nerveuses (il fut l'élève des docteurs Luys et Falret) ; aux maladies des femmes et des enfants ; aux maladies des voies urinaires (il fut un des premiers à leur appliquer le traitement électrique), enfin aux maladies du cœur.

Toujours inquiet, préoccupé de toutes les méthodes scientifiques, les creusant et les discutant, il s'était un beau jour initié à la doctrine de Frédéric Hahnemann (fondateur de l'école homéopathique), justement parce que la science officielle la combattait. Par la suite, il devint un homéopathe convaincu.

En 1879, il fut nommé médecin adjoint de la Compagnie du Nord. Officiellement, il ne devait donc plus exercer à Auvers; mais son inépuisable charité et sa passion de dévouement lui firent souvent transgresser cette règle. A Paris, au N° 78, du faubourg Saint-Denis, il dirigeait, depuis 1862, une clinique de médecine générale.

Toutefois, ce qui originalisait surtout le docteur Gachet, c'est que, comme Hokousaï, il se montrait « fou de peinture » — et adorateur des artistes. Sa maison était un véritable musée bondé de toiles et de dessins des peintres nouveaux : Courbet, Cézanne, Renoir, Pissarro, Guillaumin, Sisley, etc.

Il avait, auparavant, attiré chez lui et connu intimement Daumier, Courbet, Méryon, Manet et Daubigny; — et il recevait de même Cézanne, Renoir, Pissarro et Guillaumin.

Alors que personne ne songeait à ces maîtres, il avait, lui, de ses modiques ressources, acheté leurs toiles. Et, pour s'entretenir dans sa passion, ayant tenu à connaître par lui-même la technique de la peinture, il peignait et il dessinait dans un atelier relégué dans le haut de sa maison, et où personne n'entrait. Il adorait peindre des chats, des têtes de cochons. Il fit également le portrait de Louise Michel, la vierge rouge, et de Monticelli, ses deux robustes admirations. Comme il gravait aussi, il possédait une presse à imprimer; et ce vieillard énergique tirait lui-même ses « épreuves ».

Il exposait régulièrement au Salon des Indépendants, sous le pseudonyme de P. Van Ryssel; et il y était vénéré. Il assistait à tous les banquets de clôture; et il y fumait sa petite pipe, après avoir bien mangé et dégusté auparavant son léger pernod, à propos duquel il répétait : « Usez, mes amis, mais n'abusez pas! »

Je crois bien qu'une de ses dernières manifestations picturales, en dehors des Indépendants, ce fut quand il prit part, en 1902, au concours d'enseignes, organisé par la ville de Paris, à la salle Saint-Jean. Il envoya une *Tête de cochon*, de profil. Enseigne destinée vraisemblablement à une charcuterie.

En un mot, brave homme que tous les artistes aimaient, le docteur Gachet était regardé un peu avec défiance à Auvers, à cause justement de sa réputation de collectionneur. Mais il ne voyait pas, il n'entendait pas ce qui le concernait personnellement.

Quand Vincent arriva à Auvers, le docteur Gachet le conduisit tout de suite à l'auberge Saint-Aubin, située à trois cents mètres à peine de sa maison, en contre-bas. Mais, au bout de trois jours, opprimé continuellement par le besoin d'économie, Vincent trouva cette pension trop coûteuse; et il s'installa au café Ravoux, place de la Mairie.

Ce café existe encore, une petite maison à un

étage, au bord de la route, et juste en face de la mairie. Mais les Ravoux ne sont plus là. Trente-deux ans passés.

La mairie, elle, également, demeure toujours, — la mairie si drolatique que Vincent a peinte, tout embarrassée de ses drapeaux, le jour du 14 juillet. Imaginez, sur une petite place, ornée d'un cadre de tilleuls, hérissée à gauche du portique des pompiers, imaginez une petite maison cubique, avec un balconnet, avec un mince campanile, avec du jaune partout, avec un air chinois. Regardez la, la petite mairie ; et, tout d'un coup, vous la verrez vraiment danser, un doigt en l'air. Elle est chinoise, elle est cochinchinoise.

Au café Ravoux, Vincent prit une chambre au fond, au 1ᵉʳ étage. Pour y arriver, on passait derrière le billard, et l'on montait un escalier étroit. La chambre de Vincent se trouvait au bout, après avoir traversé un petit palier.

De là, Vincent, tout de suite, reprit ses toiles et il se mit à travailler ; avec ce peintre, c'est toujours la même phrase qui revient. Mais il convient de souligner cette particularité qu'il ne s'éloigna guère d'un centre de motifs.

Le peintre qui partait autrefois pour les chercher au loin était tué en lui. Et, cependant, quel précieux choix de paysages offrait tout l'arrondissement de Pontoise. Au-dessus de la ville, on rencontrait les villages si pittoresques de Génicourt, de Livilliers, d'Ennery, d'Hérouville, de Fontenelles. La terre se vallonnait ; on tombait sur la route si jolie de Beauvais par Méru ; on découvrait des larges champs de blés, des luzernes, des meules de l'année passée. Puis, au-dessus de Valmondois, se tassaient, se dressaient sur des collines d'arbres des hameaux : Verville, les Groues, Orgiveau, les Cocus, la rue Dorée, le Carrouge. Enfin, passé l'Oise, à la belle eau verte, où glissaient lentement des péniches, on comptait, non moins contrastés et attirants, les villages de Méry, de Mériel, de Villiers-Adam, de Frépillon et de Bessancourt. Tous ces bois, toutes ces collines, tous ces villages ne tentèrent point Vincent. Oui, on peut écrire qu'il peignit presque tous ses tableaux d'Auvers, entre le café Ravoux et la maison du docteur Gachet.

Il est vrai que s'étant attaché à un piquet, Vincent pouvait, en tournant, dessiner mille paysages ; et, d'ailleurs, comme il fit à Auvers beaucoup de natures mortes et des portraits, les longues courses ne s'imposaient plus.

Il allait quelquefois, cependant, jusqu'à la halte de Chaponval, où le père Penel tenait un café et distribuait les billets. Vincent convoitait de faire le portrait de la mère Penel ; et cela le poussait jusqu'à la halte.

Le père Penel, type de ces ouvriers parisiens qui rêvent tout le temps à la campagne et qui ne souhaitent que de s'y retirer et y mourir, était un ancien graveur en taille douce, las de graver des dessins industriels, des pompes et des détails de chaudière. Venu à Auvers — et ayant trouvé un café libre, il l'avait acheté. Là, il connut vite des peintres : Corot, Delpy, Jules Dupré, Daumier, et même l'inutile Allongé. Et voilà aujourd'hui que

Vincent van Gogh lui tombait encore sur les bras. Il l'accueillit avec plaisir. Toutefois, il ne voulut jamais que sa femme posât. Il avait vu de lui un portrait, il avait poussé des cris d'horreur ; — mais, brave homme, il racontait des prétextes à Vincent et il lui laissait de l'espoir.

Vincent rencontrait chez lui un gendarme retraité, nommé Pascalini. Cet ancien pandore se montrait soiffard solide. Quand il apercevait Vincent au motif, il l'abordait par un : « C'est ma tournée, aujourd'hui, Monsieur Vincent ! » Et c'était toujours sa tournée ; et ils allaient boire. Plus tard, il eut en souvenir une toile de Vincent ; mais, l'ayant vendue, il but tellement qu'il culbuta, se cassa la jambe et en mourut.

Vincent allait le plus souvent chez le docteur Gachet. Il peignait dans le jardin ; il peignait également, dans la salle à manger, des natures mortes. Il restait tyrannique, coléreux, n'ayant aucun souci de politesse ou de tenue. Ainsi, quand il voulait peindre chez le docteur Gachet, il dérangeait tout, brusquement, sans ménagement. On devait passer par le moindre de ses impétueux désirs. Car une fois qu'il avait arrêté sa pensée sur un motif à peindre, il fallait qu'il fût exécuté en toute hâte.

Aux premiers jours de juin, Théo et sa femme, invités par le docteur Gachet, vinrent à Auvers. Vincent fut à la gare, pour les attendre ; et il apporta un nid à l'enfant.

Par la glorieuse journée, par le bel Auvers de cette époque, on peut concevoir quelle joie singulière ils ressentirent tous. Vincent, qui avait déjà repris, fidèles, toutes ses tristesses, toutes ses angoisses, fut, lui-même ce jour là, en plein équilibre et courageux.

Or, si vous voulez sentir ce que pouvait être une journée de bonheur, là-bas, il faut que vous rasiez, par la pensée, la plupart des maisons construites; il faut que vous sachiez que la jolie rivière était à tous, sans clôtures, sans jardins pour la parquer, — sans maisons de l'autre côté de la route pour la cacher. Auvers était là, adossé à sa colline, sans profondeur, certes; mais les arbres composaient une espèce de décor illimité. Et l'on suivait des sentes maintenant perdues; et l'on voyait, dans les cours des fermes, des géraniums vifs, qui sont les robustes fleurs de l'été...

Théo reparti, Vincent retomba à sa peine. Il travaillait, il peignait toiles sur toiles, avec sa passion dévorante; mais il sentait de plus en plus qu'il ne pouvait éloigner ses transes; et, alors qu'il croyait, un matin, par exemple, que la journée serait sereine, une horrible peur le jugulait tout à coup.

Il ne se trouvait pas seul, cependant, à présent. Le docteur Gachet le voyait presque tous les jours; et des peintres américains, un peintre hollandais nommé Hirschig, le recherchaient; mais il ne prenait d'eux aucune énergie, dans l'idée qui revenait que jamais il ne vendrait convenablement ses toiles, que jamais il ne pourrait rendre à son frère tout l'argent qu'il avait reçu; et, à présent, Théo étant marié, n'était-il pas tout à fait coupable d'accepter de lui encore une aide pécuniaire?

Il écrivait, sur ce sujet, lamentablement :

« Moi je ne peux dans ce moment que dire que je pense qu'il nous faut du repos à tous. Je me sens — raté. — Voilà

LA MAIRIE D'AUVERS-SUR-OISE, LE JOUR DU 14 JUILLET.

pour mon compte — je sens que c'est là le sort que j'accepte et qui ne changera plus... Et la perspective s'assombrit, je ne vois pas l'avenir heureux du tout. »

Et, plus loin, écrivant à Théo et à sa belle-sœur, il ajoute :

« Je cherche d'habitude à être de bonne humeur assez, mais ma vie à moi aussi est attaquée à la racine même, mon pas aussi est chancelant... J'ai craint — pas tout à fait, mais un peu pourtant — que je vous étais redoutable étant à votre charge. »

Et, enfin, malgré tout ce que pouvait affirmer le docteur Gachet, il ne croyait plus à une guérison. Sans doute, à Saint-Rémy, il avait connu les mêmes affres ; il avait douté de toute la science du docteur Peyron, — si, certains jours, il l'avait jugé « très capable ». Même à son cher ami Gauguin, qu'il n'avait pas cessé d'aimer, et qu'il eût voulu rejoindre en Bretagne, il avait souvent écrit qu'il s'était vu finir en « état qui dégrade ! » Mais, ici, à Auvers, la peur devenait plus aiguë, détruisait sourdement la dernière parcelle d'espoir qui pouvait subsister en lui, l'eût mené tout de suite directement au suicide si des prostrations complètes n'avaient pas, comme à Saint-Rémy, terminé ses crises.

Déjà, à Arles, au moment où tout s'était effondré de ses rêves : sa petite maison de la place Lamartine perdue pour lui, ce séjour qu'il eût voulu si long dans le Midi, — tout cela anéanti par la méchanceté des hommes, il avait souvent pensé alors à terminer brusquement sa vie ; et, un jour, il avait écrit à Théo :

« Si j'étais sans ton amitié on me renverrait sans remords au suicide et quelque lâche que je sois je finirais par y aller. Là, ainsi que tu le verras, j'espère, est le joint où il nous est permis de protester contre la société et de nous défendre. »

Baudelaire, dans le même ordre d'idées, avait déjà justifié ainsi la mort volontaire de son ami le doux poète Gérard de Nerval.

Puis, Vincent étonnait brusquement, en s'occupant de nouveau de tout : de couleurs, de factures, de projets de tableaux. Ainsi, pour ses meubles laissés à Arles, et que les Ginoux devaient lui envoyer à Auvers, il leur adressait la lettre *inédite* suivante :

Mon cher Monsieur Ginoux,

« Celle-ci pour vous prier de vouloir bien expédier par *petite* vitesse mes deux lits et les garnitures de lits qu'il y a encore chez vous.

« Je crois qu'il sera sage de vider le paillasson, car la paille coûtera autant comme frais de transport que d'en acheter de la nouvelle.

« Le reste des meubles, ma foi, il y a par exemple la glace que je voudrais bien avoir. Vous collerez des bandes de papier dessus pour empêcher que cela se casse — mais les deux commodes, chaises, tables vous pourrez les garder pour votre peine et s'il y avait encore des frais vous me le feriez savoir.

« Je regrette beaucoup d'être tombé malade le jour que je suis venu à Arles pour prendre congé de vous tous — j'ai été malade deux mois, depuis, sans pouvoir travailler. — A présent pourtant je suis encore remis complètement. Mais je vais retourner dans le Nord et donc, mes chers amis, en pensée je vous serre la main bien fortement ainsi qu'aux voisins et croyez que là-bas je penserai encore souvent à vous tous, car c'est vrai, comme me dit Mme Ginoux, que quand on est amis on l'est pour longtemps. Si par hasard vous verriez les Roulin vous n'oublieriez pas de leur dire bien le bonjour.

« Donc je termine la présente, espérant que Madame Ginoux est tout à fait remise de son malaise et vous serrant encore la main, croyez-moi

tout à vous,
VINCENT.

Veuillez adresser les lits

Monsieur V. Van Gogh
Paris

Petite vitesse

en dépôt en gare.

« Je ne compte rester à Paris qu'une quinzaine tout au plus, puis je vais travailler à la campagne ; c'est pourquoi prenez bien soin de mettre sur l'adresse *en dépôt à la gare.*

Sans cela, si vous avez à m'écrire, mon adresse à Paris est 19, Boulevard Montmartre.

Maison Boussod et Cie.

Et c'était cette autre lettre encore *inédite* :

« Mes chers amis Ginoux, de suite je veux répondre à la lettre de Mme Ginoux pour dire que j'ai été bien content d'avoir de vos nouvelles ; je regrette bien que M. Ginoux se soit blessé et ait tant souffert. Je vous en prie, faites faire l'emballage de mes affaires par quelqu'un pour que lui ne s'éreinte pas avec ; je vous rembourserai volontiers de tous les frais que vous pourrez avoir, mais que lui ne se fatigue pas trop de peur que sa blessure ne s'ouvre. Mais ainsi j'y compte que vous expédierez samedi, car j'attends après. Oui, moi aussi, j'ai bien regretté de ne pas pouvoir revenir à Arles pour prendre congé de vous tous, car vous savez bien que je m'étais attaché à gens et choses de chez vous d'une amitié sincère. Mais dans les derniers temps j'attrapais davantage la maladie des autres que de guérir la mienne. La société des autres malades m'influençait mal et enfin je n'y comprenais plus rien. Alors, j'ai senti qu'il valait mieux essayer un changement et, d'ailleurs le plaisir de revoir mon frère, sa famille et les amis peintres jusqu'à aujourd'hui m'a fait du bien et je me sens absolument calme et en état normal. Le médecin d'ici dit qu'il faut se jeter dans le travail en plein et ainsi me distraire.

« Celui-là se connaît bien en peinture et aime beaucoup la mienne, il m'encourage fort et deux, trois fois par semaine, il vient passer quelques heures avec moi pour voir ce que je fais.

« Ils ont deux fois écrit un article sur mes tableaux. Une fois dans un journal parisien et l'autre fois à Bruxelles où j'avais exposé et maintenant, dernièrement encore, dans un journal de mon pays la Hollande et cela fait que beaucoup de gens ont été voir mes tableaux. Et ce n'est pas fini. Il est d'ailleurs certain que depuis que j'ai cessé de boire j'ai fait du meilleur travail qu'auparavant et il y a toujours cela de gagné.

« Mais je pense souvent à vous tous encore on ne peut pas comme on veut dans la vie, là où on se sent attaché le plus il faut partir, mais les souvenirs restent et l'on se souvient — obscurément comme dans un miroir — des amis absents.

« Ainsi j'espère que l'expédition pourra se faire samedi. Voici encore l'adresse :

Vincent Van Gogh,
chez Ravoux place de la Mairie
Auvers-sur-Oise
(Seine-et-Oise)

Petite vitesse.

« Comme cela, il ne saurait y avoir erreur. Et, je vous remercie d'avance de votre peine mais que Ginoux prenne un homme pour faire l'emballage et ne s'éreinte pas, je vous rembourserai les frais.

« Vous souhaitant bonne santé et complète guérison, salutations bien cordiales.

Vincent Van Gogh.

Au commencement de juillet, Vincent revint à Paris chez son frère; et là le visitèrent Albert Aurier, — Lautrec, Emile Bernard et quelques autres peintres. Mais, à peine arrivé, il voulut repartir.

Il regagna donc Auvers; et il se mit à peindre des portraits. Après celui du docteur Gachet, dont il fit une variante, il peignit *Clémentine Gachet devant un piano; la Demoiselle de chez Ravoux; les Fillettes du garde-barrière d'Auvers*; puis, après avoir peint des champs de blé, là-haut sur le plateau, toujours sur des toiles de 3o, il s'éprit du *Jardin de Daubigny*; et il le représenta deux fois. Il décrira ces nouvelles toiles, comme il l'avait fait si lyriquement à Arles et à Saint-Rémy; et l'on retrouvera ici les « états » de sa merveilleuse intelligence, qui ne sombrait momentanément que sous les coups répétés du mal. Il expliqua ainsi sa toile du *Jardin de Daubigny*.

« Avant-plan d'herbe verte et rose. A gauche un buisson vert et lilas et une souche de plante à feuillages blanchâtres. Au milieu un parterre de roses, à droite une claie, un mur, et au-dessus du mur un noisetier à feuillage violet. Puis une haie de lilas, une rangée de tilleuls arrondis, jaunes, la maison elle-même dans le fond, rose, à toits de tuiles bleuâtres. Un banc et trois chaises, une figure noire à chapeau jaune et sur l'avant-plan un chat noir. Ciel vert pâle. »

Assurément, quand on revoit aussi par la pensée tous les autres magnifiques commentaires qui accompagnent chacun de ses tableaux, commentaires qu'il faut lire dans les lettres à son frère et dans celles à Emile Bernard; — quand on songe au pénétrant et continuel examen qu'il fit de lui-même, aux surprenantes investigations qu'il poussa au plus profond de sa conscience; — quand on étudie le développement de cette intelligence lucide, précise, de qualité presque incroyable ; — quand, enfin, on veut voir de quelle force fut, au milieu des pires situations physiques et morales, le pouvoir de contrôle de cet homme, — on peut bien affirmer, certes, que Vincent Van Gogh ne fut pas un fou au sens où le public l'entend ; mais seulement — et ce fut assez ! — un homme atteint d'une maladie nerveuse — avec troubles mentaux ou crises passagères, qu'on eût dû, mieux, certains jours, arracher à lui-même. Et, ainsi l'on peut peut-être affirmer encore que le drame de l'oreille coupée ne fut que l'aboutissement des terribles et surexcitantes discussions que Vincent eut, à Arles, avec Gauguin. Discussions, dont il put dire lui-même :

« Gauguin et moi nous causions de peinture et d'autres questions de façon à nous tendre les nerfs jusqu'à l'extinction de toute chaleur vitale. »

Et encore :

« Avec Gauguin et moi, la discussion est d'une électricité excessive, nous en sortons éreintés. »

Un jour, l'idée nous vint de faire lire le III⁰ volume des lettres de Vincent (Arles, Saint-Rémy et Auvers) à un chirurgien et docteur en médecine, dont la vive intelligence, à formes multiples, rayonne passionnément sur tous les sujets. Ce chirurgien, tous mes amis savent qu'il se nomme Christian Dupinet. Après avoir étudié le livre que je lui avais confié, il me dit :

« J'avoue, mon cher Coquiot, que vous m'avez fait lire un des livres les plus beaux et les plus intéressants qui soient ; et je comprends qu'il vous ait passionné. Assurément, ce littérateur improvisé, plein d'un lyrisme aussi inattendu, aura augmenté, si je puis dire, votre admiration pour le peintre et l'aura certainement quelque peu transformée.

« Quant à la maladie de Van Gogh (*Bien entendu, c'est là que, moi, je voulais en venir !*), il est très difficile, d'après ses lettres seulement, de la définir d'une façon très précise.

« Il eut, m'avez-vous dit, la syphilis. Et les accidents dont il a été victime sont-ils la conséquence de cette syphilis ? Les excès de tabac, de café et d'alcool ayant surexcité à un degré incroyable un cerveau en perpétuelle ébullition, ont-ils contribué, de concert avec les spiro-chètes, à l'effondrement d'un homme dont les facultés de l'esprit étaient si harmonieusement établies ? Cela est pos-sible, très probable, sinon certain.

« Quant à l'épilepsie — le docteur Peyron, à Saint-Rémy, se raccrochait, dit Vincent lui-même, à cette maladie —, elle peut n'avoir été que symptomatique. De plus en plus, en effet, l'épilepsie, maladie autonome, perd du terrain, et un jour viendra où elle ne sera plus consi-dérée que comme un syndrome.

« Pouvons-nous dire maintenant que Vincent Van Gogh fut atteint de paralysie générale ? Certes, la paralysie générale, si injustement dénommée, se manifeste sous tellement de formes que les personnes non initiées com-prennent avec difficulté l'opposition constante entre le nom et la chose. C'est pourquoi il faut plutôt parler ici de méningo-encéphalite diffuse et non de paralysie géné-rale.

« Pour mon compte, je crois que Vincent Van Gogh fut atteint de méningo-encéphalite diffuse — à forme larvée et quelque peu particulière —, et que tous les accidents pour lesquels il fut traité ne furent que des symptômes ou un syndrome qu'on a à tort pris pour une affection autonome. ».

Le placement de Vincent à Saint-Rémy, où on le laissa « végéter avec des malades corrompus profon-dément », comme il le dit lui-même, fut, en tout cas, une lourde faute. Seul, Théo reste au-dessus de tout reproche. Il ne savait pas ; il se laissa conduire par les médecins. Il eût fallu garder Vincent dans une simple maison de repos, et lui permettre de peindre sans répit ; — car, trop souvent, sous prétexte de soins, aussi bien à Arles qu'à Saint-Rémy, durant de longues semaines, tout travail lui fut interdit. Or, en dernier lieu, que fit le docteur Peyron ? Rien, nous l'avons dit. Oui, directeur de pension de famille, où les pensionnaires étaient plus ou moins déments — et c'est tout ! D'ailleurs Vincent ne put-il pas écrire, à ce sujet, lui-même :

« Pour moi la santé va bien de ces jours-ci ; je crois bien que M. Peyron a raison lorsqu'il dit que je ne suis pas fou proprement dit, car ma pensée est absolument normale et claire entre temps et même davantage qu'auparavant. »

A Auvers, Vincent n'est pas entouré d'une meilleure protection. Cette fois la pension de famille de Saint-Rémy est ouverte ; on applique le système de l'*open door* ; mais le docteur Gachet, spécialiste maintenant des maladies du cœur, ne peut pas mieux sauvegarder Vincent que le docteur Peyron. Théo, lui, donnait à son frère toute sa vie. Sur un efficace conseil du docteur Peyron, il eût tout de suite repris Vincent avec lui...

Tout d'un coup, Vincent se sentit seul, effroyablement. Il lui sembla que tout le monde se détournait de lui, l'évitait, et cela était en partie exact ; car il se montrait si facilement irascible.

Un jour, en exemple, se trouvant chez le docteur Gachet et remarquant une toile de Guillaumin qui n'était pas encadrée : *Une femme nue couchée*, il s'emporta, comme il la trouvait très belle, dans une injurieuse colère ; et, en exigeant qu'elle fût encadrée

sur le champ, il enfonça la main dans la poche de
son veston, y cherchant peut-être un revolver. Mais
le docteur Gachet, résolument, le fixa dans les yeux ;
et Vincent recula, s'enfuit.

Il fut plusieurs jours sans oser revenir chez son
ami. On le vit errer dans les champs, ne peignant
plus, l'air hagard. Ce qu'il n'avait jamais fait, il
suivait l'Oise, s'arrêtant quelquefois pour regarder
l'eau, fixement. Les péniches qui dormaient là,
jaunes, vertes ou rouges, le fascinaient ; puis il
remontait d'un élan brusque vers Auvers ; et il
marchait furieusement devant la maison du docteur
Gachet, ne se décidant pas à entrer.

Soudainement, le mal dont il souffrait, précipita
ses coups. Des nuits sans sommeil l'épuisèrent. Il
raconta à Ravoux qu'il ne pouvait plus *tenir*, qu'il
sentait la vie s'en aller de lui. Et comme l'aubergiste,
par des paroles gaillardes, s'efforçait de l'encourager
à vivre, Vincent ne lui répondait plus que par un
sourire triste. Et il pensait à Monticelli dont il avait
pu dire :

« Considérant toutes les misères de ses dernières années,
y a-t-il de quoi s'en étonner qu'il ait fléchi sous un poids
trop lourd, et a-t-on raison lorsque de là on voudrait
déduire qu'artistiquement parlant il ait manqué son
œuvre ? J'ose croire que non, il y avait du calcul bien
logique chez lui et une originalité de peintre, qu'il demeure
regrettable qu'on n'ait pas su soutenir de façon à en rendre
l'éclosion plus complète. »

Un jour, Vincent eut encore la force de peindre
des *Corbeaux au-dessus d'un champ de blé*, là-haut,
sur le vaste plateau ; puis il rentra sans rien dire aux
Ravoux, et il se jeta sur son lit, où il dormit toute

une longue nuit. Il resta plusieurs jours sans quitter l'auberge.

Mais, vers la fin de l'après-midi du 27 juillet, il sortit sans une toile ; et il s'engagea derrière le château d'Auvers, grande bâtisse d'un blanc jaunâtre, sise sur une hauteur, dans les arbres. Pas d'ornements ; tout le charme existe dans les proportions de la façade, des fenêtres et du toit.

C'est ce château qui figure précisément dans ce tableau de Vincent : *Effet de soir* : « Deux poiriers tout noirs contre ciel jaunissant ; avec des blés et dans le fond violet le château encaissé dans la verdure sombre ».

Un paysan que j'ai retrouvé et qui se souvient de Vincent, le vit ce jour-là ; et il lui entendit dire : « C'est impossible, impossible ! » Mais Vincent était toujours un peu « bizarre », me dit-il; et il ne le considéra pas davantage.

Quelques heures plus tard, on vit Vincent rentrer chez Ravoux. Il revenait courageusement, heureux peut-être, s'étant tiré en plein corps une balle de revolver. Il monta dans sa chambre ; et il demanda qu'on le laissât tranquille.

Mais Mme Ravoux, voyant du sang sur ses vêtements, courut appeler le docteur Gachet et le docteur Mazery. Ce jour-là, c'était un dimanche, le docteur Gachet et son fils pêchaient dans l'Oise. Quand le docteur Gachet arriva, Vincent lui dit tout de suite qu'il avait agi en pleine conscience.

Il portait sur lui une dernière lettre adressée à Théo, et il y avait écrit cette phrase : « Eh bien, mon travail à moi, j'y risque ma vie et ma raison y a fondré à moitié ».

La balle, des côtes, avait glissé dans l'aine. Vincent, stoïque, demanda sa pipe et il fuma.

Il eût fallu peut-être tenter une intervention chirurgicale. Mais, à Auvers, elle se présentait trop compliquée; et les docteurs n'essayèrent point de la réaliser.

Le docteur Gachet pensa tout de suite à prévenir Théo; mais Vincent refusa de lui donner l'adresse de son frère. Le docteur Gachet fit alors porter par le peintre Hirschig une lettre chez Boussod et Valadon, au n° 19 du boulevard Montmartre. Elle était ainsi conçue :

« Cher Monsieur, j'ai tout le regret possible de venir troubler votre repos. Je crois pourtant de mon devoir de vous écrire immédiatement. On est venu me chercher à 9 heures du soir aujourd'hui dimanche de la part de votre frère Vincent qui me demandait de suite. (*Moi — C'était le dire seul de Mme Ravoux*). Arrivé près de lui, je l'ai trouvé très mal. Il s'est blessé... N'ayant pas votre adresse qu'il n'a pas voulu me donner, cette lettre vous parviendra par la maison Goupil... »

Théo accourut; il revenait de conduire sa femme et son enfant en Hollande. Il prit son frère dans ses bras, et il l'étreignit de toute son affection. Et comme il lui disait qu'on allait le sauver, Vincent, doucement, répondit : « C'est inutile! la tristesse durera toute la vie. » Et il passa la journée du 28 juillet à réconforter son frère, à parler de toute leur famille; et, le 29 juillet, à une heure et demie du matin, exactement, n'ayant pu s'acquitter envers Théo et envers la vie, Vincent rendit l'âme, comme il l'avait promis!

Théo écrivit à sa mère :

Chère mère,

« On ne peut pas trouver de consolation... C'est une douleur qui me suivra longtemps et que je porterai toute ma vie en moi. Tout ce que l'on pourrait dire maintenant, c'est qu'il a trouvé la paix qu'il avait réclamée lui-même... O mère, il était tout mon frère ! ... »

« L'enterrement eut lieu, m'a dit M. André Bonger, par une journée splendide et d'une chaleur excessive. Je ne me souviens pas de l'heure exacte, mais je pense qu'il était environ midi.

« Nous avions silencieusement déjeuné dans une petite pièce de l'auberge. Dans la chambre mortuaire, des amis avaient accroché les dernières toiles du peintre, d'une impression poignante.

« Théo et moi, nous conduisions le deuil.

« Lui et moi, nous avons fait tomber une pelletée de terre sur le cercueil, descendu dans la fosse. Le docteur Gachet a prononcé un bref discours, auquel Théo a répondu par ces quelques mots qui me sont restés gravés dans la mémoire : « Messieurs, je ne saurais vous faire de discours, mais je vous remercie du fond du cœur. »

« Je ne me souviens pas des noms de tous ceux qui ont assisté au convoi ; mais il n'y avait pas plus d'une douzaine d'amis et quelques gens du pays qui étaient venus sur la prière du docteur Gachet.

« Aux côtés du docteur Gachet, il y avait le père Tanguy, Emile Bernard, Laval (le peintre, compagnon de Gauguin à la Martinique), Hirschig, — un autre peintre hollandais, Van der Valk, qui travaillait à Auvers, et Mlle Mesdag, devenue ensuite sa femme.

« Je ne saurais vous faire un portrait complet de Vincent dans l'espace d'une lettre. Il est tout dans son œuvre et dans sa correspondance. C'était le plus noble caractère d'homme qu'on pût rencontrer ! Franc, ouvert, vif au possible, avec une certaine pointe de malice drôle. (*Moi. — Et ceci n'en fut-il pas un trait quand il écrivit à son frère :*

« Ce n'est pourtant pas mal trouvé qu'un journaliste conseille au général Boulanger de se servir désormais pour donner le change à la police secrète, de lunettes roses, qui selon lui iraient mieux avec la barbe du général. Peut-être cela influencerait-il d'une façon favorable, déjà tant désirée depuis si longtemps, le commerce des tableaux. ») Excellent ami, termine M. André Bonger, inexorable juge, dépourvu d'égoïsme et d'ambition, comme le prouvent ses lettres si simples, où il est aussi bien lui-même que dans ses innombrables toiles. »

La santé précaire de Théo ne résista point à sa profonde douleur. De jour en jour, la maladie sans trêve l'accabla. Vincent appelait son frère. Transporté dans une maison de santé à Utrecht, Théo y mourut, quelques mois après Vincent, le 21 janvier 1891.

. . . .
. . . .

Un dimanche du mois de décembre 1921, j'allai à Auvers, avec ma femme et le peintre Giran-Max, pour voir la tombe de Vincent.

C'était une belle journée froide, et de gros nuages blancs s'arrondissaient sur un ciel bleu. Il avait plu dans la nuit, et nous marchions sur un sol mou ; mais le vent soufflait et nous poussait là-haut vers le cimetière, qui est un carré entouré de murs et pris sur le plateau des champs.

Nous allâmes à l'aventure dans ce cimetière blanc, comme tous les cimetières où la guerre a jeté des morts si jeunes et tant de pierres si blanches ; nous cherchions Vincent ; et nous vîmes d'abord les tombes de Goeneutte, de Murer et de Madame Chevalier.

Nous n'avions aucune hâte; un plaisir d'une nature singulière nous retenait dans cet amas de croix; nous y étions venus pour Vincent; il était là, quelque part. Nous avions peur de le trouver trop vite. Et chacun de nous songeait à sa tombe.

Nous redoutions de la trouver banale, d'un modèle suranné, une stèle de pierre portant un médaillon en bronze. Lui qui avait été si pauvre, si obscur! Et nous cherchions vraiment ce monument-là, obsédés par toutes les sottises de pierre qui sont dans tous les cimetières, et qui abondent aussi au cimetière d'Auvers. Nous regardions autour de nous, devant nous, en marchant sur le gravier, dans la paix de ce jour de repos. C'est ici un champ nu, sans arbres. Des meules de blé montaient derrière un mur; et des sapins, là-bas, plantés en dehors, bordaient un côté du grand carré de silence.

Tout à coup, nous tombâmes sur la tombe de Vincent, une simple pierre debout, arrondie au sommet; et il n'y avait pas une seule tombe, il y en avait deux, côte à côte!... Certes, on éprouve, dans la vie, des stupeurs inouïes; le plus équilibré subit même, quelquefois, d'absurdes hallucinations; mais nous étions trois ici, dans le jour éclatant d'une lumière bleue, en proie à une forte, à une inexprimable émotion peut-être, mais nous regardions de tous nos yeux, nous nous penchions sur les deux pauvres pierres; à un moment nous nous considérâmes tous trois avec de l'inquiétude dans les yeux; mais il était impossible de croire qu'un commun vertige nous prenait tous trois; il y avait bien là, devant nous, devant un mur, sur un parterre d'herbes sèches, il y avait bien deux pierres, deux tombes, sur lesquelles nous pouvions lire : *Ici repose Vincent Van Gogh; Ici repose Théodore Van Gogh!...*

Ah! nous devinâmes tout de suite quelle main pieuse avait réuni les deux frères!... Il est, là-bas, en Hollande, à Amsterdam, une femme généreuse, au grand cœur pétri d'amour et de dévouement, qui a, un jour, ramené le corps de Théo à Auvers, pour que les deux frères, qui s'étaient tant aimés, fussent dans le sommeil de la mort encore côte à côte. Et cette femme avait sacrifié son immense chagrin à l'amitié des deux frères. Elle perdait deux fois son mari; mais elle le donnait à Vincent!...

Quel auguste repos ici pour les frères Van Gogh! Le soleil, aujourd'hui, caresse ces deux pierres; le soleil que Vincent adora. Et, au-dessus des deux tombes, s'élèvent les meules. On en compte, dans la vaste campagne, plus d'une quarantaine. Elles sont là, comme desséchées, comme si elles devaient s'en aller en poussière avec Vincent.

Voici, encore, toute la vie des champs qui fut sa passion. Voici des herses, des charrues, d'autres instruments agricoles. Tout est là immobile, paisible. Quelle communion entre ces deux Hollandais, que la vie supplicia, et qui sont enfin réunis dans l'énorme silence : « *Ici repose!* » sous le plein soleil de France!

Là-bas, volent des bandes de corbeaux. Ce sont les oiseaux que Vincent peignit dans sa dernière toile. Ils croassent; tandis que, dans les fermes, les coqs s'égosillent...

Il repose, là, Vincent, en pleine terre qu'il aima. Aux saisons diverses, reviennent les semeurs, les moissonneurs, les laboureurs ; tout l'actif et opiniâtre travail qui l'enchanta. Et, en couronnement, on dresse un jour les hautes meules ; mais elles se tassent massives et calmes pour son repos ; elles n'ont plus les aspects de torches incendiaires qu'il leur infligea... L'homme qui monte du pays pour labourer, pour semer, pour moissonner, ignore qu'il compose, qu'il fait revivre, autour de la tombe de Vincent, un si grand nombre de ses merveilleuses toiles, où tout est en mouvement exaspéré de vie ; mais l'homme fidèle, reparaît toujours...

Nous restons là, à regarder, à rêver... Mais tout à coup le vent ploye les sapins ; et ils se convulsent en de longs frémissements, en des craquements de branches. Les nuages galopent dans le ciel et le vent renverse les couronnes de l'humble cimetière. Je songe au mistral, à Vincent. Le vent terrible est venu lui donner ici aujourd'hui sa grande fête hurlante.....

ICI REPOSE	ICI REPOSE
VINCENT VAN GOGH	THÉODORE VAN GOGH
1853-1890	1857-1891

PHOTO DE L'AUTEUR

TOMBES DE VINCENT ET DE THÉO
(Cimetière d'Auvers-sur-Oise).

Son Œuvre

**On divise l'œuvre de Vincent Van Gogh
en cinq périodes :**

Nuenen (Décembre 1883-Novembre 1885). ::   ::   ::
Paris (Mars 1886-20 Février 1888) ::   ::   ::   ::   ::
Arles (21 Février 1888-8 Mai 1889) ::   ::   ::   ::   ::
Saint-Rémy (Mai 1889-Mai 1890) ::   ::   ::   ::   ::
Auvers-sur-Oise (21 Mai 1890-29 Juillet 1890) ::   ::

Période de Nuenen

Cette période dite de Nuenen (bien qu'elle comporte des dessins réalisés au Borinage), c'est la période des toutes premières influences : Josef Israëls et Anton Mauve; la période des pauvres gens, des paysages noirs, des choses résignées.

Pourtant, si quelques œuvres sont un peu quelconques, tout de suite apparaît la personnalité de Van Gogh. Il y a déjà une bizarrerie, une rare étrangeté dans ses personnages lourds, gauches, dont il fait des bergers, des écosseuses de pois ou des tisserands.

On trouve déjà cette empreinte de l'accablement de la vie, une soumission navrée, tous les stigmates de la tristesse que Vincent porte pleinement en lui, et qu'il reporte sur les visages de son prochain.

Non point qu'il veuille que tous les hommes souffrent; mais, en frère miséricordieux, il ne s'arrête que devant ceux à qui la nature n'a pas accordé de fortes armes de révolte et de résistance. Et il les dessine, et il les peint comme lui, ceux-là, le dos courbé sous tous les maux et sous toutes les malédictions.

C'est ainsi qu'il représenta des bûcherons, étant à

la Haye; des porteurs de sacs, étant au Borinage; des vieilles filles dolentes, au regard lointain; des farouches et simiesques mangeurs de pommes de terre; des chevaux usés; des rébarbatifs paysages, où les arbres dénudés griffent le ciel de leurs branches agressives; des jardins où rôde la Mort et où pleurent des fleurs malsaines.

Ses natures mortes mêmes sont indigentes, composées d'objets frustes. Il connaît les musées de son pays; mais il a oublié le faste, la somptuosité des peintures anciennes. Il ne traite pas mieux les personnages magnifiquement vêtus, que les intérieurs riches, brillants, ou les fruits rares des splendides vergers. Il est né humblement; il est morose, déjà irrémédiablement; il ne va, suivant sa nature, qu'aux gens et aux choses que le sort opprime. Car il donne de la vie aux choses inanimées; et il traduit toute sa mélancolie dans un chaudron de cuivre, dans une cruche, dans un vieux chapeau. Tout, de ses mains, sort ainsi sans éclat, ayant soif de silence et de solitude.

Et il peint sans fougue, presque minutieusement comme il a vu les autres peindre, autour de lui. Il a tout le temps, puisqu'il est affligé; et quand on se sent abattu pour toute la vie, à quoi bon se hâter?

Il est à la Haye, à Nuenen; vraisemblablement, il restera toujours dans sa Hollande. Le champ de ce qu'il recherche est assez borné : les paysans, les paysages mélancoliques, les intérieurs sans orgueil; il dessine comme s'il gravait un cuivre; il peint d'après des peintures d'Israëls et d'Anton Mauve. Cela, tout de même, offre plus de « caractère »; —

mais l'incendie couve encore, ne se révèle pas ; personne ne pourrait soupçonner la flamme qui s'élancera, flamboiera, à Arles.

Il dessine triste, il peint triste, parce que ses pensées sont amères ; — et c'est pourquoi il va aux choses funèbres.

Qu'il y ait des Hollandais gais, rudes gaillards, bons buveurs, gros mangeurs et trousseurs de filles, — comme il y en a tant, du reste ; — ceux-là, Vincent ne les voit pas ; il garde une émotion douloureuse à exprimer, il l'exprime ; il se complaît dans la misère, dans l'humilité des êtres et des choses.

De son passage à la maison Goupil, il a retenu d'autres visions picturales. Mais, lui, *sincère*, il ne peut peindre que les sensations de sa grande peine.

Sans doute, il sait que la Hollande et la Belgique, pour ne citer que ces deux pays qu'il connaît bien, ont produit des peintres ou joyeux ou pompeux, qui ne subirent pas une vie haïssable.

Il sait, par exemple, que l'alerte luron Jan Steen, en se portraicturant lui-même, la bouche ouverte et râclant de la guitare, voulait indiquer que de la vie il ne peindrait que les facéties, les beuveries et les bamboches charnelles. Son œuvre abonde, en effet, en réjouissantes parties, où, toutes tripes à l'air, on se régale, pendant que le chien de la maison fourrage dans les plats renversés. Et *ses* gaillardes, toutes jambes ouvertes, vantent assez l'excellence de leurs débauches ; et, enfin, quand il peint des intérieurs pour des « visites de médecin », est-ce assez cossu et confortable ?

Vincent s'écartait de ce peintre de rigodons, comme

il se détournait de cet autre plaisant drille qui, à hanter les cabarets, a peint sans lassitude de nouvelles ripailles éperdues. Ah! oui, ce Téniers, en a-t-il représenté de ces ivrognes, de ces joueurs de tric-trac, jeunes ou vieux, de ces cabarets où l'on boit, où l'on danse, où l'on pisse! Comment encore celui-là pouvait-il voir la vie si joviale?

Rubens, aussi, l'épouvantait par sa santé robuste, magnifique. Et un peintre qui fut si fêté, si chargé de missions d'ambassadeur, alors que le formidable Rembrandt mourut de misère! Rubens, cette santé de boucher, cette rutilance de chairs épanouies, rayonnantes; cet éclat de seins réjouis, de grosses fesses; ces visages fleuris, d'une plénitude abondante! Rubens, qui avait voulu tout peindre dans son orgueil de dieu humain!

Gérard Dov a imaginé des scènes hollandaises gracieuses, jolies. Tout est bien ordonné, propre, enjoué. On voit dans son œuvre des somptueuses tentures, des meubles reluisants, des lustres de parade. Même *ses* médecins, en examinant des fioles, pleines d'eau ou d'urine, ont des airs satisfaits, aimables.

Vincent n'avait jamais pu considérer une minute un tel calme, un tel bonheur.

Chez Metsu, c'est le pareil souci des nobles intérieurs, des majestueux cavaliers à rubans. Et tous ces gens-là, hommes à aiguillettes et femmes aux cheveux bien tirés, font de la musique, passent la vie en chantant. Les impossibles humains!

A la rigueur, Vincent s'attardait mieux devant les innombrables compositions de Breughel. Et puis ses diableries, ses paysanneries, ses images religieuses, sont, à tout prendre, plutôt acides que facétieuses. C'est toujours un peu la fourmi humaine en mouvement, avec toutes les autres fourmis humaines. Et rien n'est navrant comme une foule, qu'elle soit foule ou fourmilière. Les kermesses de Breughel sont elles-mêmes âpres, tragiques. On s'ébat comme cela dans les maisons de fous.

Frans Hals a peint des portraits massifs, des trognes hilares et pleines et cordiales ; mais le *Portrait de l'artiste* (de la collection du duc de Devonshire), le *Portrait de Tyman Oosdorp*, le *Portrait d'une jeune Dame* (du musée de Berlin), sont bien des figures à « expression navrée », comme dira plus tard Vincent.

Rembrandt, son dieu. Ce maître l'aiguilla, le maintint sur la voie glorieuse ; et, jusqu'à sa mort, Vincent gardera les yeux fixés sur ce phare.

Les anecdotes de Wouwerman ne le retiendront pas. Quand on suit un dur rêve intérieur, quand on porte en soi, au profond de son cœur, le funeste amour de la tristesse, comment s'intéresser à ces images puériles : des arrivées de cavaliers caracolant, des batailles sans confusion, des départs pour la chasse et des fêtes à l'auberge ?

Et combien d'autres peintres restaient, parmi lesquels Vincent ne choisira que ceux qui payèrent eux aussi tribut à la désolation de la vie !

A ce moment, répétons-le, il se donna tout entier à la souffrance, ou du moins à tout ce qu'il supposait en proie à la misère et au chagrin.

Il vit les sombres décors du Borinage ; il vit de même en Hollande les sombres décors des gens besogneux et des choses minables. A ce moment-là, il ne pouvait rien voir, rien admirer dans le soleil. Il portait de la nuit en lui; et il peignit de la nuit, il dessina de la nuit; il peignit noir.

Et tout fut comme asservi. Quand il voulait se ressaisir, il collectionnait des bestioles et des nids. Il ne savait rien de la vie. Il était resté dans les ténèbres. Toutes ses courses errantes en Belgique, en Angleterre, en Hollande, à Paris, n'avaient été que des sortes de survivance dans les perpétuelles noirceurs de sa propre vie.

Resté à Nuenen, il eût succombé enveloppé d'ombres, n'ayant jamais eu pleinement conscience de son existence. Autour de lui, partout, un filet de mailles serrées lui dérobait la lumière.

Il dessina ou peignit donc des servantes, des chaumières, des femmes du peuple, des paysages frustes, presque funèbres; des paysannes lourdes, aux têtes vulgaires, aux gros bras, aux jambes épaisses; — des semeurs, gauches; — des rues de villages, le soir, sous la pluie; — des intérieurs mornes de tisserands; — des paysans difformes, des vieillards épuisés; — des filles courtes, en boules, aux faces bossuées; — des vieilles dames grimaçantes, envahies de songeries, au coin de l'âtre; — des laboureurs; — des laides domestiques barattant le beurre; — des bêcheurs; — des femmes sans sexe, sans forme, sacs portant des sacs; — des moissons, au petit travail pauvre; — des vieilles femmes broyant du café; — des fillettes chétives; — des saules déchiquetés, brandissant leurs branches comme des serpents; — des balayeurs en sabots; — le jardin de ses parents, au

ECOSSEUSE DE POIS.

vieux banc, à la table ronde, aux chaises de fer, tout cela d'aspect bizarre, hostile, lugubre ; — des commères maniant balais, pelles ou pioches, avec des gueules de monstres, les mains arquées, fortement dessinées, les ongles coupés courts ; — des botteleuses, à la croupe énorme, aux bras de gorille ; — une jeune dame assise, songeuse, une bougie près d'elle, la face jaunie, pincée ; — un faucilleur, fonçant dans les blés, les pieds immenses ; — des bûcherons ; — des vieilles encore, endormies sur une chaise ; — un vieux lisant devant l'âtre ; — des maisons à Scheveningue, pittoresques ; — une copie de l'*Angelus*, de Millet ; — une femme en blanc, assise par terre ; — un vieillard, la tête vidée dans les poings ; — des landes, où siffle une bise aigre ; — des intérieurs de tisserands, l'homme devant le bâti de la machine, tout seul, sans joie ; — une femme et son nourrisson, elle, comme une bête sans expression ; — des moulins se reflétant dans une eau morte ; etc., etc.

Presque tous les dessins sont au crayon noir et avec des frottis de pouce ; les jambes reposant solidement, les pieds dans des sabots, les mains vigoureusement indiquées. Maintenant que nous avons compris le style de Vincent, certains dessins apparaissent déjà tout-à-fait personnels. Des figures appesanties, dessinées souvent gauchement, — et un air d'implacable désolation ou de niaiserie ou de soumission. Tel vieillard, au visage gravé, arqué, busqué, aux mains d'un dessin serré, les ongles durement apparents, des sabots construits : impossible de donner cela à un autre qu'à Vincent ; dessins qu'il signa au commencement *Vincent* ou *Atelier Vincent*.

Les tailles de crayon dans le sens de la forme, énergiques, accentuées, comme creusées dans le papier. Ou de grands et rapides crayonnages, influence de dessins déjà vus. Puis, de nouveau, des dessins précis, un peu puérils ; ces travailleurs de la glèbe, souvent courts, trapus. Un derrière de gros insecte rampant. Des têtes énormes.

On sent ici la recherche tendue de la forme, du mouvement, l'amour passionné des « sujets » non point farouches, mais tels que la vie les durcit, les martela, les épaissit, les dessécha. Aucune race, aucune élégance, le plus généralement ; et, tout d'un coup, une femme jeune, à force de tension (modèle qui songe), atteint sinon à la noblesse, du moins à la gravité, au style tel que Vincent le développera plus tard.

Et toujours Vincent dépasse tellement Israëls et Mauve. Car il imprègne d'un puissant « caractérisme » toutes ses créations. Et tout compte : les mains, le visage, la défroque du travail, jusqu'aux accessoires : bêche, seau, baratte...

Cet homme-là part pour ne point plaire. Il restera, désormais, fidèle à cette vision des hommes mal venus, mal développés par d'exténuantes tâches ; ils ne seront jamais plus enviables. Vincent évoluera, modifiera dessin et couleur ; mais le point de départ est nettement indicateur de la suite. Maintenant Vincent ne pensera plus à séduire. C'est ici sa première souffrance. Car tout le monde déjà s'éloigne de lui. On qualifie sans pitié ces premiers beaux dessins.

Tantôt il ne compte que sur l'affirmation de son

style ; tantôt il emploie la couleur, par taches de noir et de blanc ; et, dans ce dernier cas, il « lâche » son dessin. Les deux manières sont éloquentes.

C'est à la Haye qu'il fit quelques lithographies. On en a, en tout, retrouvé sept.

Période de Paris

On sait avec quel empressement Vincent arriva à Paris, auprès de son frère. Celui qui lui avait succédé dans la maison Goupil maniait depuis quelques années, et tous les jours, les tableaux de ces Impressionnistes dont on parlait tant, en criblant les timides admirations d'injures, de rires et de sarcasmes.

Ce fut une éclatante révélation pour Vincent! Claude Monet, Sisley, Renoir, Pissarro, Guillaumin, la peinture claire après la peinture morose des Musées!

Tout de suite, Vincent peignit autour de lui, sans perdre de temps; et, logé dans le haut de la rue Lepic, il représenta plusieurs fois *le Moulin de la Galette*, des guinguettes, des vues de Paris du haut de la Butte.

Il avait à se dégager de tout son travail de Hollande. Il essaya de ne plus dessiner comme à Nuenen; et il alla chez les peintres.

Il fut chez Cormon; — et il peignit dans l'appartement de son frère — et devant la nature.

Il faut avant tout éclaircir sa palette. Ici, il voit

des peintres qui tentent de « mettre » le soleil sur leurs toiles.

Il peint, pour arriver à la luminosité, beaucoup de fleurs. Et, au musée du Louvre, qu'il hante, il découvre Delacroix; et, dans le magasin de Delarbeyrette, Monticelli.

Il peint de nouvelles fleurs avec un vif éclat. Des marguerites, des coquelicots, des bleuets, des dahlias, des pivoines. Conservant sa première manière, il empâte, avec délicatesse, avec adresse; trop d'adresse même quelquefois.

Mais toujours il raisonne, il cherche autre chose. De ce *Moulin de la Galette*, encore hollandais d'exécution; de ces autres *Moulins à Montmartre*, de ces *Vues de Paris*, de ces *Ponts sur la Seine*, etc., peints trop habilement, trop « tachistes », trop conventionnels; de ce *Pont d'Asnières*, où Seurat l'influence, il arrive presque d'un bond, en quelques mois, moins en quelques jours, à cette extraordinaire toile intitulée *Les livres* ou *romans parisiens*, où toute sa personnalité explose, est désormais sûre !

Sans doute, il n'a point inventé les hachures dont cette toile se pavoise. Lui, pas plus que Lautrec, autre amoureux de ce moyen de peindre; car les hachures, sans remonter au déluge, viennent au moins, impérieuses et souveraines, de Delacroix; mais ce qu'il a inventé, lui, Vincent, c'est la nouvelle mise en œuvre de ce métier franc, direct : les hachures comptant nettement, construisant les objets, et s'aidant de cernes qui précisent le « volume » et les contours. Les autres peintres qui peignaient déjà par hachures, les dissimulaient, les faisaient rentrer dans la masse générale du ton ; lui, Vincent, il les montre tout entières ; il les grave, il les laisse distinctes, visibles de très loin ; il fait de solides « volumes » avec une série de ces bâtonnets de la couleur.

Voilà, par une franchise de la couleur générale, par la sincérité de tous les tons purs, associés, par un dessin exact accusant les plus essentiels détails, voilà toute l'originalité conquise.

A dire vrai, Vincent a déjà contre lui ainsi l'hostilité des gens qui considèrent les tableaux. Il leur apparaît grossier, sans ménagement, sans douceur. Il ne connaît pas « l'art des nuances ! » Touchant reproche ! Mais Vincent ne saura jamais ce que cela signifie : l'art de plaire ! et il mit si bien son cœur à nu en présentant le *Portrait du père Tanguy* (avec le fond d'estampes japonaises).

D'où venait ce bonhomme comme en bois peint sans souplesse, à la barbe rude, aux mains calleuses, et construit à coup de hachures brutales, presque féroces ? Ce portrait tombait de la lune. Ce fut un effarement.

Et c'en est fini : Vincent est entré dans le pays haïssable. Quoiqu'il fasse maintenant, il sera odieux ; et tout le monde se détournera de lui.

Les fleurs mêmes, les feuilles des arbres, il voudra leur donner une forme si concise, une précision si parfaite, à coups de cernes appropriés, qu'il en écartera les plus fervents de leurs amants.

On est habitué aux virtuosités des Salonniers floraux ; on s'est pâmé devant leurs fleurs inconsistantes, sans forme comme sans couleur ; on s'est ébahi devant tant de médiocres bouquets, devant tant de parterres mous de jardins sans nom, qu'on recule, pour de longues années, devant ces nouvelles fleurs peintes en pleine pâte, en profondeur, et si bizarrement originales.

Car l'étrangeté sera désormais à la base de toutes les peintures de Vincent. Chaque fois, on sera surpris, troublé.

Ainsi, il fit d'après lui-même plusieurs portraits pendant son séjour à Paris. Ce sont encore des portraits rébarbatifs, agressifs, farouches. On ne trouvera plus aucun désir de charmer — j'y insiste — dans ses effigies peintes rageusement ; et où les hachures-bâtonnets deviendront de plus en plus appuyés, de plus en plus précis.

Ce ne seront jamais des portraits aimables. Pendant sa vie auprès de son frère, près de peintres qu'il visite souvent (Guillaumin, Gauguin, Seurat, Lautrec, Maurin, Signac, Émile Bernard, etc.), et qui l'accueillent, ce n'est plus, peut-être, la tristesse de Nuenen qui étreint Vincent ; il semble parfois ne plus se souvenir des mélancolies qui l'accablèrent en Hollande ; mais il gardera toujours de l'inquiétude ; il faudra qu'il s'affirme ; il faudra qu'il lutte de volonté et de talent avec les autres peintres.

Il connaît des marchands : Tanguy, Portier, Thomas, le père Martin ; mais il vend mal ou pas du tout, il sent qu'il ne s'impose pas. Il a peur de ne pas travailler assez, d'être trop distrait à Paris. Alors, pour trouver plus de travail, plus de lumière et plus de soleil, un jour — il s'est décidé brusquement, — il se met en route pour Arles.

Période d'Arles

A Arles, toute sa personnalité, toute sa fougue,
éclatent. C'est total d'un coup. Le soleil l'arrache à
toutes ses premières œuvres. Il peint, furieux de produire, exaspéré de couleurs vives et ayant répudié
tous les mélanges.

Là, aussi, se servant d'un roseau, taillé comme une
plume d'oie, et se souvenant d'Hokousaï, — dont les
trois merveilleux albums représentant les *Cent vues du
volcan Fouji* restent à jamais dans sa mémoire! les
Cent vues du volcan Fouji — où il a vu, avec quel
ravissement enchanté, les émouvantes manières de
dessiner les terrains, l'herbe, les arbres, le soleil,
les chaumes, les fleurs des vergers, les déchirures
des montagnes! — se souvenant d'Hokousaï, encore
et toujours, pour représenter les barques à la proue
recourbée, les zébrures de la pluie, l'eau qui palpite,
les vagues qui se heurtent en volutes, en accroche-
cœur griffus, — il tire de ces mémorables souvenirs
un dessin qui est pourtant le sien, le dessin de ses
toiles : en hachures, en points, en ronds, toujours
tout cela en mouvement, sous l'incendie du soleil et
l'incendie de son sang. Ses peintures? Elles ne se

PHOTO DRUET

BAL À ARLES.

montrent plus également immobiles. Tout vibre, tout oscille, tout flambe, tout est en bouleversement: les maisons, les arbres, les personnages, les cheminées d'usines, les astres eux-mêmes!... A côté de cette peinture-là, presque tout paraît froid, sans vie. Peinture d'exception!

Ici, Vincent a toutes les hardiesses, tous les emportements. De toutes ses forces, chaque jour, il veut lutter avec le soleil, ou du moins le transporter, comme il le voit, sur sa toile, pour que sa toile embrase à son tour les murs blancs de sa chambre. Il a le délire du jaune; et il le crie à tout propos. Il ne peint jamais avec calme; il est sans cesse en période agitée. Mais il sait d'avance ce qu'il veut faire : il a raisonné au sujet de sa toile; aussi, quand il l'attaque, sa main court aussi vite que sa pensée. Il ne compte pas toujours faire une œuvre admirable; il ne compte que sur le nombre de ses peintures. Plus on en dénombrera, plus la chance, pour lui, sera grande d'avoir accompli de temps à autre une œuvre louable. Il répond, picturalement : faut-il donc dormir sur un tableau pour produire un chef-d'œuvre?...

Vincent eût cru constamment au feu central de la Terre, qu'il n'eût pas davantage enflammé ses toiles. Même quand elles présentent, relativement, une apparence de repos, elles brûlent. Elles brûlent de leurs couleurs pures, comme rajeunies, comme vives, — ou comme, parfois, cendrées; — mais, chaque fois, elles jaillissent d'un foyer incandescent. On les a comparées souvent à des pierreries; c'est une sottise. Elles ne projettent pas d'éclairs, — elles sont embrasées *intérieurement*, — uniformément.

A Arles, c'est donc l'épanouissement. Vincent nous impose toutes ses qualités, toute son originalité. Et ce qu'il nous offre là, en présents, c'est un ensemble tellement inattendu, tellement invu, que, pour qualifier leur effarement, certains « connaisseurs » n'hésitent pas à mettre de telles extraordinaires réalisations au compte de la folie.

On le voit, c'est simple! Nous ne comprenons pas ce génie, nous ne sommes pas fortement secoués par lui : c'est un fou! Si vraiment Cézanne, le haut Cézanne lui-même, a proféré de telles paroles honteuses, tant pis pour sa mémoire!

Alors que la folie soit enviable! la folie qui apporte un tel dessin enthousiaste, d'un si haut style, chaleureux, halluciné, et si souverainement affirmatif! La folie qui accorde ce merveilleux assemblage de tons, cette incomparable association de toutes les flammes, cinglées, dardées par le soleil!

Ah! quel ravissement inconnu chaque fois en présence d'un tableau arlésien de Vincent! Que Dieu me garde de les décrire ces paysages où tout vit de la plus intense façon, où l'herbe s'irise de lumière comme la feuille, comme la maison, comme le nuage! Ces portraits aussi où chaque pli de l'épiderme aggrave le caractère et où la lumière colorante, toujours, anime d'une vie troublante tous les détails d'un visage. Enfin, tant de natures mortes où les objets, fleurs et fruits, cruches et harengs, portent des frénésies inédites de couleur.

Et quelles inventions, ce peintre affirma! C'est lui, le premier, qui nous a fait comprendre les vallonnements du sol, les bosses et les creux, le sourd travail de l'humus. C'est lui, le premier, qui a dressé des meules vivantes de toute leur germination, bossuées, infléchies, creusées ou redressées par les vents qui balayent plaines et collines de leurs longs mugissements.

Il a imposé à tout cela, arbres, champs, nuages, maisons, meules, de telles formes imprévues, de si singuliers aspects, que l'on s'inquiète d'abord, parce que l'on croit à quelque sorcier céleste qui a voulu brûler toutes les choses terrestres. Mais tout, dans l'œuvre de Vincent, flambe ainsi de vie et de mouvement. Rien n'est figé. C'est de la galopade de choses arrêtée brusquement d'un poing furieux. Et tout palpite sous ce poing, tout se transforme en chaleur, tout rougeoie, tout prend feu.

D'autres fois, car ce peintre est un peintre d'amour, le Printemps lui accorde les fleurs roses et blanches de ses arbres en fleur. Tout est virginal, alors, en communion de pureté, les branches fines, les pétales si menus, si fragiles, si délicats, si créés pour des bouches d'anges. Et l'herbe reçoit au bout de ses tiges les pétales qui tombent. Jardin de chasteté dont la vie s'échappe goutte à goute, sous l'écharpe bleue ou verte du ciel.

Enviable folie, oui, toujours, je te réclame; c'est toi qui jettes sur la mer Méditerranée les dansantes barques blanches. C'est toi qui fais doucement tomber la pluie, comme elle tombe dans les estampes japonaises, si dolente, si lente, en baisers humides aux arbres, aux épis et aux toits de tuiles. Enviable folie, c'est toi encore qui ploies si amoureusement les lourds épis des plaines; et c'est toi, toujours, qui poses aux hautes cheminées les panaches de fumée qui s'enroulent et se déroulent devant l'orbe du soleil. Soleil enfin, par toi folie, si magnifique, qui brûle souverainement en pleine nue, générateur des Mondes et source de la Vie !

O paysages de tant d'autres peintres ! Puérilités, enfantillages ridicules ! Tout est éteint dans leurs œuvres, immobile, solidifié devant notre ennui ! Le soleil, la lumière, les vents, ignorez-vous donc, ô peintres, tous ces éléments de vie? Mais la vie palpite dans le plus petit coin de nature, dans l'arbre qui se nourrit à toute seconde de sa sève, dans la terre elle-même, qui vous semble inerte, et qui est sans trêve en enfantement.

Et c'est cela, le battement de la vie, qui reste la forte découverte de Vincent Van Gogh. Il l'a perçu partout ; il l'a exprimé partout, rageusement, intensément, même dans le moindre de ses croquis. Pas une ligne, pas un point, qui, chez lui, ne soient vivants. Il n'est pas un peintre venu de chez les morts ; il a brûlé sa propre vie au soleil de Provence ; il a, *follement*, supporté toutes les flèches que lui décocha le soleil ; et son sang, il ne le sentait pas couler par ses multiples blessures ; il demeurait face à son ennemi, des heures, des jours, des mois ; et cet ennemi-là, implacable Sagittaire, il ne cessait pas de l'adorer — et de lui sourire, toute sa face vers lui, toute sa pauvre face brûlée, ravagée, où la névrose se développait, confiante, tellement il lui offrait l'hospitalier foyer de son cerveau !

Et les autres peintres, lâches, redoutant tout effort, voudraient s'égaler à ce monstre ! Quelle dérision !

S'il a peint, Vincent Van Gogh, des paysages inouïs, de prodigieux portraits, c'est que, lui, il a sacrifié, sans rien mesurer, toute sa vie. Surhumain renoncement! *Le facteur Roulin, L'Arlésienne, La berceuse, Le vieux paysan au chapeau, Le jeune moissonneur* et cinquante autres chefs-d'œuvre, c'est un ensemble nourri de toute sa raison, de toute son existence. Au bout, le suicide! Il y pensait déjà.

Oui, quand il tomberait à bout de forces, exsangue, débile à ne plus pouvoir se jeter sur la toile, eh bien! sa vie serait faite. Il la terminerait brusquement, et tout serait dit. Mais, pour l'instant, c'est l'œuvre à accomplir qui se dresse devant lui.

Et Vincent accumule les dessins, les tableaux. Son œuvre d'Arles est formidable. S'il trouvait plus de modèles, il travaillerait encore davantage. Ce géant commanderait mieux encore au sommeil et à la faim. Il possède en lui des vertus miraculeuses. Il réclame toujours du travail, des modèles vivants. Les humbles seuls veulent poser pour lui; mais leur temps est ménagé. Vincent s'acharne. Il demande sans cesse de la couleur, des toiles. Il peint furieusement; il sait que les pires catastrophes le menacent. Il peint tout affaibli de privations; et cependant il enfante une des plus merveilleuses œuvres picturales qui soient. Il monte, lui aussi, à son Golgotha; il traîne comme une croix tout son pesant havresac de peintre; mais, devant la toile, son cerveau redevient puissant, baigné de génie; — et il se met à peindre.

Cette œuvre d'Arles! Elle a touché à tout, à toutes les choses de la Terre. Vincent avait soif de peindre toute la vie. Quand il ne pouvait sortir, il peignait des tournesols, ces insolites et massives fleurs, et il les sculptait en cibles durables pour le soleil. Ou bien il prenait des fruits, des objets de cuisine; et il dressait ces natures mortes qui font paraître les autres natures mortes, celles de Cézanne exceptées, si inavouables.

Tout ce qu'il entreprenait, il le marquait d'un impérissable dessin tout en peignant; — il avait dit : « J'y suis arrivé maintenant de parti pris de ne plus dessiner un tableau au fusain. Cela ne sert à rien, il faut attaquer le dessin avec la couleur même pour bien dessiner »; — et il fixait les plans et les « volumes », avec une force inconnue. Je voudrais bien, pour plaire en passant à mes contemporains, le rapprocher de quelque peintre fameux; mais, vraiment, si vous avez entendu dire, par exemple, que *l'Arlésienne à l'ombrelle*, ressemble à un Frans Hals, voulez-vous que, moi, je vous suive? Ne me demandez pas, par Dieu, une sottise aussi certaine? De même, ne me faites pas dire que *le Portrait d'un jeune moissonneur*, bien que très serré, rappelle Holbein !

J'avoue, en toute sincérité, qu'il est cuisant de ne pouvoir affirmer que Vincent Van Gogh descend tout entier de tel ou tel maître. Je pleure sur un tel état de choses avec les honnêtes gens qui méprisent toute suprématie. Mais, je suis bien forcé de dire que Vincent se montre d'une originalité « suffisante. »

La prétendue folie — j'y reviens — a, tout de même du bon; car ce fut elle sans doute qui permit à Vincent de dessiner et de peindre avec une sincérité si entière, en dehors de toute préoccupation. Certes, il n'a jamais cessé de penser aux maîtres qu'il aimait par dessus tous : Rembrandt, Delacroix, Monticelli et quelques autres; mais, dès qu'il était en face du motif, sa passion l'emportait; et il peignait entraîné par la couleur, ayant jeté tout le lest de ses souvenirs! De nouveau, il pensait à eux, une fois ses tableaux peints; et il leur ouvrait alors toutes grandes les portes de son actif cerveau.

Il faut noter tout de suite que l'influence du mistral fut certaine sur Vincent. Sa violence se décupla quand il se vit aux prises avec le fougueux vent de Provence. Pas de temps à perdre, peindre vite, en touches brutales, heurtées, mais sûres; impossibilité de « peloter » le motif, comme disent tous les peintres, à la manière de Renoir. Pas de caresses; des coups de brosse sautant sur les courtes accalmies. Et défendre encore son chevalet, sa toile, tout cela qui gémit et menace à toute seconde de s'abattre sous les cinglantes lanières de la tempête!

Il écrit à son frère Théo :

« Je t'ai déjà dit que j'ai toujours à lutter contre le mistral, qui empêche absolument d'être le maître de sa *touche*. De là le « hagard » des études. »

Et l'on remarque que les objets, arbres, meules, champs de blé oscillent, se penchent, se redressent, se tordent, en langues de feu. Vincent ne pouvait pas ne pas être enchanté de cette démence des choses. Cela s'accordait si nettement avec sa nature. Ce mouvement perpétuel épousait la continuelle exaltation de son cerveau. Toute la vie toujours dansait ou brûlait autour de lui. Et il commentait toutes ses alertes, toutes ses lassitudes, mais aussi toutes ses ivresses à vivre dans un tel pays courroucé!

Pourtant que l'on ne songe pas à des toiles toutes

sommairement exécutées. Elles sont nombreuses les toiles qu'il a terminées avec une patience de Japonais; les paysages « où tout était petit », comme il disait, et où il n'a rien omis. Détails d'arbres, détails de champs, détails de roches et détails d'herbes. Tout y existe; mais, comme dans la nature, des détails y comptent plus que d'autres. On admire ainsi des vues de plaine autour d'Arles et de Montmajour, où toute l'étendue s'illimite, en plans successifs, derrière des haies d'arbres ou de buissons. On trouve également des paysages de rochers où le plus grincheux géologue retrouverait ses agrégats et ses conglomérats, ses arénacées et ses granulaires. Enfin, rappelez-vous ses jardins où le plus avisé Lenôtre n'aurait pas mieux disposé les plates-bandes, les ronds de jets d'eau, les socles et les arbres.

Et comme tout se tient dans le caractère! On se souvient de ce tableau de sapins, où les fûts se hérissent de branches cassées, rigides, dures, plantées comme des javelots dans la colonne qui monte vers la nue. Et ce champ de vignes, où se promènent des femmes sous des ombrelles, quel emmêlement de sarments et de feuilles, dans des plis et replis si nettement lisibles!

Tout chez lui s'écrivait ainsi, en toute prépondérance. Et c'est pourquoi sa toile *l'hôpital d'Arles*, nous inflige une émotion si complète, par l'ensemble de ses lits et des pauvres bougres arrêtés autour du poêle par une maladie peut-être secourable!

Mais, c'est, bien entendu, dans ses portraits, que Vincent se révèle le plus inattendu des peintres.

On les connaît tous par cœur : *Le facteur Roulin,*

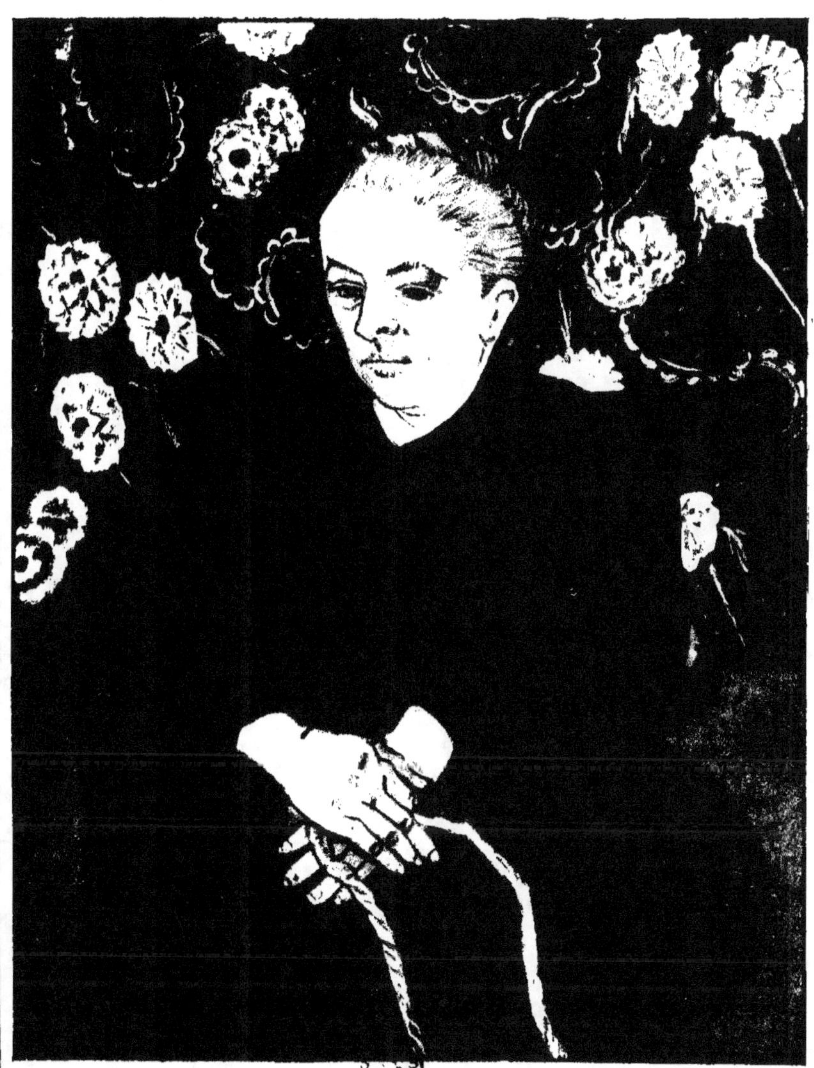

LA BERCEUSE (M⁰ᵉ ROULIN).

la Berceuse, l'Arlésienne, le zouave Milliet, le jeune moissonneur, le vieux paysan, ses propres portraits, etc., etc... Ils ont tous un style impérieux et une telle autorité d'expression que l'on se cabre d'abord devant ces réalisations si en dehors de la peinture; on remarque là un si énorme parti-pris, un tel défi aux opinions courantes, quelque chose, beaucoup de choses si barbares et si hostiles, que l'on ne médit point tout de suite des gens qui s'effarent. L'admiration est lente à venir pour le premier venu devant ces chefs-d'œuvre. Ils sont si heurtés que les « amateurs » ont peur encore, en présence de tant de singularité et d'audace. Et, quand Vincent fit son propre portrait, on sait qu'il ne se ménagea pas, lui non plus, et qu'il se représenta tel qu'un peintre surchargé de toutes les tares.

Il réserva plus de douceur parfois, peut-être, à d'autres portraits : à la *Jeune fille*— par exemple — *à la branche de laurier rose.* Mais elle n'a rien d'attirant, cette fillasse maigre; et *l'Arlésienne,* au regard endormi d'un oiseau de proie, elle se montre aussi redoutable que *le père Roulin* est ahuri, avec sa tête léonine, hérissée de crins en copeaux.

Il faut rester de longues heures devant ces portraits; il faut les voir lentement et les revoir surtout; et, une fois que l'on a compris, le miracle s'opère : on halète de joie.

Ils contiennent une telle vie intense! Si jamais ce qu'on entend par l'âme, sans savoir exactement où elle se loge et de quoi elle est faite, cette âme providentielle, apparaît de je ne sais quelle façon sur un visage, c'est bien sur les portraits peints par Vincent qu'elle apparaît, cette âme simple, candide, méditative, résignée ou navrée ; petites âmes toujours en tout cas ; car l'amer Destin ne lui réserva pas à lui les portraits des ministres et de leurs sœurs, les notoires filles publiques. Pauvre Vincent ! Il ne fut pas fêté comme un Rubens, ni comme un Van Dyck, ni comme un Goya, pas même comme un Bonnat ; il dut se contenter à peu près des sommaires faces des humbles. Et tous et toutes ne posaient assurément qu'à regret et « pour lui faire plaisir ».

Heureusement, ici, encore, la fougue de Vincent accomplissait un prodige. Il se montrait content, tout le premier, quand il avait « sabré » un portrait, rudement, en une séance. Et je ne pense pas cependant que l'on puisse donner plus de vie et un caractère plus invu, plus hallucinant, à des portraits de braves gens : postier, paysans, tenancière de café, etc...

Peints en pleine pâte, comme ses paysages, dans des contrastes voulus, le plus souvent sur des toiles absorbantes, de cet aspect fruste qu'il aimait, rarement sur des cartons ou des panneaux de bois, — les bâtonnets de couleur presque secs se piquent sur le front, sur le visage, dans la plantation du chignon, dans la forêt épaissie d'une barbe. Toutes les hardiesses ici s'affichent. Vincent adore le vert Véronèse, le cinabre vert très clair, les trois jaunes de chrome (l'orangé, le jaune et le citron) sans oublier le détestable bleu de Prusse qui noircit — et le vermillon qui perd son éclat. Il dit : « C'est pas possible de faire les valeurs et la couleur. Il faut en prendre son parti, ce sera probablement la couleur. » On trouve dans certains portraits des harmonies en bleu, blanc, rouge ;

dans d'autres, des jaunes et des vermillons aigus : et, s'il le voulait, c'était encore violet, vert, outremer, et pavoisé toujours de bâtonnets, quelquefois menus comme des aiguilles; tout cela sur des fonds unis, ou sur des fonds compliqués, à ornements et à fleurs, japonais en un mot. On voit de ces derniers fonds dans les portraits de *la berceuse*, qu'il peignit jusqu'à cinq fois. Sur un *portrait du père Tanguy* et sur son propre *portrait à l'oreille coupée*, il affirma mieux encore son amour des crépons japonais en en peignant, en détails, sur les fonds.

A Arles, pour lui qui travaillait avec tant d'impétuosité, sous les coups du mistral, les empâtements s'imposèrent tout à fait; et s'il attaqua de plus en plus furieusement la toile, c'est que, véritablement, il ne pouvait pas faire autrement. Sans doute, d'autres peintres ont, avant lui, peint en plein air. Mais Cézanne, à Aix, quand le mistral soufflait, ne sortait pas, il restait à l'atelier; et Pissarro, lui, à Louveciennes ou à Pontoise, ignorait tout à fait ce vent-là. Pour Sisley à Saint-Mammès; pour Monet, à Argenteuil, même chanson; et, quant à Renoir, on voit bien que ses jolis paysages cotonneux furent peints à l'atelier ou dans des pays où les bises s'adoucissent en mollesses d'édredon.

Certes, on sait que les empâtements présentent des inconvénients pour le futur. Ils amassent la poussière; ils s'altèrent chimiquement très rapidement. Mais, consolons-nous : les tableaux des autres peintres se détériorent pour d'autres raisons; et si nous ne voyons plus les toiles de Vincent dans tout leur éclat d'hier, est-ce que nous voyons mieux, comme ils furent peints, les magnifiques tableaux de Delacroix ?

Delacroix ! Comme il lui rend, Vincent, sans cesse hommage ! Il dit : « Et je serais peu étonné, si sous peu les Impressionnistes trouveraient à redire sur ma façon de faire, qui a plutôt été fécondée par les idées de Delacroix, que par les leurs. » Et, lui-même, il s'appelle « un coloriste arbitraire. » Tout passe ! Mais soyons satisfaits quand nous pouvons retrouver le merveilleux dessin d'un Rembrandt, d'un Delacroix, d'un Cézanne et d'un Vincent. Quelle louable catastrophe, au contraire, pour tant de peintres fêtés aujourd'hui, quand le temps aura, cette fois, de salutaire manière, fait sa besogne de destructeur de la couleur ! Il n'y aura plus alors ni couleur ni dessin ; et quel sort infortuné sera le vôtre, ô chers amateurs et connaisseurs en peintures honteuses ? Comment vous débarrasserez-vous de toutes vos collections de plagiaires de plagiats ?...

Période de Saint-Rémy

Vincent possède à présent son génie en pleine puissance. Il est arrivé d'Arles comme un héros chargé de toutes ses armes. Il a toute sa véhémence, toute son originalité, vertus superbes, développées à l'extrême. Ses tableaux, on ne pourra plus les regarder sans ressentir tous les frissons de l'admiration. Et, toujours, ses toiles seront variées, contrastées, inattendues ; on en sentira le choc, comme d'un coup de poing en pleine poitrine.

A Saint-Rémy, retiré du monde, Vincent se résigna et il continua de travailler.

Il le fit de tout son courage, autant du moins qu'il en eût le pouvoir ; car son génie fut une incompréhensible chose pour tout ce monde de fous et de soigneurs de fous.

Quand on l'empêcha de sortir, de se plonger encore, dans cette nature, au travers des mille décors de ce pays qu'il adorait, il interpréta en peintre des lithographies et des gravures de Rembrandt, de Delacroix, de Daumier et de Millet. Il glissa même à Gustave Doré et à Mme Demont-Breton. C'est qu'il sentait que le seul moyen de résister à son mal, c'était le travail, sa peinture.

Et, au milieu de ce mal qui battait sa pauvre tête, ses moyens de production restaient lucides, tout puissants. La tempête pouvait l'assaillir, l'envelopper d'épouvante, le glacer de terreur; — quand Vincent tenait sa palette, il redevenait un peintre maître de toutes ses facultés créatrices; mais il sentait que son cerveau saignait, que son supplice devenait de plus en plus féroce. Il eût aisément donné l'idée qu'il travaillait par une sorte d'automatisme surhumain; et qui eût alors contemplé son œuvre eût arraché à l'asile ce grand peintre supplicié.

Pendant un an, exactement, telle fut sa douloureuse vie. Parmi les peintres maudits, voilà, assurément, le plus flagellé par les plus mauvaises forces du Destin!

Pendant un an, trois cent soixante-cinq longs jours et autant de nuits — quelle torture est égale à celle-là? — Vincent trembla de peur et il travailla.

Il travailla! Voyez *le Laboureur*, dans la plaine vallonnée; — *Les Alpines*, mollement bombées; — *Le Semeur*, allègre et vif sous l'énorme disque du soleil; — *La Pluie*, si douce; — *Le bon Samaritain*, où toute sa charité s'exhale; — *La maison des fous*, devant laquelle il dressa des apothéoses d'arbres. Quel magnifique ensemble! Voilà un fait véritablement au-dessus de tout entendement. C'est un « dément » qui a peint ces impérissables tableaux et tous les autres qui flambent dans notre mémoire! Que vaut donc alors la non-folie qui produit tant de choses odieuses, qui engendre tant de sottises? Souvenez-vous de ce que Vincent a ajouté à Daumier et à Millet. Pourquoi eût-on peur de cette exaltation qui le grandissait? Pourquoi le garda-t-on durant toute une année — jours et nuits — dans l'horrible geôle ?

Si l'œuvre seule compte, eh bien! soit, réjouissons-nous alors de ce martyre; car, si l'on observe avec soin les toiles peintes par Vincent à Saint-Rémy, paysages et portraits, on ne manque pas de remarquer une plus extrême autorité, une plus rare association de moyens. Son génie monte alors à son paroxysme, à son plus haut période; et il apparaît d'une telle emprise, d'une si soudaine facilité de réalisation que l'on peut attendre une moisson d'œuvres. Et, lui-même, Vincent, le crie, cela; il remue des projets en foule; il veut tout peindre. Quand son mal ne le torture pas, quand il a un bref moment de repos, il sent, il clame qu'il va nous offrir des toiles par centaines.

Il chérit de plus en plus cette Provence, où il n'a trouvé que des indifférents parmi les hommes ; mais où les paysages lui furent si hospitaliers.

Le Japon, qu'il eût tant voulu connaître, et qu'il ne devinait que par les crépons que son frère lui récoltait un peu partout, surtout chez Bing et chez Portier; ce Japon enchanté, il croit tellement le voir dans chaque motif de paysage, qu'il repart d'une nouvelle allégresse. Il travaille des journées entières sans manger, sans se plaindre du soleil, qui lui cuit le crâne ; — et il en rit presque en se disant qu'il « n'en reviendra pas toqué, puisqu'il l'est déjà ». Et, dans ce travail forcené, le mistral, qu'il retrouve ici, ne le rebute pas davantage. On cale bien son chevalet, et tout est dit. Mais, parbleu! il faut peindre vite, et presque saisir au vol tous les repos du vent; — alors, en jeter sur la toile, de cette couleur qu'il crache à pleins tubes, et qu'il ne peut jamais ménager, car elle le grise. Puis, tout d'un coup, il se prend à dire :

« Je trouve probable que je ferai plus guère des choses empâtées, c'est le résultat de la vie calme de réclusion que je mène et je m'en trouve mieux. Au fond je ne suis pas si violent que cela, enfin je me sens davantage *moi* dans le calme. »

Paroles singulières; mais qu'importe? En sortant de son épuisant labeur, Vincent est terrassé; et il écrit cela à son frère, simplement, comme pour lui dire qu'il emploie bien l'argent qu'il reçoit de lui, régulièrement.

On se retient toujours pour ne point s'appesantir sur les œuvres de cette nouvelle période. On a une envie si forte de citer *la ronde des prisonniers*, d'après Gustave Doré — *les buveurs*, d'après Daumier, — *un boulevard à Saint-Rémy*, — *La maison de santé*, ou bien encore *le ravin*. Mais ce serait ridicule d'en parler encore quand on songe lentement à ces uniques toiles. A travers le temps, quelle inconsistance de tant d'autres peintures au regard de ces œuvres! Sans doute, nous gardons déjà des souvenirs à jamais gravés. Des tableaux de Delacroix, de Cézanne, laissent des traces profondes, des traces, peut-on dire cela? *constitutionnelles*; mais on ne ressent jamais la commotion que vous impose une œuvre de Vincent Van Gogh, quand on l'évoque pleinement. Ce dessin, cette couleur, ces étrangetés hautaines et si pleinement neuves, viennent vraiment d'un autre

PAYSAGE DE NUIT EN PROVENCE.

monde. Je le répète ; on est stupéfait d'abord et mal à l'aise. Rien en vous n'est posé, devant une toile de ce peintre. On partage sa douleur, on subit les effets de son immense mélancolie. Il ne vous cause pas de l'amertume, volontairement ; mais il lui est impossible de laisser la tristesse en dehors de son œuvre. A Saint-Rémy, surtout, elle pleure toutes ses larmes de sang au travers de l'universel malaise de la Terre.

Oui, ses portraits peints à l'asile sont presque tous comme anéantis, « vagues », dira-t-il lui-même, comme frappés d'une atroce hypocondrie. Voyez le portrait du *Surveillant en chef* ; le portrait de cet autre homme sec, qui se roidit, qui a un regard de bête malade, des plis de peau comme il en tombe sur les cous des oiseaux des hautes altitudes ; voyez *le jeune idiot*, coiffé d'un képi de collégien, dont toute la face reflète l'ahurissement devant la vie. Voyez toutes ses autres effigies ; la sienne surtout, le chagrin, le renoncement à tout et la terreur qui cingle, à certains moments, la fragile carcasse humaine.

Ses paysages mêmes, les paysages qu'il pouvait peindre de temps en temps, seulement, il nous les montre comme des terres d'affreuse solitude, livrées au chaos des monts, des collines et des pesants nuages.

Aussi, peu à peu, l'abattement s'installa en lui. Il devint l'homme qui répétait : « Je ne tiens plus aucunement à une victoire, et dans la peinture je ne cherche que le moyen de me tirer de la vie. » Il arriva un jour où il sentit qu'il devait encore partir pour ailleurs. Ailleurs, aussi bien n'importe où, il retrouverait peut-être un peu de répit, de temps à autre de courtes trêves. Ici, c'était maintenant impossible. Il avait dépassé la limite; il se consumait au-dessus des forces humaines. Il ne pouvait plus approcher des déments. Il devint inévitable qu'il criât en un autre pays ses plaintes et ses transes. Et c'est alors qu'il appela à son secours son frère. Auvers l'attendait. Serait-ce enfin une rade de silence et de repos?... Partir! Partir, d'abord!...

Période d'Auvers

Vincent suit sa glorieuse route. Paysages, portraits
et natures mortes se succèdent. Le docteur Gachet qui
a dit de Vincent : « Plus j'y pense, plus je trouve
Vincent un géant. Il n'est pas de jour que je ne sois
en face de ses toiles, toujours j'y trouve une idée
nouvelle, autre chose que la veille... Je reviens à
l'homme que je trouve un colosse. C'était en outre
un philosophe... Le mot « amour de l'art » n'est pas
juste, c'est croyance qu'il faut dire, croyance jusqu'au
martyre. » — le docteur Gachet est un peu l'artisan
de cette nouvelle et prodigieuse production. Grâce à
lui, Vincent retrouve souvent le calme ; et il peut, de
longues journées, travailler.

La technique s'offre pareille à celle que Vincent mit
en œuvre à Arles et surtout à Saint-Rémy. Cependant,
conformément à ce qu'il a pu dire déjà (fin de la
période de Saint-Rémy), ses grandes études ne sont
plus empâtées. Il a écrit lui-même : « Je prépare la
chose par des sortes de lavis à l'essence et puis procède
par touches ou hachures colorées et espacées entre
elles. Cela donne de l'air et on use moins de couleur. » L'expression de « navrement » des portraits se

répète ; et le *Portrait du docteur Gachet* est, de tous les visages, le plus douloureux et le plus affligé.

Ce portrait qu'il a ainsi décrit : « La tête avec une casquette blanche, très blonde, très claire, les mains aussi à carnation claire, un frac bleu et un fond bleu cobalt, lui appuyé sur une table rouge, sur laquelle un livre jaune et une plante de digitale à fleurs pourpres. »

Les paysages, de même, apparaissent, en général, mornes et résignés. Seule, *la Mairie d'Auvers, le jour du 14 juillet,* constitue une exceptionnelle toile qui échappe à cette classification funèbre. Vincent est bientôt las, las de tant produire dans la tristesse. Il succombera, exprimant toute sa cruelle mélancolie dans ce dernier tableau : *Des corbeaux volant au-dessus d'un champ de blé.*

D'ENSEMBLE

Si maintenant nous considérons, dans une sorte
de résumé, l'œuvre de Vincent Van Gogh, nous
sommes bien contraint d'avouer que jamais un apport
à la peinture universelle ne fut plus surprenant. Si
le mot ne dépassait pas notre pensée, nous dirions
même que la peinture n'a jamais enfanté un pareil
« phénomène ». Sans doute, il y a eu chez les Italiens,
chez les Allemands, chez les Hollandais, chez les
Espagnols surtout, des peintres d'une véhémente
bizarrerie, d'un altier et méprisant génie. Goya,
Paolo Ucello, Le Greco, Albert Dürer, par ses gravures, et Hieronymus Bosch, par ses diableries, ont
détruit un peu l' « équilibre des pensées », la « sagesse
des conceptions ». Mais tous ces hauts peintres ne
possèdent pas la directe spontanéité, le brusque
déclenchement de passion de Vincent Van Gogh.
Goya, seul, monte à ces vertus picturales d'un ordre
rare; mais le plus souvent il peint noir, sombre; il
reste dans la règle des Académies.

Voici, au contraire, un peintre, Vincent Van Gogh,
qui ne va jamais assez au devant du soleil, qui voudrait le « fixer » sur ses toiles en torches incendiaires.

Et sa réussite se vérifie si pleinement que, confron-
tées à ses toiles, beaucoup d'œuvres des Impressionnistes sont grises et poussiéreuses. M. Vollard
prête à Renoir ces paroles : « C'est qu'il ne suffit pas
à un peintre d'être un habile ouvrier; il faut qu'on
voie qu'il aime « peloter » sa toile. Cela a manqué à
Van Gogh. Quel peintre! j'entends dire. Mais sa
toile n'est pas caressée, amoureusement, du pinceau...
Et puis il y a ce côté un peu exotique... » Eh bien!
si ces propos ont été réellement tenus par Renoir,
quoi de plus naturel! Voilà un magnifique peintre,
Renoir, qui, durant toute sa longue vie, a peint
sans imagination. Je crois bien que, lui, il a « peloté »
sa toile. Avec un indéniable et puissant charme, il a
peint presque toujours la même. Que Renoir — ce
dont il se glorifiait vers la fin de sa vie — ait été vite
accepté par tous les amateurs, la chose est entendue ;
car, tous, ils purent, avec des mines d'extase, répéter
langoureusement : « Renoir, cette grâce! Il vient de
Watteau et de Fragonard; il continue, lui, la saine
tradition française!... » Soit! mais Vincent fut, durant
sa courte vie, en dehors des traditionnels peintres
hollandais, une sorte de Hollandais sauvage, qui
rechercha le grain de la toile rude, qui détesta l'huile,
la matière lisse, — toutes choses, au contraire, que,
après tant d'autres peintres, Renoir adora. Or, ne
peut-on « peloter » son motif, ne le caresser que du
pinceau? Vincent le « pelotait », lui, *mentalement*,
lui qui le raisonnait d'avance dans toute sa variété, ne
comptant que sur ce qu'il appelait l'*intensité de la
pensée* plutôt que sur le *calme de la touche*; et n'est-il
en cela qu'un « habile ouvrier? »... Par contre, nous

tenons pour fondé le reproche d'exotisme, puisque Vincent orienta nettement son œuvre vers les Japonais. En quoi cela le diminue-t-il? Renoir, qui subit d'autres influences, défendait son œuvre; mais l'œuvre de Vincent comporte une autre grandeur, tout aussi défendable. Renoir, pour reprendre son mot vulgaire, fut assurément un merveilleux « peloteur » de seins, de ventres et de fesses; mais Vincent fut avant tout — devant Renoir qui ne l'était pas — un *cérébral*; et, ayant bien tout pensé, tout calculé, à chaque motif nouveau, il se ruait sur sa toile, lui qui avait écrit : « N'est-ce pas plutôt l'intensité de la pensée que le calme de la touche que nous recherchons; et dans la circonstance donnée de travail primesautier, sur place et sur nature, la touche calme et bien réglée est-elle toujours possible? Ma foi, il me semble pas plus que l'escrime à l'assaut. » Cézanne, plus injuste que Renoir, avait dit à Van Gogh, raconte-t-on : « Sincèrement, vous faites de la peinture de fou. » Lui, aussi, il « pelotait » ses toiles, d'une troisième manière encore; et il croyait bien qu'il détenait, de son côté, la bonne manière...

Sans doute, aujourd'hui, les œuvres de Vincent ont baissé elles-mêmes en éclat et en fraîcheur. Mais celles de Delacroix également, et celles encore de tous les Impressionnistes. Seul, sur le haut sommet où notre fervente admiration l'a placé, Cézanne reste inattaquable. Mais il peignait, lui, en se cachant du soleil. Elles perdent, à la longue, de la vie, les prouesses ensoleillées de la peinture.

Il restera toujours à Vincent, redisons-le, l'extraordinaire dessin de ses peintures. Ce Hollandais qui répétait : « Mais elle m'est si chère, la vérité, le chercher à faire vrai aussi », a peint Arles et ses habitants — et toute la vie — d'une manière pénétrante, puissamment « caractéristique ».

Certes, je ne veux pas l'opposer à d'autres « princes » de la peinture moderne. Je ne veux pas accabler Monsieur Degas, Claude Monet et tant d'autres lamas que la spéculation des marchands pousse, doucement, vers des abîmes. Cette spéculation s'est emparée également de Vincent Van Gogh. Le peintre, mort de misère (son mal s'aggrava de cette constante famine), n'aurait jamais pu croire aux sommes d'argent que les moindres de ses tableaux atteignent, — surtout quand ils sont faux. Une *seule* de ses importantes toiles pourrait maintenant le sauver pour vingt ans, lui qui ne connut pas de besoins. Je veux seulement insister sur ce fait que l'on ne comprit pas le génie de Vincent, parce que ce peintre fut à Arles, à Saint-Rémy et à Auvers, un inexplicable prodige. A présent, on place ses toiles dans le Temple; et le Japon lui-même accourt à la curée.

Mais Cézanne et Van Gogh sont de plus deux actifs coupables. Leurs toiles qui ne se vendaient pas autrefois et qui, à présent, se « vendent si bien », ont enfanté et enfantent tous les jours dans le clan des peintres une tourbe de crapoussins hantés de richesses, et, dans le clan des amateurs et connaisseurs, une autre tourbe de spéculateurs qui achètent les pires ordures picturales, dans le brûlant espoir qu'elles « monteront » un jour, comme ils disent dans leur sale argot. Et cela constitue bien une réjouissante et amère sottise!...

ESSAI DE CATALOGUE

Il est impossible de dresser un catalogue complet
de l'œuvre de Vincent ; car beaucoup de ses dessins
et tableaux, pour diverses raisons, ont été perdus.
Nous donnerons donc, ci-après, une liste très approxi-
mative de tableaux et de dessins authentiques. (Les
portraits (peintures) de Vincent par lui-même figure-
ront au chapitre : *Iconographie*).

Souvent aussi Vincent répéta deux ou plusieurs fois
ses tableaux, ce qu'il appelait une *répétition* ou une
variante. Ici, les titres ne seront mentionnés qu'une
seule fois.

Période de Nuenen

(décembre 1883 à novembre 1885.)

Tableaux :

Paysage à la tombée du jour.
Portrait d'homme.
Jeune fille dans la forêt.
Arbres fouettés par le vent.
Le semeur.
Paysans et paysannes plantant des pommes de terre.
Le presbytère de Nuenen au clair de lune.

— 347 —

Téte de paysan à la pipe.
Paysanne blanchissant du linge.
Paysanne ratissant.
Profil de paysan.
Coucher de soleil.
Téte de vieille paysanne vue de profil.
Paysanne au châle vert.
Portrait de vieille paysanne.
Le tisserand.
Métier à tisser.
Intérieur avec tisserand.
Charrette.
Nature morte (cruches en grès).
Nature morte (cruche, moulin à café, etc.)
Femme devant la cheminée.
Nature morte (pommes de terre).
Homme en prière.
Homme au parapluie.
Vieillard.
Le petit pont.
Téte de paysanne à coiffe blanche.
Paysan attablé.
Paysan béchant.
Téte de jeune paysanne.
Paysanne prenant son repas.
Tête de paysan.
Nature morte (fruits).
Nids d'oiseaux.
Nature morte (choux et pommes de terre).
Le cimetière.
Jardin d'hiver.
Harengs.
Les débardeurs.
La vieille tour de Nuenen.
Femme au rouet.
Le vannier.
Femme à la poële.
Pot de fleur.
Tête de paysan (casquette et pipe en terre à la bouche).
Tisserand devant son métier.
Nature morte (pot, moulin à café, pichet, pipe).
Bateau à tourbe.

Nature morte au chapeau.
La roue hydraulique.
Le berger.
Raccommodeuses de filets.
Gerbes de blé.
Parc en hiver.
L'automne.
L'hiver.
Paysans portant des fagots.
La femme aux mains croisées.
Tête de femme.
Femme au bonnet rouge.
Fleurs.
Pommes.
Les mangeurs de pommes de terre (v. la reproduction).
Etc., etc...

DESSINS :

1875-76. *Premiers croquis au crayon, dans les lettres de Vincent à son frère Théo.*

1878. *Croquis faits en Belgique (Vincent est en route vers le Borinage).*

1880. *Grands dessins d'après Millet.*
Copie d'après un dessin d'Holbein.
Dessins faits dans le Borinage.

1881. *Vieille paysanne raccommodant une chemise d'homme.*
Paysanne devant l'âtre.
Portrait de jeune femme.

1882. *Vue de sa chambre à la Haye sur le chantier du menuisier.*
Etude de vieillard assis, de face, à mi-corps.
Etude de deux hommes assis dans une grange.
Les moulins.
Femme allaitant son bébé.
Sorrow.
Vieillard en pleurs.
La tasse de café.
Tête d'enfant.
Femme chancelante.
Femmes près du feu.

> *Le cheval blanc.*
> *Maisons à Scheveningue.*
> *L'homme piochant.*
> *Paysage avec moulins.*
> *Paysage avec pont-levis.*
> *Paysage avec soleil.*

1883-1885. *Paysanne pelant des pommes de terre.*
Paysanne et paysan béchant.
Route à Nuenen.
Au temple.
Chaumière.
Le jardin des parents de Vincent.
Bruyère.
Petite ville le soir.
Soleil couchant.
Le fossoyeur.
Le vieillard malheureux.
Bourgeois.
Paysans.
Le benedicite.
Le moissonneur.
L'Ancien.
Le tisserand.
Ecosseuse de pois (voir la reproduction).
Jardin à Nuenen.
Les semailles.
Chaumières.
Le bûcheron.
La mare à Nuenen.
Fillette de la campagne.
Un métier de tisserand.
La forge.
Jardin l'hiver.
Etc., etc...

Parmi tous ces dessins, il y a quelques rares aquarelles. La plupart de ces dessins sont faits au crayon noir, au fusain, ou à la plume.

Période de Paris

(Mars 1886 à février 1888)

TABLEAUX :

Souliers.
Carrière de Montmartre.
Jardin des Tuileries.
Crevettes.
Châtaignier en fleur.
Impression de 14 juillet.
Usine.
Une absinthe.
Portrait d'homme.
Etude de femme.
Pommes.
Crabes.
Nature morte à la bougie (voir la reproduction).
Raisins.
Moulin de la Galette.
Dahlias.
La fête d'Asnières.
Le restaurant de la Sirène, à Asnières (voir la repro-
  duction).
Un restaurant à Asnières.
Japonaiserie.
L'homme à la pipe.
Portrait du père Tanguy (sur fond d'estampes japo-
  naises) (voir la reproduction).
Second portrait du père Tanguy (la tête seule).
Avenue à Asnières.
Pont de Clichy.
Portrait de fille au ruban rouge.
Le ponton devant le Louvre.
La Seine à Asnières.
Paris, vu de la butte Montmartre.
Boulevard de Clichy.
Salle de restaurant, avenue de Clichy.
Bords de la Seine.

Dans un parc.
Montmartre.
Bords de la Seine.
Pont d'Asnières.
Tournesols défleuris.
A Clichy.
Citron et carafe.
Les livres ou romans parisiens.
Pont de Chatou.
Harengs et tomates.
Fleurs sur fond bleu.
Les hauts fourneaux.
Chrysanthèmes.
Vase avec fleurs.
Barques sur la Seine.
Harengs.
Roses et soleils.
Paysage près d'Asnières.
Femme au berceau.
Le pont Saint-Michel.
Portrait de la fille du père Martin.
Torse.
Moulins à Montmartre.
Fleurs (glaïeuls).
Fleurs (œillets).
Dans le bois de Boulogne.
Langoustes.
Pommes rouges.
La nature morte aux maquereaux.
Le pont-Neuf.
Etc., etc...

En 1888, Théo expose au Salon des Indépendants, pour la première fois, les œuvres ci-après de son frère :

Les livres ou romans parisiens.
La Butte Montmartre.
Derrière le Moulin de la Galette.

DESSINS :

Etude de nu.
La fosse commune.

Barques à Asnières.
Portrait de Vincent.
Moulin de la Galette.
Le restaurant Bataille, à Montmartre.
Dessins aux Tuileries et à Montmartre.
Etc., etc...

Période d'Arles

(Février 1888-Mai 1889).

TABLEAUX :

Verger en fleur.
Paysage avec de la neige.
La boutique du charcutier.
Vieille Arlésienne.
Branche d'amandier en fleur.
Plaine sous la neige devant Arles.
Oranges.
Le pont-levis.
Le pont rustique.
Allée de platanes.
La route (de la série des nuits étoilées).
Nuit étoilée sur le Rhône.
Tournesols.
Pêcher rose.
Abricotiers en fleur.
Prunier en fleur.
Nuit étoilée avec cyprès.
Italienne.
Petit verger.
Ferme au bord de la route.
Cafetière avec oranges et citrons.
Le pot de majolique.
Parc à Arles.
Viaduc à Arles.
Déchargeurs sur le Rhône.
Vue en Camargue.
Pont de l'Anglais (ou mieux : Pont de Langlois).

Poirier en fleur.
Van Gogh sur la route de Tarascon.
Portrait de l'interne Félix Rey.
Vue de la Crau.
Etudes de la Crau.
Fillette arlésienne.
Le vieux jardinier.
Chardons blancs.
Halte de forains.
Etude de lupanar.
Jardin.
« Paysage en colère de mistral méchant ».
Chaumières aux Saintes-Maries.
Etude de wagons du P.-L.-M.
Vue du Rhône.
Les sillons.
Le lavoir.
Les bateaux à quai.
Chardons et papillons blancs et jaunes.
Bateaux aux Saintes-Maries.
Blés en plein soleil.
Petite marine.
Portrait du peintre Bock.
La cafetière.
Fleurs dans un vase jaune.
Fleurs dans un vase vert.
Fleurs sur un fond bleu de Roi.
Vieux moulin.
Le chêne sur le rocher.
Paysage avec usine.
Le café et la lanterne de gaz.
Vieux paysan au chapeau.
Portrait du poète.
Champ.
Vieux souliers.
Tête de garçon.
Fille en blanc.
Portrait du sieur Patience Escalier, jardinier.
Le semeur.
Les saules.
Champ labouré.
Nuit étoilée aux amoureux.

Le pavillon de Vincent dans le soleil (place Lamartine).
Le jardin de la place Lamartine.
Champ de blé.
Quatre toiles du « Jardin du poète ». (Décoration pour la chambre réservée à Gauguin).
La ferme et les meules.
Marins aux Saintes-Maries.
Jardin aux lauriers roses.
Le sous-lieutenant de zouaves.
Le zouave assis.
Les vignes.
La moisson.
Le jeune moissonneur (voir la reproduction).
Jardin d'automne.
La vieille diligence de Tarascon.
Le sapin bleu-vert.
Le pont de Trinquetaille.
Le pont du chemin de fer.
La chute des feuilles.
La jeune fille à la branche de laurier rose.
Le facteur Roulin (voir la reproduction).
La berceuse (femme du facteur Roulin) (voir la reproduction.
Le bébé.
Mère et enfant (Mme Roulin).
Camille Roulin (fils du facteur).
Armand Roulin   —   —
Marcelle Roulin (fille du facteur).
Le fauteuil de Gauguin.
L'Arlésienne à l'ombrelle (Portrait de Mme Ginoux). (voir la reproduction).
Verger de pêchers.
La vigne verte.
La vigne rouge.
Les Alyscamps.
Portrait de la mère de Vincent (d'après une photographie).
Jardin, avec deux amoureux.
Chardons dans un terrain vague.
La charrue.
Paysage avec faucheur.

Les gerbes.
Souvenir du jardin des parents de Vincent à Etten (Hollande).
L'allée.
Le café de nuit (voir la reproduction).
Chambre à coucher de Van Gogh (Pavillon de la place Lamartine) (voir la reproduction).
Vue d'Arles.
Marronnier rose.
Les lilas.
Vieux saule.
Arlésienne aux livres.
Meules en Provence.
Jardin de l'hôpital.
Harengs saurs.
Portrait de Gauguin.
Portrait d'Emile Bernard.
L'acteur.
Portrait de Mme Roulin devant sa fenêtre.
Paysage de nuit en Provence (voir la reproduction).
Bretonnes, d'après un tableau d'Emile Bernard.
Bal à Arles (voir la reproduction).
Mûrier en automne.
Lever du soleil en Provence.
Verger d'oliviers en Provence.
Le cyprès.
La chaise à la pipe.
Le rocher.
Le cimetière aux Saintes-Maries.
Champ de blé au soleil couchant.
Portrait de Laval.
La fontaine.
La plaine d'Arles.
Arles au soleil levant.
Vue sur Montmajour.
Le canal.
Iris.
Oliviers.
Les pins.
Matinée de givre.
La grande salle de l'hôpital à Arles.
Paysage à la charrette bleue. Etc., etc...

En 1889, Théo envoya, au Salon des Indépendants, les tableaux ci-après de son frère :

> *Paysage.*
> *Bouquet de fleurs.*

Dessins :

Beaucoup de ces dessins sont des études pour les tableaux. Les titres donc des tableaux se répètent parfois dans l'énumération des dessins ci-après :

> *Le sentier à Arles.*
> *La maison de Vincent à Arles (Place Lamartine).*
> *Croquis de nature morte.*
> *Un jardin à Arles.*
> *La mer aux Saintes-Maries.*
> *Soleil couchant à Montmajour.*
> *Un café à Arles.*
> *Jardin public en Provence.*
> *Chambre de Vincent à Arles (Place Lamartine).*
> *Les lavandières.*
> *Les meules.*
> *Jardin public.*
> *Portrait de Vincent à son arrivée à Arles.*
> *Le long du Rhône.*
> *Le long du chemin de fer.*
> *Ruines de Montmajour.*
> *Fontvieille.*
> *La Crau.*
> *Vue sur Arles.*
> *Paysage avec deux arbres.*
> *Un mas de Provence.*
> *Portrait de Roulin.*
> *Etude de plante.*
> *L'usine.*
> *Les mas.*
> *Soleil couchant à Arles.*
> *Le zouave Milliet.*
> *Barques aux Saintes-Maries.*
> *Cimetière aux Saintes-Maries.*

Nuit étoilée sur le Rhône.
Paysan provençal.
Vieux paysan d'Arles.
La maison de la Crau.
Fleurs et oranges.
Les deux enfants.
Vincent à l'oreille coupée.
Un jeune ouvrier.
L'arbre.
L'enclos.
Le bébé.
Le cyprès et l'arbre en fleur.
Cueillette des olives.
Le lupanar.
Le foin.
Les roses.
Le champ.
Jardin.
Pelouse dans un square.
Verger blanc.
Ferme au bord de la route.
Vue de la Crau.
Chaumières aux Saintes-Maries (voir la reproduction).
Meules dans une cour de ferme.
La moisson.
Le zouave assis.
Jardin fleuri.
Jardin de paysan.
Déchargeurs de sable au bord du Rhône.
Café de nuit.
La vieille diligence de Tarascon.
Jardin de l'hospice à Arles.
Le Rhône à Arles.
Champ de blé.
Cyprès.
Le semeur.
Jardin avec tournesols.
Etc., etc...

Période de Saint-Rémy

(Mai 1889-Mai 1890)

TABLEAUX :

Le jardin de l'asile.
Le champ de blé ravagé.
Sous-bois.
Champ de blé.
Vue de l'asile (quartier des hommes) (voir la reproduction).
Oliviers.
Lever de lune.
Les cyprès.
Roses.
Ciel étoilé.
La cueillette des olives.
Eglantines.
Le lierre.
Effet du soir avec de grands pins.
Labourage.
Oliviers et cyprès.
Champ de blé au soleil levant.
Le mûrier jaune.
Chute des feuilles.
Vue de Saint-Rémy.
Boulevard à Saint-Rémy (voir la reproduction).
La pluie.
Le ravin.
Vue de montagnes, avec une cabane noirâtre, dans les oliviers.
Le mas blanc dans les oliviers.
Champ de blé devant les Alpines.
Géraniums roses.
Portrait d'un garçon de l'asile.
Iris.
Champ de chaumes jaunes.
Roses au pot vert.
Trois « Heures de la journée », d'après les bois de Lavieille.

Pommes de terre.
Bêcheurs et arbres.
Ramasseuses de pommes de terre.
Vue du parc de l'asile (troncs d'arbres et lierre).
Autre vue du parc.
Paysage montagneux en Provence.
Halte de bohémiens.
Gardien de fous.
Le faucheur (vu à travers les barreaux de fer d'un cabanon).
Le surveillant en chef de l'asile (quartier des hommes).
La montagne.
Peupliers jaunis, sur un fond de montagnes.
Portrait de la femme du surveillant en chef.
Champ de blé vert.
Entrée d'une carrière.
Autre entrée d'une carrière.
Etude de nuit.
Fleurs.
Coquelicots.
Champ labouré.
Les Alpines.

D'après DELACROIX :

Pieta.
Etude pour la « Pieta ».
Le bon Samaritain.

D'après MILLET :

La veillée.
Le semeur.
Retour des champs.
La charrue.
Les bêcheurs.
Faucheur.
Batteur de blé.
Le bûcheron.
La tondeuse de moutons.
L'homme qui met sa veste.
Bergère.

D'après REMBRANDT :

Résurrection de Lazare.

D'après MADAME DEMONT-BRETON :

L'homme est en mer.

D'après GUSTAVE DORÉ :

La ronde des prisonniers.

D'après DAUMIER :

Les buveurs.

En 1890, Théo envoya, au Salon des Indépendants, les tableaux ci-après de son frère :

Le cyprès.
Paysage montagneux en Provence.
Boulevard à Saint-Rémy.
Les Alpines.
Promenade à Arles.
Mûrier en automne.
Sous-bois.
Lever de soleil, en Provence.
Les tournesols.
Verger d'oliviers en Provence.

DESSINS :

Paysage de Saint-Rémy.
La vasque abandonnée.
Les Alpines.
Le laboureur.
Moissonneurs.
Oliviers.
Rochers et arbres.
Etc., etc...

Période d'Auvers-sur-Oise

(21 Mai-29 juillet 1890)

TABLEAUX :

Chaumières.
Maisons à Auvers.
Vieux toits de chaume.
Vieille vigne.
Marronniers roses.
Marronniers blancs.
Aloès avec soucis et cyprès.
Roses blanches et figure.
Maison blanche dans la verdure.
Rue à Auvers.
Anémones.
Les deux fillettes du garde-barrière.
Une chaumière à Auvers.
Champs de blé.
Sous-bois.
Effet de soir.
L'escalier à Auvers.
L'abside de l'église d'Auvers.
Tête de jeune fille.
La jeune fille.
Bouquet de plantes sauvages.
Portrait de Mlle Ravoux.
Figure de paysanne.
Portrait du docteur Gachet (voir la reproduction).
Portrait de Mlle Clémentine Gachet.
Petite étude de la maison du jardin de Daubigny.
Le jardin de Daubigny.
Meules de foin.
Gerbes de blé.
Ciel bleu.
Pluie.
Coucher de soleil, près Auvers.
Châtaigniers.
Jardin fleuri.
Vieux saules.

Champ de coquelicots dans la luzerne.
La Grenouillère.
Paysage de collines.
La mairie d'Auvers, le 14 juillet (voir la reproduction).
Corbeaux volant au-dessus d'un champ de blé.
Etc., etc...

DESSINS :

Les Vessenots.
La mairie d'Auvers.
Chaumières.
L'église d'Auvers.
Le jardin de Daubigny.
Etc., etc...
L'homme à la pipe, portrait du docteur Gachet.
    (unique eau-forte gravée par Vincent).

En 1891, Vincent Van Gogh fut encore représenté, au Salon des Indépendants, par les tableaux suivants :

Cyprès.
Rochers.
Allée à Arles.
Champs.
Gerbes de blé.
Roses.
Lever de soleil.
Résurrection.
Abricotiers en fleur.
Village.

Enfin, en 1905, le Salon des Indépendants présenta au public une sorte d'exposition rétrospective de l'œuvre de Vincent (45 peintures et dessins).

APPENDICE

*****

Copie exacte de

l'ACTE DE NAISSANCE DE VINCENT VAN GOGH

qui me fut adressé
par M. le bourgmestre de la commune de Zundert,
le 26 novembre 1921

En l'année mil huit cent cinquante-trois, le trente et un du mois de mars, se présentait devant nous, fonctionnaire de l'état-civil de la commune de Zundert et Wernhout, le Révérend Monsieur Théodore Van Gogh, âgé de trente et un ans, pasteur Réformé, habitant Zundert, lequel nous a déclaré que le trente mars de cette année à onze heures du matin, dans cette commune, Quartier A, numéro vingt-neuf, de lui comparant et de son épouse femme Anna-Cornelia Carbentus, sans profession, habitant également à Zundert, est né un enfant du sexe masculin, et auquel il déclare avoir donné les prénoms de Vincent-Guillaume.

Lequel avis et déclaration a été fait en présence de Monsieur Jacobus-Jean Veerman, âgé de quarante-deux ans, fonctionnaire, et de Monsieur Cornelis Van Ginneken, âgé de trente-huit ans, Docteur médecin, tous deux habitant dans l'enceinte de cette commune, comme témoins, dans ce but choisis par le déclarant.

Dont acte : lequel nous avons rédigé immédiatement en double, et après nous avoir été lu par le comparant et les témoins avec lesquels nous avons signé.

Signé : Th. Van Gogh,
J.-J. Veerman,
C. Van Ginneken,
Le fonctionnaire susnommé,
Signé : C. Van Beckhoven.

DÉCÈS DE VINCENT WILLEM VAN GOGH

Extrait du registre des actes civils des décès
de la commune d'Auvers-sur-Oise (Seine-et-Oise).

Du vingt-neuf juillet, [mil huit cent quatre-vingt-dix à dix heures du matin, acte de décès de Vincent-Willem Van Gogh, artiste peintre, célibataire, âgé de trente-sept ans, né le trente mars mil huit cent cinquante-trois, à Groot Zundert, Hollande, décédé aujourd'hui à une heure et demie du matin, chez le sieur Ravoux, hôtelier, en cette commune d'Auvers-sur-Oise, où il résidait momentanément, sans domicile fixe; fils de Théodore Van Gogh, et de Anna-Cornelia Carbentus, demeurant à Leyde, Hollande.

Le présent acte dressé sur la déclaration des sieurs Théodore Van Gogh, employé marchand de tableaux, âgé de trente-trois ans, frère du décédé, demeurant à Paris, cité Pigalle, numéro huit, et Arthur-Gustave Ravoux, hôtelier-restaurateur, âgé de quarante et un ans, demeurant en cette commune, lesquels ont signé avec nous Alexandre Caffin, Maire, officier de l'état-civil, après lecture faite, et le décès constaté par nous soussigné.

Suivent les signatures.

Iconographie

Pastel, par H. de Toulouse-Lautrec : Vincent Van Gogh, tête nue, de profil vers la droite. Assis devant une table. Profil volontaire, têtu, agressif. Buste penché un peu en avant. Barbe courte. (1886).

Portrait (peinture), par J.-P. Russell : Tête de trois quarts presque de profil vers la gauche. Les yeux fixés sur le spectateur. Tête nue, moustache et barbe courte. Froid, le même air têtu, dur, volontaire. Vincent tient un instrument de travail dans la main droite levée presque jusque sous le menton.

Portrait (peinture) par Paul Gauguin. Vincent est représenté assis devant son chevalet, en train de peindre des tournesols. Le portait est peu louable, et tout à fait en dehors du « caractère » de Vincent. (Arles, 1888).

Médaillon en bronze, par L. Van Ryssel (fils du docteur Gachet), pour la tombe de Vincent Van Gogh, à Auvers-sur-Oise. (Ce projet ne fut pas réalisé).

Vincent Van Gogh, sur son lit de mort. Eau-forte du docteur Gachet (Auvers, 1890).

QUELQUES PORTRAITS DE VINCENT
PAR LUI-MÊME (*Peintures*).

N° 1 — Portrait presque de face. Tête nue. Cheveux en broussaille. Moustache et barbe courte. Les yeux suivent la direction de la tête. Veston lourd et chemise molle, col rabattu. (1887).

Nº 2 — Portrait presque de profil vers la gauche. La tête coiffée d'un chapeau de paille souple, aux larges bords. Moustache et barbe courte. Les yeux fixent le spectateur. Face maigre. Cotte bleue. (1887).

Nº 3 — Vincent s'est représenté de trois quarts vers la droite, devant une toile posée sur un chevalet. Il tient une palette et des brosses de la main droite. Moustache et barbe dure. Cheveux courts en brosse. Veston sans col, sommaire. Portrait signé et daté : Vincent. (1888) (voir la reproduction. Frontispice).

Nº 4 — Portrait de trois quarts vers la gauche. Les yeux fixés vers le spectateur. Moustache et barbe mal taillées. Le crâne en pointe, et les cheveux en arrière découvrant tout le front. Fond en spirales. Veston toujours sommaire et chemise sans col.

Nº 5 — Portrait offert à Paul Gauguin. Portrait de trois quarts vers la droite. Moustache et barbe clairsemée. Le front chauve et le crâne presque dégarni de cheveux. Tête très maigre, toute en bosses et en creux. Face de bagnard, hostile. Veston sans apprêt à larges revers. Chemise sans col, une espèce de broche au bas du cou. (Arles, 1888).

Nº 6 — Vincent s'est représenté avec sa toque de fourrure de trois quarts vers la droite, la pipe fumante à la bouche, l'oreille droite enveloppée d'un linge, un gros veston au col remonté, et une chemise toujours sans col. La tête est entièrement rasée. Les yeux très rapprochés. Dessin précis et maigre. (1888).

Nº 7 — Vincent est encore de trois quarts vers la droite. Toque de fourrure. L'oreille droite toujours cachée par un linge. Gros veston lourd. Tête encore entièrement rasée, très maigre. A droite de la tête, apparaît, fixée au mur, une estampe japonaise (1888).

Nº 8 — Portrait offert « à l'ami Laval », Tête de trois quarts vers la droite. Moustache et barbe courte. Cheveux ramassés en toupet au milieu du front. Veston jaune et chemise verdâtre, sans col. L'oreille droite n'est pas coupée.

N° 9 — Vincent, presque de face, les yeux sur le spectateur. Un chapeau souple à ruban foncé. Moustache et barbe courte. Veston régulier et une chemise avec col. (1887).

N° 10 — Portrait « sabré ». De trois quarts vers la droite, moustache et barbe comme des bâtonnets. Cheveux courts, négligés. (1887).

N° 11 — Van Gogh, bougon, de trois quarts vers la gauche. Figure osseuse. Tête nue. Moustache et barbe courte. Vêtu d'une sorte de blouse, nouée au cou. Il tient sa palette dans la main gauche, le pouce apparent.

N° 12 — Vincent, de trois quarts vers la gauche. Figure longue, convexe. Entièrement rasé. Cheveux courts rejetés en arrière, découvrant le front. Yeux fixés sur le spectateur. Cotte boutonnée sur le cou nu.

N° 13 — Vincent, tête nue, barbe et moustache. De trois quarts vers la gauche, les yeux toujours sur le spectateur. Expression dure, concentrée, col de chemise lâche. Hachures vigoureuses.

N° 14 — Tête comme nettoyée, de trois quarts vers la droite. Moustache, barbe courte. Visage froid, front très dégagé.

Etc..., etc...

Hommages posthumes (Exposition)

1892 Exposition de cent tableaux et dessins de Vincent Van
Gogh, organisée au Panorama, à Amsterdam, par
Mme J. Van Gogh-Bonger.

1893 A Paris, le premier, l'ami des premières heures, le
peintre Emile Bernard expose chez Le Barc de Boutte-
ville, rue Le Pelletier, seize toiles peintes par Vincent
et prêtées par Tanguy.

1893 à 1897 Publication de quelques lettres de Vincent à Théo
(*Mercure de France*).

1896 M. Auguste Vermeylen, dans un discours véhément,
fait connaître Vincent Van Gogh et son œuvre aux
étudiants de Groningue (Hollande).

1901 Au mois de mars, la galerie Bernheim-jeune, rue Laffitte, expose 71 tableaux de Vincent (Collections
diverses). Catalogue avec préface de Julien Leclercq.

1905 Madame Veuve Théodore Van Gogh fait une exposition
d'œuvres de Vincent. Elle a lieu au Stedelijk museum,
à Amsterdam, pendant les mois de juillet et d'août. La
préface du catalogue fut écrite par M. J. Cohen
Gosschalk. Les œuvres étaient de toutes les périodes :
Tableaux, aquarelles, lithographies et dessins. On
compta 234 tableaux sur 474 œuvres exposées.

1908 En janvier, seconde exposition d'œuvres de Vincent
(100 tableaux), à la galerie Bernheim-jeune, rue
Richepance.

1908 En janvier, également, M. Druet expose 35 tableaux de Vincent, dans sa première galerie du faubourg Saint-Honoré.

1909 Seconde exposition d'œuvres de Vincent, par M. Druet, dans sa nouvelle galerie, 20, rue Royale. Une cinquantaine de tableaux y figurent.

1912 La Société des artistes de l'Ouest de l'Allemagne organise, à Cologne, une exposition de peintres modernes. Vincent y est représenté par 108 tableaux.

1914 Emile Verhaeren fait exposer des œuvres de Vincent à Anvers, par les soins de la Société de l'Art contemporain.

1921 A une exposition hollandaise organisée à Paris et présentant des tableaux des musées de Hollande, depuis les œuvres de Rembrandt jusqu'à celles de Jan Steen, Vincent Van Gogh est représenté par 8 tableaux. C'est la « consécration officielle » d'un grand artiste qui reste, heureusement, au-dessus et au delà de l' « Art officiel » !

Des œuvres de Vincent figurent aussi maintenant dans le musée de Dordrecht, — au Rijksmuseum, à Amsterdam, — au musée Boymans, à Rotterdam, — au Stettin-museum, — au Folkwang-museum, à Hagen, — au musée du Louvre à Paris, — au musée du Luxembourg, — au musée Rodin, — à l'Institut Staedel de Francfort, enfin dans les musées du Japon et des Etats-Unis.

Bibliographie

Vincent Van Gogh. Persoonlijke Herinneringen. *Aangaande een Kunsttenaar door E. H. du Quesne-Van Gogh. Baarn. J. F. Van de Ven, 1910.*

(*Le même ouvrage traduit en allemand*). Persönliche Erinnerungen *an Vincent Van Gogh von E. H. du Quesne-Van Gogh. (Dritte Auflage). R. Piper et C°, München, 1913.*

(*Le même ouvrage traduit en anglais*). Personal recollections of *Vincent Van Gogh, by Elisabeth du Quesne-Van Gogh, translated by Katherine S. Dreier. London, Constable et C°, 1913.*

Lettres de Vincent Van Gogh à Emile Bernard, *publiées par Ambroise Vollard. Paris, 1911.*

Ce volume contient, avec de nombreuses reproductions d'œuvres de Vincent, les admirables lettres qu'il adressa d'Arles à son ami Emile Bernard. Des notices du destinataire y exposent aussi, en préface, avec la plus clairvoyante sincérité, des aspects de la vie et de l'œuvre de Vincent. Nul exposé n'est plus sagace et plus lumineux. C'est un témoignage de haute culture intellectuelle par ce noble peintre qui place le style au-dessus de tant de sottises de la peinture contemporaine.

Vincent Van Gogh Briefe. *Erste Auflage, 1906. Sechste Auflage, 1913. Bruno Cassirer, Berlin.*

Vincent Van Gogh. Inleidende Beschouwingen *door H. P. Bremmer. Amsterdam. W. Versluys, 1911.*

Julius Meier Graefe. Vincent Van Gogh. *R. Piper et Cº. München,
1912.*

Vincent Van Gogh. Brieven aan Zijn Broeder *uitgegeven en toege-
gelicht door zijn schoonzuster J. Van Gogh-Bonger. Mij
voor goede en goedkoope lectuur overtoom 230 te Amsterdam, 1914.*

(*Le même ouvrage traduit en allemand*). *Vincent Van Gogh.*
Briefe an seinen Bruder, *zusammengestellt von seiner
Schwägerin J. Van Gogh-Bonger. Ins Deutche übertragen
von Leo Klein-Diepold und Carl Einstein, Verlegt bei
Paul Cassirer in Berlin, 1914.*

Van Gogh, *par Théodore Duret. Bernheim-jeune et Cº, éditeurs,
Paris, 1919.*

Gustave Coquiot. Les Indépendants. *Paris, Librairie Ollendorff,
1920.*

Gustave Coquiot. Vagabondages (La solitude de Van Gogh). *Paris,
Librairie Ollendorff, 1921.*

TABLE DES CHAPITRES

TABLE DES ILLUSTRATIONS

HORS-TEXTE

St-Denis. Imp. J. Dardaillon

9 782329 430492